多元协同下大学生
创新创业教育模式研究

谭　超　刘　洁　唐星星　著

图书在版编目（CIP）数据

多元协同下大学生创新创业教育模式研究 / 谭超，
刘洁，唐星星著. —北京：中国原子能出版社，2023.4

ISBN 978-7-5221-2676-0

Ⅰ. ①多⋯　Ⅱ. ①谭⋯②刘⋯③唐⋯　Ⅲ. ①大学生
–创造教育–研究　Ⅳ. ①G640

中国国家版本馆 CIP 数据核字（2023）第 072374 号

多元协同下大学生创新创业教育模式研究

出版发行	中国原子能出版社（北京市海淀区阜成路 43 号　100048）
责任编辑	白皎玮
责任印制	赵　明
印　　刷	北京天恒嘉业印刷有限公司
经　　销	全国新华书店
开　　本	787 mm×1092 mm　1/16
印　　张	12.125
字　　数	242 千字
版　　次	2023 年 4 月第 1 版　2023 年 4 月第 1 次印刷
书　　号	ISBN 978-7-5221-2676-0　　　**定　价　76.00 元**

发行电话：010-68452845

前　言

　　随着我国经济社会的不断发展，市场竞争的日趋激烈，加快培养新时代富有创新精神、勇于投身实践的创新创业人才队伍是各大高校的当务之急。为了更好地贯彻落实国务院办公厅《关于深化高等学校创新创业教育改革的实施意见》（国办发〔2015〕36号）等文件精神，增强大学生的创新与创业精神、创新思维和创新创业能力，按照科学性、先进性、适用性的原则，根据启发式、讨论式、参与式等教学方法的要求而编写了本部教材。

　　社会经济的飞速发展，对高等人才的创新能力要求也随之增强，同时也越来越需要综合能力强的人才来推动社会发展。传统高校的创新创业教育起步晚，受重视程度不高，教师资源质量也较低，传统的教育方式和教学模式教学效率低，导致大学生创新意识薄弱，不能满足社会对人才创新能力的需求，所以对高校创新创业教育模式的改革已经是社会发展的必然趋势。培养大学生创新创业能力，不仅能促进国家经济发展，同时也是建设创新型国家的重要条件。本次协同创新视域下提高实践课程的重要性，对传统的教学模式进行改革，同时优化大学生创新创业教育环境，探索出一套教学效率高的大学生创新创业教育模式，实现培养创新型人才教育目标。

　　由于笔者能力有限，全书难以尽善，尚有诸多不足之处，敬清各位专家、同仁和读者不吝赐教，批评指正。

目　录

第一章
大学生创新创业教育概述

创新和创业密不可分，人们的创业活动离不开创新，创新是社会进步的灵魂；创业是创新的表现形式和载体，是推动经济社会发展、改善民生的重要途径。创新创业教育是当今高等教育现代化的发展方向，通过创新创业教育可以推动教育的革新，明确大学生创业意向，助推专业知识转化成创业成果，促进大学生的全面发展和社会进步。

第一节　创新与创新精神

一、创新的科学内涵

创新是人类为了满足自身需要，以新思维、新发明和新描述为特征，不断拓展对客观世界的认识能力和实践能力的活动，是人类主观能动性的高级表现形式。在西方，innovation（创新）这个词起源于拉丁语，有 3 层含义：第一层含义是更新，就是对原有的东西进行替换；第二层含义是创造新的东西，就是创造出原来没有的东西；第三层含义是改变，就是对原有的东西进行发展和改造。在汉语中，创新一词也出现得很早，有"革弊创新""创新改旧"等说法。《现代汉语词典》中对创新的解释是抛开旧的，创造新的；创造性、新意等。

美籍奥地利经济学家熊彼特较早地给创新以系统定义。1912 年，熊彼特在其著作《经济发展理论》中提出创新理论。他指出，创新是指企业家对生产要素"进行新的组合"，从而获得超额利润的过程。新的组合包含 5 种情况：一是引入一种新产品或提供一种新的产品质量，二是采用一种新的方法，三是开辟一个新的市场，四是获得一种原料或半成品的新的供给来源，五是实行一种新的企业组织形式。在熊彼特创新概念的基础上，人们进一步提出技术创新、产品创新、过程创新、制度创新、体制创新等一系列概念，并将微观领域的创新活动上升到国家宏观层面，提出国家创新体系等概念。

虽然学术界对"创新"尚未有统一定义，但是从一般的意义上来看，我们认为，创新是指打破已有的思维模式或常规的思路和见解，利用有限的资源在特定的环境下改进或创造新的事物，探索新的方法和路径，并取得一定效果的行为和过程。具体来讲，可从以下几方面理解。

（1）创新是获取收益中的一个阶段。在这个阶段，需要突破常规，打破传统，产生新设想和新概念，并将其发展到实际应用的阶段。

（2）创新是创造和引进某种有用新事物的过程。在这个过程中，从发现潜在的需求开始，运用知识或相关信息进行创造，并经历事物的可行性检验，直至新事物的广泛应用为止。

（3）创新具有解决问题的作用。创新可以在解决经济问题、社会问题和技术问题等范围内发挥广泛的作用，它是每个人都可以参与的事业。

（4）创新以取得的成果和成效为评价尺度。任何创新活动的目的都是取得一定的成果并推广应用，根据成果和成效可以分为小级别创新、突破性创新和里程碑式创新。

二、创新的特点和类型

（一）创新的特点

从创新的定义和含义可以看出，创新是对于重复、简单的劳动方式的否定，是对原有事物进行根本性变革或综合性改造，它具有以下几方面的特点。

1. 目标性

创新的目标就是通过创新活动，在一定时期内预期所要达到的结果。不同的创新活动具有不同的目标，企业创新活动的目标是提高核心竞争力，从而赢得市场。

2. 变革性

创新是对原有事物的改革和革新，是一种深刻的变革。只要变革的方向正确，目标明确，就可以打破已有限制，获得更大的生存空间。

3. 新颖性

创新的新颖性是指创造者对现有的不合理事物进行扬弃，革除过时的内容，创造出前所未有的东西。

4. 前瞻性

由于创新就是相对于他人的首创行为，因此创新往往超前于社会认识，能把握到未来事物的发展方向。

5. 价值性

价值性不是单纯提高产品的技术竞争力，而是通过为顾客创造更多的价值来争取顾客，赢得企业的成功，由此开辟一个全新的、非竞争性的市场空间。

（二）创新的类型

1. 产品创新

产品创新就是研究开发和生产出更好的、用以满足顾客需求的产品，使其性能更好，外观更美，使用更便捷、更安全，总费用更低，更符合环境保护的要求。因为产品是满足社会需要、参与竞争、直接体现企业价值的东西，因而这是企业创新的主要任务。产品创新可在 3 个层面上实现：开发出具有新功能的产品，例如 3D 打印产品；产品结构方面的改进；外观方面的改进。

2. 技术创新

技术创新是指采用新的生产方法或新的原料生产产品，以达到保证质量、降低成本、保护环境或使生产过程更加安全和省力。技术创新可在 4 个层面上实现。

（1）工艺路线的革新，这是生产方式思路的改变。例如用精密铸造、精密锻造粉末冶金代替金属切削生产复杂的机械零件，可大大缩短生产周期，降低成本。

（2）材料替代和重组。例如前几年，美国农产品过剩，农场主负债累累，政府补贴农业财政负担沉重。堪萨斯、卡罗来纳等农业州的农民与大学合作，从环保角度出发，以农产品做原料生产工业产品，比如用玉米生产一次性水杯、餐具和包装盒；从玉米中提取燃烧用的乙醇；从大豆中提取润滑油替代石油产品等，受到市场欢迎，政府决定给予减税和强制推行等政策支持。

（3）工艺装备的革新。例如用电脑绣花机代替手工绣花；用数控机床代替手动操作机床等。

（4）操作方法的革新。用更省力、更高效的操作方法代替过去的一些传统的、不适应现代技术进步的操作方法。

3. 制度创新

制度创新是从社会经济角度来分析企业系统中各成员间正式关系的调整和变革。制度是组织运行方式的原则规定。企业制度主要包括产权制度、经营制度和管理制度等 3

方面的内容。

4. 其他方面的创新

其他方面的创新包括商业模式创新、结构创新、环境创新、市场创新等。

三、创新的原则和阶段

（一）创新的原则

1. 科学性原则

创新必须遵循科学技术原理，不得有违科学发展规律。因为任何违背科学技术原理的创新都是不能获得成功的。

2. 市场性原则

创新设想要获得最后的成果，必须经受走向市场的严峻考验。爱迪生曾说："我不打算发明任何卖不出去的东西，因为不能卖出去的东西都没有达到成功的顶点。能销售出去就证明了它的实用性，而实用性就是成功。"创新设想经受市场考验，实现商品化、市场化要按市场评价的原则来分析。其评价通常是从市场寿命观、市场定位观、市场特色观、市场容量观、市场价格观和市场风险观等 6 方面入手，考察创新对象的商品化和市场化的发展前景。而最基本的要点则是考察该创新的使用价值是否大于它的销售价格，也就是要看它的性能是否优良、价格是否合适。

3. 择优性原则

创新产物不可能是十全十美的。在创新过程中利用创造原理和方法从而获得许多创新设想，它们各有千秋，这时就需要人们按相对较优的原则，从创新技术先进性、创新经济合理性、创新整体效果性等方面对设想进行判断选择。

4. 简洁性原则

在现有的科学水平和技术条件下，如不限制实现创新方式和手段的复杂性，所付出的代价可能远远超出合理程度，使得创新的设想或结果毫无使用价值。在科技竞争日趋激烈的今天，结构复杂、功能冗余、使用烦琐已成为技术不成熟的标志。因此，在创新过程中要始终贯彻机理简单的原则。

（二）创新的阶段

英国心理学家沃勒斯提出了创新的"四阶段理论"。该理论认为创新过程应包括准备期、酝酿期、顿悟期和检验期等阶段。

1. 准备期

这是创新过程的基础阶段。这一阶段的特点主要是在积累知识的过程中检查和清理问题，确定创造的方向和目标。在这个阶段，提出问题、搜集资料和提出假设是最为重要的步骤。

（1）提出问题。创新者能明确地提出问题就等于问题已经解决了一半。为了能正确地提出问题，首先必须了解引起问题所依据的重要事实，以及在解决问题时已具备的前提条件，如理论水平和研究积累的科学事实等。

（2）搜集资料。在这一阶段，必须着手挖掘一切行之有效的方法，即尽可能地围绕问题搜集资料、形成概念、储存经验，以便为进行创新活动奠定良好的基础。没有资料，分析问题就缺乏客观的依据，创新就如同失去了根基，便会成为空中楼阁。

（3）提出假设。创新都是以假设为前提的，只有进行可行性的假设，才能从不同的事物中发现共同的东西，从未知的事物中找出已知的东西，从已知的事物中预测未知的东西。有了假设，特别是想象假设，才能发现自然界和社会生活中的新规律，成为新事物的发明者和创新者。

2. 酝酿期

这是创新过程的运作阶段。酝酿阶段是对各种材料进行深入细致的分析，进行消化、吸收，并提出问题和解决方案的过程。这一过程是创造性思维过程中最为艰苦的阶段，也是智力和意志活动付出最大努力的阶段。

为了把自己调整到创新的状态上来，创新者必须从熟悉的思考模式及对某事的固定成见中摆脱出来，打破看问题的习惯方式。为了避免习惯的"智慧"束缚，可以用以下几种技巧来进行酝酿。

（1）群策攻关法。群策攻关法是艾利克斯·奥斯伯恩于1963年提出的一种方法，它建立在与他人一起工作从而产生独特的思想，并创新地解决问题的基础上。在创新攻关期间，一般是几组人在一起工作，在特定的时间内大家提出了尽可能多的思想，但并不对它们进行判断和评价。因为这样做会抑制思想自由的流动，阻碍人们提出建议。批判的评价可推迟到后一个阶段。

（2）创造"大脑图"。"大脑图"是一个具有多种用途的工具，它既可用来提出观点，也可表示不同观点之间的多种联系。在一张纸的中间写下主要的专题，然后记录所有能够与这个专题有联系的观点，并用线把它们连起来；让大脑自由地运转，跟随它一起去建立联系的活动。通过尽可能快地工作，让其自然地呈现出结构，反映出大脑自然地建立联系和组织信息的方式；在新的信息和不断加深理解的基础上，修改其结构或组织。

（3）做好梦境记录。为了抓住所做的梦，不妨经常在梦醒时分，把所能回忆起来的梦的情景记下来，通过梦境中的内容寻找创新的元素。

3. 顿悟期

这是创新过程的收获阶段，常常被称为"直觉的跃进""思想上的光芒"。顿悟是与直觉和灵感具有一定联系的思维现象。进入这一阶段，问题的解决一下子变得豁然开朗，思维范围扩大，以往百思不得其解的难题，瞬间得到破解。必须指出，顿悟和灵感绝不是什么神秘的东西，也不是无法说清的东西。它同前面的准备和酝酿是分不开的。顿悟如果离开人们长时间的实践，离开高度集中化与紧张化的思考，是不可能产生的，它是一个人长期实践、长期思考、艰苦劳动的产物。

4. 检验期

这是创新过程的反思阶段。只有通过验证，才有可能证实创造成果的价值。豁然开朗阶段之后，创造性思维已经获得了初步的思维成果，提出了一定的假设和解决问题的方案。但是，通过灵感获得的结果也未必合理，所以还要通过严密的逻辑推理，或是实验操作对这一结果的合理性进行检验。在验证过程中，可以发现原有设想的不足和缺点，可以对其进行修正、补充，使其逐步完善。也可能这一假设经受不住考验被全盘否定，但在这一过程中对材料进行了深入细致的分析与思考，为新思路的提出奠定了坚实的基础。

四、创新意识及培养

（一）创新意识

创新意识是指人们根据社会和个体生活发展的需要，引起创造前所未有的事物或观念的动机，并在创造活动中表现出的意向、愿望和设想。它是人类意识活动中的一种积极的、富有成果的表现形式，是人们进行创造活动的出发点和内在动力，是创造性思维和创造力的前提。

创新意识包括创造动机、创造兴趣、创造情感和创造意志。创造动机是创造活动的动力因素，它能推动和激励人们发动和维持进行创造性的活动。创造兴趣能促进创造活动的成功，是促使人们积极探求新奇事物的心理倾向。创造情感是引起、推进乃至完成创造的心理因素，只有具有正确的创造情感才能使创造成功。创造意志是在创造中克服困难，冲破阻碍的心理因素，创造意志具有目的性、顽强性和自制性。

（二）大学生创新意识的培养

创新是一个民族进步的灵魂，是一个国家兴旺发达的不竭动力。创新意识和创新思维是创新教育的核心。培养学生的创新能力必须培养学生的创新意识。21世纪是知识经济时代，知识经济的本质就是创新，培养创新意识是对新时代大学生提出的基本要求，也是大学生必备的素质。

1. 破除创新思维枷锁

影响大学生进行创新思维的枷锁大致有如下5种：从众型思维枷锁、权威型思维枷锁、经验型思维枷锁、书本型思维枷锁、自我贬低型思维枷锁。对于大学生来说，思维的枷锁就像一座监狱，只有将守旧观念丢掉，勇于冲破思维藩篱，才能走进创新的世界。

2. 充分激发创新思维潜能

精通所学，兴趣广泛。创新绝不是无本之木、无源之水，唯有打牢知识的基础，创新才有可能。因此，大学生应精通所学课程，并培养广泛的阅读兴趣。

处处留心皆学问。学习绝不仅限于课堂和读书，事实上，学习无处不在。与他人交流是学习，上网是学习，看电视也是学习，其关键在于我们是不是用心。例如看古装电视剧时可以了解一些历史知识，如古人的习俗、衣着、饮食习惯、家具陈设以及计谋等；看现代电视剧可以了解当代年轻人所思所想所为等。

理论与实践相结合。读万卷书，行万里路，唯有理论与实践相结合，理论才有意义。大学生应该活读书、读活书，而不应死读书、读死书。只有精通理论，才可能去改进实践，只有拥有丰富的实践经验，才可能产生新的理论。

打破砂锅问到底。大学生要培养自己的创新意识，应富有怀疑精神，探究各种事物的本源及其实质。

投身社会实践。"实践是检验真理的唯一标准"，要开发大学生的创新意识，培养大学生的创新能力，必须让大学生投身于社会实践中。只有在实践中才能找出想与做的差距，创新理念才能变为现实，创新意识、创新能力才能得到真正的发展。

第二节　创业与创业精神

一、创业的科学内涵

"创业"一词有着较宽泛的解读，"创"，即开始、创造、开创、设立之意；《现代汉语词典》对"业"的解释是指学业、事业、功业、家业、产业、职业、行业等。在英文中"创业"有两种表述方式：一是"venture"，二是"entrepreneusrhip"。莫里斯（Morris，1998）从最流行的创业观点中总结出创业的 7 种本质，从创业的"创造"功能角度来诠释创业，如表 1-1 所示。

表 1-1　创业的本质

序号	本质	内容
1	创造财富	创业是根据目标做出的风险决定，通过生产产生利润
2	创造企业	创业涉及新交易的建立
3	创造革新	创业包括独特能源的组合，旨在创造新的产品、工序、组织形式、能源供应和市场
4	创造变化	创业是一系列的改变过程，暗示着为了捕捉不同的有效市场机遇而做出的改变
5	创造就业	创业包含雇佣、管理、开发和生产（包含劳动力在内）等要素的发展
6	创造价值	创业为了开发新的机遇以创造价值
7	创造成长	先发制人（积极）地在利润、销售额、资产和雇佣方面促进增长

综合以上对于创业的理解，创业是指发现市场商业机会，将拥有的资源进行整合，通过创建企业或企业组织结构创新，将商业机会转化为盈利模式，从而创造出更多财富和价值的过程。创业有广义和狭义之分，广义的创业是指创业者的各项创业实践活动，狭义的创业是指创业者的生产经营活动，主要是开创个体和家庭的小企业。

从以上关于创业的定义可以看出创业有以下几方面的含义。

（1）创业的潜在价值需要通过市场来体现，即市场是实现财富的渠道。

（2）创业的本质在于对商业价值的发掘与利用，即要创造或认识到事物的一个商业用途。

（3）创业的目的是创造财富、实现人生价值。创业者进入市场、创建实业，是生活态度和生活方式的巨大转折，是为自己创建一个发挥才华、施展抱负、奉献社会、实现人生价值、报效国家的舞台。

二、创业的特点和类型

（一）创业的特点

1. 创业是主动进行的创造活动

知识经济的不断发展，对人们的素质提出新要求。在此背景下，人们会主动去开拓一种新的生存理念和生存模式，来改变人们原有的生活方式，提高人们的生存能力。

2. 创业是创造价值的过程

创业是对社会资源的重新组合、配置和利用，创造更多价值、新事物的过程。

3. 创业带有一定的风险

创业环境的不确定性，创业机会与创业企业的复杂性，创业者、创业团队与创业投资者的能力与实力的有限性，都会给创业带来一定的风险，导致创业的失败。

（二）大学生创业的特点

1. 大学生创业具有激情性

刚进入社会的大学生年轻有活力，勇于拼搏，无太重负担，具有较强的社会适应能力；自信心较强，对自己认准的事物会有激情去体验。

2. 大学生创业具有知识性

大学生通过在学校的专业学习，掌握了一定的专业技能及专业知识作为创业的基础。

3. 大学生创业具有创新性

大学生思维活跃，接受新事物较快，创意新、点子多。

4. 大学生创业经验缺乏

大学生意气风发，对创业满怀希望，但难免经验不足，缺乏对市场的了解，对风险和困难的抵抗力较为薄弱。

（三）创业的类型

创业类型的划分有许多方式，比较常见的是按照创业的动机、创业的起点、创业项目类型、创业方向或风险，以及创新内容进行划分。

1. 按创业动机分

创业可分为机会型创业与就业型创业。机会型创业是指创业的出发点并非谋生，而是为了抓住、利用市场机遇。就业型创业是指创业者为了谋生而自觉或被迫地走上创业之路。

2. 按创业起点分

创业可以分为创建新企业和企业内创业。创建新企业是指创业者个人或团队从无到有地创建出全新的企业组织。这个创业过程充满挑战和刺激，个人的想象力、创造力可得到最大限度的发挥，但风险和难度也很大，创业者往往缺乏足够的资源、经验和支持；企业内创业是指在现有企业内有目的的创新过程。

3. 按创业项目类型分

创业可分为传统技能型创业、高新技术型创业和知识服务型创业。传统技能型创业是指使用传统技术、工艺的创业项目；高新技术型创业是指知识密集度高，带有前沿性、研究开发性质的新技术、新产品项目；知识服务型创业是指为人们提供知识、信息的项目。

4. 按创业方向或风险分

按创业方向或风险分，创业可分为依附型创业、尾随型创业、独创型创业和对抗型创业。依附型创业是指依附于大企业或产业链而生存，为大企业提供配套服务，或者使用特许经营权；尾随型创业指模仿他人创业，"学着别人做"；独创型创业是指提供的产品或服务能够填补市场空白；对抗型创业是指进入其他企业已形成垄断地位的某个市场，与之对抗较量。

5. 按创新内容分

按创新内容分，创业可分为基于产品创新的创业、基于营销模式创新的创业和基于组织管理体系创新的创业。基于产品创新的创业是指基于技术创新或工艺创新等产生了新的消费群体，从而导致创业行为的发生；基于营销模式创新的创业是指采取有别于其他厂商的市场营销模式，因而有可能给消费者带来更高的满足度；基于组织管理体系创新的创业是指采取有别于其他厂商的企业组织管理体系，因而能够更高效地实现产品的商业化和产业化。

三、创业的原则和过程

（一）创业的原则

1. 适应性原则

创业初期，不适宜选择不切合实际的大型项目，要选择感兴趣、熟悉的项目进行，至少在做之前已经跟别人学习过，或者做过长时间的调研分析，对项目有一个清晰的认知，尤其是对风险的认知。

2. 市场性原则

对于初创者来说，创意很重要。但是，产品的市场和销售往往比创意更重要。往往有很多创业者认为自己发现了一种新的商业模式，但实际操作中会发现行不通。没有销售渠道，再好的创意也没法变现。所以，在创业的初始阶段，相对于好的创意，怎样把你的产品或服务卖出去更为重要。

3. 资金可控性原则

现金流是一个项目的血液，能够给自己和团队持续发展的激情，无论现金流是来自真实的收入还是投资，都要尽早实现现金流入，避免创业过程中由于现金流中断而带来的亏损问题。同时，要有止损底线，要敢于下决心喊停。

4. 实践性原则

创业者一定要对自己的事业有掌控力，但凡能做出一番成绩的创业者，初期一定是亲力亲为的舵手，不仅把握方向，还要渗透到项目细节、客户维系和具体运营之中。马云、马化腾、乔布斯等在创业初期，也都是各自企业的产品经理和业务经理，只是到后来，才慢慢地去主抓大方向和定战略。

5. 目标性原则

创业初期，目标一定要简单清晰，要了解目标聚集战略，将资源、资金和人力、精力集中于某一项主业上，避免"系统化""整合"等多元化的发展战略和目标。

（二）创业的过程

创业过程包括从产生创业想法到创建新企业并获取回报的整个过程，通常可分为以下几个主要环节。

1. 产生创业动机

创业动机是创业的原动力，它推动创业者去发现和识别市场机会。创业活动的主体是创业者，创业活动首先取决于个人是否希望成为创业者。创业动机不仅是打算创业的一时冲动，更是对创业目标与预期收益的深思熟虑。

2. 识别创业机会

识别创业机会是对可能成为创业机会的诸事件的分析和对创业预期结果的判断。创业机会一般分为两种：一种是意外发现的，一种是经过深思熟虑才发现的。国家产业政策的调整、新技术的出现、人口和家庭结构的变化、人们的物质和精神需求的变化、流行时尚等都可能形成创业机会。创业者应该具有敏锐的嗅觉，能够及时、准确地识别创业机会，将知识、经验、技能和其他市场所需的资源进行整合。

3. 整合有效资源

资源是创业的基础性条件，整合资源是创业者开发机会的重要手段。强调整合资源，是因为创业者可以直接控制的可用资源往往很少，许多成功的创业者都有白手起家的经历。创业者需要整合的资源包括基本信息（有关市场、环境和法律问题）、人力资源（合作者、最初的雇员）、财务资源等。

4. 创建新企业

创建新企业需要进行大量的准备工作，其中创业计划、创业融资和注册登记尤为关键。创意能否变成行动，关键看其能否形成一个周密的创业计划；资金往往成为创业企业的"瓶颈"，创业融资在企业的创建过程中至关重要；当创业者完成创业计划并获得融资之后就可以按照法定程序进行注册登记，包括确定企业的组织形式、设计企业名称、向工商行政管理机关提出企业登记注册申请、领取营业执照等。

5. 实现价值

创业者整合资源、创建新企业的目的是实现价值，并通过实现价值来实现创业目标。

6. 获得创业回报

创业回报是创业活动的目的，有助于强化创业者对事业的执着。

四、创业精神

（一）创业精神的内涵

哈佛大学商学院对创业精神的定义是："创业精神就是突破现有资源限制而追求商机的精神。"从这个角度来讲，创业精神是突破资源限制，捕捉和利用机会，敢于承受必需的风险，为创造新的某种价值努力发挥创造力，实现创新的一种心理过程。

1. 创业精神的灵魂是创新

创业精神蕴含着创新，正如德鲁克所说，创业精神是一个创新过程，在这个过程中，新产品或服务机会被确认、被创造，最后被开发出来产品并创造新的财富。缺乏创新，就不会有新企业的诞生和小企业的成长壮大。

2. 创业精神的天性是冒险

没有甘冒风险和勇担风险的勇气，就不能成为创业者。中外无数创业者虽然成长环境、成长背景和创业机缘各不相同，但无一例外都是在条件极不成熟和外部环境极不明晰的情况下，敢为人先，勇于做"第一个吃螃蟹的人"。

3. 创业精神的精髓是合作

在当今社会，行业分工越来越细，没有谁能一个人完成创业所需要完成的所有事情。真正的创业者都是善于合作的，而且还能将这种合作精神扩展到企业的每个员工。面临困境时，团队成员能团结一心，"心往一处想，劲往一处使"。

4. 创业精神的本色是执着

创业的道路是坎坷的，选择了创业就是选择了面对更多困难、迎接更多挑战，而创业精神就体现在战胜困难与挑战的过程中。因此，创业者必须坚持不懈，只有知难而进在战胜困难中学会成长，才能抓住真正的成功机会。

（二）大学生创业精神的培养

1. 树立"广谱式"创业精神培育观

2015年5月，国务院颁布实施《关于深化高等学校创新创业教育改革的实施意见》（以下简称《意见》），明确指出创新创业教育"面向全体、分类施教、结合专业、强化实践"的基本原则，并明确了"普及创新创业教育"的总体目标。因此，要从学生做起，广泛而持久地开展创新创业教育。

2. 培养全面发展的能力

第一，要培养自己的创新思维能力，善于在已有经验的基础上，发现新事物、创造新办法，从而解决新问题。第二，大学生要勇敢面对挫折，具有坚定的创业意志品质。第三，大学生要培养吃苦耐劳的精神。吃苦耐劳的精神是指一个人面对困难并克服困难的过程中，磨炼出的一种比较坚定的、持续的意志品质和顽强的精神。大学生在平时生活中，必须抵制奢侈浪费、见利忘义、拜金主义、过度追求物质享受等不良社会思潮的渗透与蔓延，消除其带来的不利影响。第四，大学生要培养危机意识。当今市场竞争越来越激烈，如果缺乏危机意识，离成功的机会也越来越远。大学生可以通过创业竞赛、创业实践来培养自己的危机意识。第五，大学生要不断充实创业知识。创业精神为创业提供精神、思想上的支持，而创业知识则是创业的能力、素质基础，因此大学生要认真学习创业知识，比如金融知识、法律知识、管理学知识，努力做好创业准备，以便在实践中能从容应对挑战。

3. 课外活动中培育创业精神

课外活动又被称为"第二课堂"，是大学生创业精神培育的重要载体。课外活动中的专业社团活动、挑战赛活动、创新创业工作坊活动等，均对大学生创业精神培育起着润物无声的作用。对于大学生来说，一方面，要积极参加社会实践活动。社会实践活动对大学生来说主要包括到企业实习和利用寒暑假、周末做兼职等形式的活动。通过以上创业实践，丰富自己的社会阅历，便于发现商机。另一方面，积极参加学校组织的各项各类第二课堂活动。积极利用大学生创业园等学校提供的创业实践平台，通过创业亲身实践，体会创业艰辛，以此来提高自己的抗压能力，磨炼自己的意志品质。

第三节　创新与创业的关系

创新与创业是两个不同的概念，有着一定的区别，但是两个概念之间却存在着本质上的契合、内涵上的相互包容和实践上的互动发展。

一、创新与创业的区别

（一）内涵不同

从定义上来看，创业是创造新的商业，而创新是在市场中应用一种发明；创业可能涉及创新，或者也并不涉及，创新可能涉及创业，或者也并不涉及。创新泛指"创新成果被商业化的价值实现过程"，而创业则特指"创建企业的过程"。前者完全可以在已有的企业组织框架内实现，不一定涉及企业组织制度的建设；而后者则必然要涉及企业组织制度的建设。

从内涵上来讲，创新主要是从经济与技术相结合的角度探讨技术创新在经济发展过程中的作用；创业是一个新的非生命市场参与者的创造过程（新商业的诞生）。创业强调的是，如"企业从何而来""人们为什么创建新的商业""商业是如何被创造的"等；而创新是对生产函数包括生产力、科学技术、生产资料、生产工具及劳动力和生产关系的建立等。

（二）研究侧重点不同

创新作为创业的手段，是独有的东西，它是思想的表达及过程，就是为社会增添新的东西，偏重于理论的分析。创业偏重于实践的过程，即个体建立一份自己的事业，追求自己想要的成功。

二、创新与创业的联系

（一）主体的一致性

首先，实施主体是一致的。创业者在进行创业时，重要的创业资本是核心技术、创业知识、运作资金、创业团队、创新能力等，其中创新能力是最重要的。创业者在创业过程中需要具备创新意识和创新精神，需要独特和新颖的创新思维，产生出富有创意的独特想法，寻求解决问题的新的思路和方法，不断克服企业发展中的瓶颈和难题，最终才能够取得创业的成功。

其次，价值主体是一致的，创新的价值在于创业，创业蕴含着价值创新。创新的价值就在于将潜在的知识、技术和商机转化为产品与服务，能够创造财富，实现企业再创业，通过将创新成果进行商品化和产业化，实现社会财富的增值；每一个创业能够取得成功，必然内在地存在着价值创新。创业是一种能够自我发展达到不断创新的过程，创新其实就是我们常说的"企业家精神"的本质。

（二）时序的一致性

从创新的时效性看，企业创新特别是在科技成果推向市场的过程中一般总是从产品创新、技术创新开始的。因为一种新的市场需求总是表现为产品需求，因而在创新初期，企业的创新活动主要是产品创新。一旦产品被市场接受，随之而来，企业将把注意力集中在过程创新上，其目的是降低生产成本，改进生产工艺，提高生产率。当产品创新和过程创新进行到一定程度时，企业的创新注意力会逐渐转移到市场营销创新上，目的是提高产品的市场占有率。在这些创新重点的不同时序上，还会伴随着必要的管理创新和组织创新。可见，利用科技成果进行创业在时序上是一个连续的过程。

故乡的呼唤——清华大学研究生薛瑞海回乡创业纪实

在山东省胶州市，南三里河村党支部书记薛瑞海是个"名人"。他出名，不仅仅是因为他有着赴法国留学的背景，有着山东工业大学本科和清华大学工商管理研究生毕业的"光环"；更主要的是，他在2003年5月10日毅然返乡，甘当一名"不拿一分钱工资"的村支部书记。上任后，薛瑞海花了一个多月的时间，挨家挨户走访村民，了解村民的想法，摸清村庄情况。他组织人员开始跑青岛、进北京四处搜集材料，经研究发现，有着1000多年栽培历史的胶州大白菜，原产地就是南三里河村。这种白菜具有质柔嫩、味甘甜、汁白如乳、营养丰富、纤维细、叶帮白、产量高等特点。基于以上调研，在村民大会上，薛瑞海向乡亲们讲起了胶州大白菜历史上的辉煌，讲起了"复活"胶州大白菜蕴涵的巨大商机，决定先建一个 5 亩（1 亩约等于 667 平方米）地的胶州大白菜示范基地，并为此成立了村集体所拥有的专业公司进行运作。

为了找回胶州大白菜的特色，使种出来的大白菜符合绿色无公害有机食品的生产标准，南三里河村聘请了农业技术人员对大白菜基地进行长期现场指导。薛瑞海把在大学学到的企业经营管理模式运用到白菜基地管理上，在培育、生产上严格按照绿色无公害生产规程执行；并注册了"三里河"大白菜商标；在包装上进行规范化，销售上实行"坐地销售"，杜绝了销售中的假冒行为。当年，其他品种的大白菜价格降至每斤几分钱，而南三里河村大白菜基地的白菜却卖出了 30 元两棵的高价。如今，胶州大白菜及其深加工产品正销往世界各地，其品牌价值已达 13.65 亿元。

第二章
我国高校大学生创新创业教育发展分析

第一节 我国高校创新创业教育的形成及发展现状

一、高校创业教育的兴起

创新创业教育，也可称为"创业精神教育"或"企业家精神教育，最早始于美国。1991 年在东京召开的创业教育国际会议上，对创业教育做了科学的解释，就是培养具有冒险精神、创新精神，发扬人的个性，充分把人的潜力挖掘出来的一种新型教育形式。

随后，高等学校创业教育活动拉开帷幕，创新创业教育的启动也对高等教育传统的教学模式提出了新的要求，包括课程的设置，教学计划和教学内容的更改。对原有的教学理念提出了新的挑战，教学目标和任务发生了很大的变化。教学目标是要培养大学生创业意识和创业品质，培养学生坚强的性格，最主要的是一种创业的精神。通过创业教育让大学生重新认识自己，充分了解社会，了解就业形势，转变就业观念，充分发挥自己的优势，树立自强自主的创业精神。所以，各高校按照创业教育的要求积极做准备，包括对师生的宣传、师生的理念转变、高校创业教育的启动，至此高校创业教育逐步形成。

学者对创业教育的起源和内涵有不同的看法。有些学者认为"创业教育"是 1989 年联合国教科文组织（UNESCO）在北京召开的"面向 21 世纪教育国际研讨会"发表的"学会关心：21 世纪的教育——圆桌会议报告"中第一次提出的"Enterprise Education"；也有一些学者认为从 1947 年 2 月迈尔斯·梅斯在哈佛商学院开设"新企业管理"的 MBA 课程开始，创业教育就逐渐拉开序幕。因此，创业教育从 1947 年就产生了。可以看出，国内学者将"Enterprise Education"和"Entrepreneurship Education"两个不同的词语都译为"创业教育"，而"Enterprise Education"和"Entrepreneurship Education"有不同的侧重点，不尽相同。在商务印书馆 2009 年出版的《牛津高阶英汉双解词典》（牛津大学出版社）第 666 页"Enterprise"条目有四种解释：其一，公司、企业单位、事业单位；其二，规划、事业；其三，企业发展、企业经营；其四，事业心、进取心、创业精神。在第 668 页 Entrepreneur 条目是这样解释的：创业者，企业家（尤指涉及财务风险的）Entrepreneurial adj.（形容词）；创办企业的。Entrepreneurship-noun（名词），并且解释中特意说明这个人是通过创建企业或者运营企业盈利。从这些解释可以看出，"Enterprise"不仅涉及创办企业，而且强调事业心和进取心；"Entrepreneurship"强调的就是创办或者运营企业。那么，"Enterprise Education"和"Entrepreneurship Education"也就有所不同："Enterprise Education"侧重于理念的转变，强调事业心和开拓技能，更关注受教育者个性品质的发展，而"Entrepreneurship Education"强调商业行为，应是"企业家教育"或者称为"商业教育"。国外也有学者注意到了这一点，埃尔基莱（Erkkilä）在她的著作《创业教育：美国、英国和芬兰的争论》中就提出，美国创业教育对应的是"Entrepreneurship Education"，而英国和芬兰创业教育对应的是"Enterprise Education"。

国际上（特别是美国）对创业（"Entrepreneurship"）的含义也有不同的解释。在美国，"创业"这个概念最早是在商业领域使用，倾向于风险假设、资金提供和产品因子的协调。20 世纪 30 年代后和 50 年代后，"把创业与小企业的建立、管理联系起来"和"把创业作为一个过程来研究"是大多数人的观点。在 1994 年莫里斯（Morris）等人提出，创业是一个过程性的活动，涉及一系列的投入和产出，能带来新创的企业、新产品、利益。到了 2004 年，莫里斯进一步提出，创业不单单是一个创新企业的行动，或者说是人们的一种行为方式，它更是一种人生哲学。其中所蕴含的态度和行为不仅会影响到一个人当前的专业和工作，而且会在各个领域发挥作用。创业不仅仅指创办一个企业，还包括接管在企业中或者其他专业领域创造性的工作。谢恩（Shane）等人在 2000 年提出"创业是两种现象的结合：有利机会的存在和有事业心的个体的存在"。从创业概念内涵的演变可以看出，产生于商业领域的"创业"作为一种独特的思考和行为方式，在人类事业的各个领域都有存在的价值。这个观点正被越来越多的学者所认可。

联合国教科文组织亚太办事处在 1989 年"提高青少年创业能力的教育联合革新项目"提出，"Enterprise Education"的主要目标是解决亚太不发达地区贫困群体的就业和生计问题。但于 1991 年在日本东京召开的中期研讨会上发表的会议报告——《通过教育开发创业能力》明确指出："创业教育从广义上来说是培养具有开创性的个人，它对于拿薪水的人也同样重要，因为用人机构或者个人除了要求受雇者在事业上有所成就外，正越来越重视受雇者的首创、冒险精神，创业能力独立工作能力，以及技术、社交和管理技能。""正因为如此，广义的创业教育在于为学生灵活、持续、终身的学习打下基础。而狭义的创业教育是与增收培训的概念联系在一起的。"

二、国内学者对创业教育内涵的解读

国内一些权威的词典对"创业"的含义进行了阐述。上海辞书出版社 2011 年出版的《汉语大词典》（第二卷上册）第 726 页"创"条目解释为"始造；初始；建造；创作；超出"等意。第 729 页"创业"条目解释为"开创基业"。张衡的《西京赋》："高祖创业，继体承基。"商务印书馆 2012 年出版的《现代汉语词典》第 1519 页"业"条目解释为"行业、职业、学业、事业、产业"，内容比较宽泛。汉语大词典出版社 2000年出版的《现代汉语大词典》第 232 页对"创业"同样解释为"开创基业"。商务印书馆 2012 年出版的《现代汉语词典》第 205 页"创业"条目解释为"创办事业。如创业史、艰苦创业。"

国内学者对创业教育的定义也有不同的阐述。创业教育是培养具有开创性个人的教育。彭钢在他的著作《创业教育学》中描述到："所谓创业教育，是指以开发和提高青少年的创业基本素质，培养具有开创个性的社会主义建设者和接班人的教育；是在普通教育和职业教育基础上进行的，采取渗透和结合的方式在普通教育和职业教育领域实施的，具有独立的教育体系、功能和地位的教育。"这是目前见到的对创业教育概念最早的解读。创业教育是生存教育、创新教育和素质教育。王彩华提出，创业教育是生存教育，是创新教育的延伸和深化，是素质教育的载体与体现。创业教育是培养企业家和工作岗位创造者的教育。侯定凯认为，创业教育就是培养未来企业家的教育思想与教育实践。创业教育是帮助学生提高创业能力，创造和把握新的商业要素的教育。张宁认为，创业教育是小企业教育的继续与升华。它有别于普通教育，担负着创业知识的传授及创业实践的积累，创业技能的训练和创业意识与态度的培养这三大重任。创业教育是培养大学生心理素质的教育。王树声认为，创业教育就是进行事业心、进取心、探索精神、开拓精神、冒险精神等心理品质的教育。

此外，席升阳和林文伟从价值的角度对创业教育进行了解读。席升阳认为"创业是在社会经济、文化、政治领域内的行为创新，是创业主体为开辟或拓展新的发展空间并为他人和社会提供机遇的探索性行为。因此，创业教育是使受教育者能够在社会经济、文化、政治领域内进行行为创新，开拓或拓展新的发展空间，并为他人和社会提供机遇的探索性行为的教育活动。人的自由全面发展是创业教育的核心价值观。创业是人类特有的活动，并成为人实现价值的重要方式"。林文伟认为创业教育的价值理念是"以人为本"，创业教育的价值导向是"人的自由而全面发展"。

第一，无论"Enterprise Education"还是"Entrepreneurship Education"，它们的提出

背景都是从商业的角度考虑，为了更好地解决人们的生计问题。后来东京会议提出的广义的"Enterprise Education"与国内传统观念中的"创业教育"相对应是"比较准确和宽裕的"。"Entrepreneurship Education"与东京会议提出的狭义的"Enterprise Education"是相对应的，准确地说应该翻译为汉语的"企业家教育"或者"商业教育"。而目前绝大多数学者将"Enterprise Education"和"Entrepreneurship Education"不加区别地都翻译为"创业教育"，并且在实际操作中多从狭义的创业教育角度出发。

第二，现在出现了一种奇怪的现象，"国际上对创业教育的解释由侧重承担风险、获取盈利转向创新、创造与价值的广义化倾向。在我国，对创业概念的理解正处在由中国古文化的传统解释向西方的狭义解释迅速靠拢的过程中。"也就是说，国际上从狭义的创业教育向广义的创业教育靠拢，而我国学界是从传统的广义的创业教育向狭义的创业教育靠拢。"作为一种独特的思考和行动模式，创业可以应用到任何人类事业中"。谢恩等人的观点代表了国外学者观点的转化。国内由于就业的巨大压力和高校现有教育模式的局限，正越来越将国内高校的"创业教育"引向"商业教育"，走向功利化倾向的道路。

第三，创业教育的内涵已经从商业领域的追求财富扩展到促进人的发展的本质价值。从创业教育内涵的解读及其发展来看，创业教育的本质是培养具有开拓性素质的人才。所以，创业教育就是一种旨在培养教育对象现在或者未来开拓事业所需素质的教育活动。与之相对应，大学生创业教育就是一种在高校实施的开发和提高大学生综合素质，使他们形成开创型个性，为终身可持续发展奠定基础的教育活动。大学生创业教育不是针对少数特定对象的技能性教育，应是以全体大学生为教育对象的综合性教育，应该为大学生灵活、持续、终身的学习打下基础。大学生创业教育应包含两个层面的内容：第一个层面是指导大学生创办、运营企业；第二个层面是培养大学生开创型个性。大学生创业教育应该以第一个层面的内容为切入点，以实现第二个层面的内容为目的。大学生创业教育不同于社会上以解决生存问题为目的的就业培训，也不应是一种"企业家速成教育"。大学生创业教育有别于单纯的知识教育、能力培养和思想教育，着眼于大学生综合素质的培养。"也就是要充分挖掘大学生的各种潜能，注重激发和调动他们积极进取、自觉追求、勇于探索的创造意识和创造精神，注重对大学生优秀的心理品质、积极健康的思想情感和高尚的精神境界的培养。而不是急功近利，仅仅开设几门与创业有关的课程局限于操作层面和技能层面。"所以，教育者要站在培养大学生综合素质，促进大学生全面发展的高度，在大学人才培养体系的整体框架的思考创业教育，以求得大学生创业教育目标的全面实现。从1990年下半年到1991年底，各项目单位精心准备，认真研究和探讨，成果显著、创新性强。本阶段研究工作从成人教育领域入手，把实证研究与理论研究密切结合，取得了意想不到的成果。接着，课题组成员集中智慧，产出不少成果并发表在《教育研究》等刊物上，由毛家瑞等人撰写的《创业教育的目标、课程及评价》论文，标志着我国创业教育开始起步。另外，由毛家瑞、彭钢等人撰写的《继续教育领域实施创业教育项目研究报告》在《上海教育与科研》刊登，意味着创业教育要在成人教育中试行。随后，《创业教育系列丛书出版》为我国高等学校开展创业教育提出了宝贵经验，意义非常深刻。以上的实践和研究为我国高等创业教育的启动奠定了良好的理论与实践基础，并有力地推动了我国创业教育的开展。

三、高校创新创业教育的发展

20世纪90年代，我国高等教育在实施素质教育时，把创业教育渗透到其教育之中紧跟世界高等教育思想变革的发展趋势。但是，很多高校对开展创业教育课程的现实意义缺乏正确认识，认为创业教育是处于"正规教育"之外的可有可无的"业余教育"；高校所开展的创业教育课程没有形成体系，课程设置缺乏系统性。有人认为，把创业教育纳入教学环节，不能靠开设几门课来解决问题，它将涉及教学的系统改革、学校教学的各个环节都需做出相应的配套、调整和支持。

1998年12月24日，由国务院向教育部批转的《面向21世纪教育振兴行动计划》文件中，要求各高等学校一定要在大学生中实施创业教育，鼓励大学生自主创业随后在全国教育工作会议上，对创业教育又做了加强，高校中一定要把培养创新精神和创新人才作为发展的目标，要求高校一定要转变观念，转变教育模式。一些国家领导人相继对加强创业教育做了相关指示，并要求政府部门在落实创业教育过程中对大学生的创业给予大力支持。通过政府设立小额贷款扶持、鼓励、帮助大学生的创业，认真践行创业政策。

教育部2000年1月11日在全国高校技术创新大会上，对大学生创业做了重新规定，如大学生、硕士生、博士生，可以采取休学保留学籍的方式来创办企业参加此次会议的多所大学校长表示非常赞同大学生创业，只需在规定的时间内（原则上为两年）完成学业。接着许多高校相继出台了一些帮助和鼓励大学生创业的政策和举措。在国家政策对创业教育的引领下，高校大学生的创业教育有了实质性的发展。

据李时在、常建坤等人关于创业教育方面的研究，在我国高等学校中可以分两个阶段开展创业教育和创业活动。

第一阶段号召各高校根据自己的办学特色自主探索创业教育（1997年初—2002年4月）在这一阶段，一些层次比较高的学校及时制定了创业教育计划实施方案。"清华大学大学生创业计划大赛"作为首届创业活动在全国高校中影响特别大。接着由团中央和全国学联发起号召，在全国举办"挑战杯"创业大赛，据此全国创业大赛，创业活动拉开帷幕。一些高校也把创业课程安排到教学计划当中去。如"科技创业""创业教育"等课程作为高校必上课程，在此基础上，一些科技园相继建立，为大学生创业提供了便利并给予政策支持等。同时还为大学生创业给予经费支持，缓解大学生筹资难的问题。随着创业教育的开展，人们对创业的认识越来越认可，社会的支持和高校的重视程度越来越大，给大学生创业也带来了越来越多的便利。

第二阶段是由政府给予政策支持等多元化发展的阶段（2002 年 4 月至今）。为了能使创业活动有特色、有代表性，教育部确定 9 所高校作为创业教育试点院校，清华大学把科技论坛、大学生科协、专家报告会、创业学术沙龙等作为创业教育的亮点；中国人民大学在课程管理和设置上规范科学，针对大学生创业特点，开设《企业家精神》，针对创业中的管理方法，开设《创业管理》，同时还开设一些选修课。北京航空航天大学为大学生搭建创业平台，除开设了一些课程外，注重实践，尤其是创业园的建立，让大学生在实践中提升创业能力，真正把创业教育理念渗透到大学生的课程和学习生活中。

四、我国高校创新创业教育取得的成绩

1. 我国高校创新创业教育模式初步形成

在 2002 年教育部选择 9 所高校作为开展创新创业教育的试点后，我国高校创新创业教育取得了较大进步。目前主要形成了三种创业教育模式。

第一种是"一二课堂结合模式"：这种模式的实践以中国人民大学为代表，在开展创业教育中将第一课堂与第二课堂结合起来。这种模式除培养学生创业所需的基本知识、理论与技能外，还注重培养学生创业意识第一课堂：侧重学生创业理论培训。主要开设了创业管理等相关课程。通过这些课程的学习，培养学生创新思维，拓宽学生自主选择与促进个性发展的空间。第二课堂：侧重学生创业实践培训。通过开展创业教育讲座、开展各种创新、创业竞赛等多种方式，鼓励学生将第一堂课所学的创业知识运用于社会实践活动中；形成了以专业为依托，以项目和社团为组织形式的"创业教育"实践群体。

第二种是"健全教学机构模式"：这种模式的实践以黑龙江大学为代表，通过组建职能全面的创业教育教学机构来推进创业教育。黑龙江大学成立了 6 个校级创业教育试点单位，全面推进创业教育。这六个单位分别是创业教育领导小组、创业教育学院、创业教育中心、创业教育协调委员会、创业教育专家组。学校通过教学改革，充分发挥教育试点单位功能，在专业教学领域和创业实践领域分别推进创业教育。首先，在创业知识教授领域，开设多门课程，为学生提供多选择的创业教学资源。其次，在创业社会实践领域，通过资金资助和奖励等办法，鼓励学生参与到创业实践中。此外，还可通过创业宣传，引导广大学生参与创业教育的学习和实践，全面提升学生的就业竞争力和创业

素质,实现学生灵活就业和自主创业。

第三种是"创新为核心的教育模式":这种模式的实践以上海交通大学为代表,在创业教育中以素质教育为基础、终身教育为理念、创新教育为核心。除向学生讲授创业知识以外,还向创业者提供必要的资金和技术咨询等。该模式特别注重对学生创业实践的培训,并建立创新活动评价体系。最终实现专才向通才、教学向教育、传授向学习的三个转变。

2. 大学生创新创业教育政策正式出台

在我国各级政府及相关部门已经逐渐意识到创业和创业教育的重要性,并出台了相应政策和措施支持高校创业教育。

2005 年共青团中央、全国青联与国际劳工组织合作,引进和实施 KAB、SIYB 创业教育项目。2007 年党的十七大明确提出了"以创业带动就业"的方略,为创业教育的开展提供了纲领性文件。在 2008 年 1 月 1 日正式实施的《中华人民共和国就业促进法》中提出了国家实行有利于促进就业的税收政策,鼓励劳动者自主创业,扶持失业人员再就业。2008 年 10 月 29 日,人力资源和社会保障部等 11 个部门出台《关于促进以创业带动就业工作的指导意见》,对高校毕业生创业进行指导,并给予一定程度的税收、贷款等优惠。2009 年 1 月,国务院会议出台了促进大学生就业的 7 项措施。2010 年教育部出台《关于大力推进高等学校创新创业教育和大学生自主创业工作的意见》,2012 年教育部出台《关于做好"本科教学工程"国家级大学生创新创业训练计划实施工作的通知》,2013 年 5 月,党中央陆续出台关于创新创业的文件。2015 年 3 月国务院出台《国务院办公厅关于发展众创空间推进大众创新创业的指导意见》,2015 年 6 月国务院正式公布《国务院关于大力推进大众创业万众创新若干政策措施的意见》,这些措施极大地鼓励和支持大学生自主创业。

第二节　我国高校创新创业教育模式案例

一、磁石模式

1. 清华大学创新创业教育

教育目的:清华大学主要以培养学生的创新精神为主,增强大学生以自主创新为核心的创业理念。

课程设置:在全校范围内采用第一课堂和第二课堂相结合的形式,并在第二课堂的基础上，开展清华创业大赛，营造创业精神氛围，清华科技园与清华大学的行政部门和院系合作构建了相对完善的大学生创新创业教育体系，形成了创新启蒙—创业辅导—创业大赛—创业实践的教育模式。面向全校学生开设一系列的创新创业课程，坚定学生门主创新创业的信念，通过案例教学，将教学从教室搬到了孵化企业，将理论与实践紧密结合，让学生体会创新给创业带来的巨大机会和价值，激发大学生以创新为核心的创业信念和热情，如创业机会识别与商业计划、未来企业家之路等。用创新的课程安排反映创业的特点和创新的价值，提升学生的综合素质和创新创业能力，截至目前，已连续 4 年开设创业课程，有 40 余位导师和 800 多名本科生和研究生参与，此外，在经济管理学院成立了创业研究中心，为创业教育提供课程、创业理论，并在管理学院招收创业管理方面的博士研究生。

2. 天津工业大学创新创业教育

天津工业大学 2004 年开始探索创业教育。在部分学院开设"创业专题实训"课程 2006 年成为首批 KAB 创业教育基地。引入"大学生 KAB 创业基础课二并纳入学校教学计划，2008 年在借鉴国内外创业教育理论与实践的研究成果的基础上结合学校创业教育实践经验，制订并实施"大学生创业教育"培养方案，在全校范围内开展创业教育，并构建全校性多层次模块化创业教育课程体系。

组织管理：天津工业大学创业教育的实施主要由创业教育中心和管理学院两个单位负责。创业教育中心成立于 2007 年，主要是以培养具有创新能力和企业家思维的复合型经济管理人才为目标，它的任务是进行创业教育师资队伍建设、课程设置、理论研究、创业咨询、大学生创业园的管理、开展大学生创业活动等，并开展面向在校学生和社会各界人士的创业教育培训。此外，在管理学院成立创业教育中心教学科研部办公室和创业教育部。

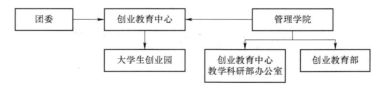

图 2-1 天津工业大学创业教育组织管理体系

课程设置：天津工业大学在一些学院开展创业教育试点工作，增加创业教育必修课试点课程，逐步形成了面向全校学生实施模块式创业教育课程体系。该课程体系可以分为三个层次三种课程模块，第一层次是创业教育通识课程模块。在全校范围内以选修课的形式开设，以"创业概论"和"大学生 KAB 创业教育基础"为主干课程，以"企业与个人信用管理""职业生涯设计""团队管理"等为辅助课程的课程模块，培养大学生的创业意识和创业品质，加深学生对企业家素质的理解。第二层次是创业教育技能课程模块，包括主干课程"大学生创业专题实训：辅助课程"市场营销""公共关系""人力资源管理"等 10 余门课程。满足学生创业技巧和能力提高的个性化要求。第三层次是创业教育实践课程模块，充分开发利用校内外资源，打造多种形式多方位创业教育实践平台，开展创业实践教学。通过开展实验室理财、网络营销等仿真模拟体验；开展包括创业大讲堂、创业俱乐部、社团活动、创业竞赛等第二课堂活动，在实践中培养创业兴趣和志向；制定一系列激励措施，鼓励学生参加社会实践活动，如到实践基地挂职锻炼，在大学生创业园创办公司等，为学生未来创业提供历练。

天津工业大学进一步深入创业教育的实施，以必修课和选修课的形式把创业教育课程与专业课程相结合。主要通过两种途径来进行，一是培养学生创业意识，使学生了解创业的基本知识通过必修课与限选课形式在教学计划中嵌入创业教育通识课程模块，与专业基础课同时开设，采取课内讲授与课外专题讲座相结合的形式。二是以提高专业技能创业的实践能力为目的。通过选修课形式在教学计划中加入创业教育技能课程模块可实践课程模块，开课时间安排在专业主干课之后或同时进行，理论授课结合专业案例教学与学生实践。

实践平台：天津工业大学实践平台主要包括校内实践和校外实践两个部分。在校内成立创业协会、创新思维实验室、KAB 俱乐部，U 字形创业教育专用实验室，举办校级年度创新创业计划书大赛等多种形式的实践，在校外设立创业实习基地和大学生创业园。天津工业大学与河东区科技园等多家企业建立合作关系，为在校学生提供创业培训及模拟实训。同时，设立创业中心，与天津市人力社会保障局、天津市教委等有关部门合作，对毕业生进行就业创业培训。

二、辐射模式

1. 北京航空航天大学创新创业教育

教育目的：北京航空航天大学的创业教育模式以提高学生创业知识、创业技能为侧重点，并为学生创业提供资金资助以及咨询服务。

课程设置：在多部门多单位的相互支持和配合下，形成了由北航创业管理学院北航天汇科技孵化器和北航科技园构成的创业教育与实践体系一方面面向全校学生，以选修课的形式开设创业教育课程，目的在于启蒙学生的创新和创业意识。面向全校学生开设的创业教育课程有《科技创业》《创业管理》《大学生 KAB 创业基础》《创业概论》等课程为了进一步使学生了解创业，走进创业者，增强创新精神与创业意识，北航创业管理培训学院面向全校学生开设了创业新讲堂，北航科技园开办了创业星期六，让学生近距离地与创业者企业家进行对话，对于具有强烈创业意向和灯行创业计划的学生，北航还专门聘请了创业导师进行创业辅导和孵化。

北航依托大学生创业计划大赛的形式，在全校范围内形成一种创业氛围。至此，形成了具有很强实践性的创业教育模式。

北航创业教育可以分为四个阶段：一是创业意识与创业精神培养阶段，二是创业辅导阶段，三是企业孵化阶段，四是企业入住科技园进一步发展阶段。这四个阶段层层递进，培养出一批批学生创业者。针对这四个阶段，北京航空航天大学也形成了各司其职、相互支持的多单位负责的管理体系。

2. 黑龙江大学创新创业教育

黑龙江大学自 1998 年实施"创新工程"以来，开始探求以培养学生创新意识为目的的创业教育，并将其视为深化教育教学内容改革、探索适应时代需求的本科人才培养新模式的重要尝试，2002 年又被教育部定位创业教育试点高校，2008 年教育部批准黑龙江大学为创业教育人才培养模式创新实验区，2009 年黑龙江大学创业教育成果荣获第六届高等教育国家级教学成果二等奖。黑龙江大学确立了"以创新意识培养为目的，面向全体、基于专业、分类教学、强化实践"的创业教育工作方针，并逐渐形成了"辐射式"的创业教育模式。黑龙江大学"辐射式"创业教育模式的构建，坚持一个宗旨："实施创业教育，深化专业教育教学改革，提高人才培养质量。立足两个基点："一是面向全体学生开展普遍性创业教育，提高学生创新意识创业精神与实践能力；二是面向有创业愿望的学生开展特殊性创业教育，提升学生创业实战技能。"

组织管理：黑龙江大学成立负责创业教育的领导小组、创业教育学院，创业教育协调委员会.创业教育专家组，大学生创业顾问团等专门机构。各个机构和部分各司其职，全面开展创业教育，创业教育学院作为一个独立设置的机构，负责全校创业教育的教学管理。

课程设置：黑龙江大学基于创业教育的理念，针对全校学生开展"三创"（创造、创新、创业）课程体系，同时根据科学特色把创业教育"融入"到专业课程中去，"三创"课程群由创业教育模块、就业教育模块和证书教育模块组成，旨在培养学生的创新精神和创业意识，提升人才培养质量，促进学生就业，创业教育模块课程以选修课、辅修电业和创业培训课程（如 SYB，START YOUR BUSINESS 的缩写）的形式开展。

黑龙江大学创新创业教育的课程设置从显性课程和隐性课程的角度组织了不同的课程显性课程主要体现在三个层面上（见图 2-2），一是创业教育通识类课程，二是专业核心课程，三是复合型创新人才培养项目。隐性课程的设置主要以实践课程为主，通过三大平台实施：一是创新创业研究平台，二是基地实践平台，三是竞赛实训平台。

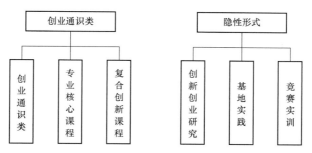

图 2-2 黑龙江大学创业教育课程设置途径

实践平台：黑龙江大学通过"辐射式"创业教育模式，把创业教育与专业教学紧密结合，让学生在三个实践教学平台上受到创业精神、创新意识的熏陶。此外，针对一部分具有创业意愿和创业条件的学生，也提供了更加深入的实践方式。黑龙江现有包括"大学生科技文化创业园"在内的校内外创新创业基地 200 多个，学生创新实验室 13 个。

在专业教学相结合的基础上，黑龙江大学把创业教育与学生就业结合起来，探索的"创业实验班—初级孵化器—高级孵化器"三个基点联动，成为更有针对性的创业教育实践体系。

3. 上海理工大学创新创业教育

上海理工大学创业教育开始于 2002 年，作为上海市首批创业教育试点院校之一和上海市推进创业教育体系建设的两所试点高校之一，经过多年的探索，上海理工大学把"创业教育与素质教育相结合、创业教育与专业人才培养相结合、创业教育与卓越工程教育相结合、创业教育与国际化教育相结合"的四个结合的理念。逐渐形成了以培养学生创业素养为目标，"课堂教学—创新实验—项目训练—企业孵化"的创新创业教育体系。

组织管理：上海理工大学创业教育采取辐射形式，学校统一协调，把创业教育与各个学院的专业特点相结合。

课程设置：上海理工大学根据创业教育目标，构建"基于专业大平台的个性化培养"课程体系，设计了三个层次的创业教育课程，把创新创业教育的全程化和有自主创业意向学生的全课程模块化选择有机地结合起来。三个层次的课程计划包括创业教育通识教育、创业辅修专业和创业专业教育。2009 年上海理工大学设立了创业学专业，并依托工商管理开设了创业班。创业班着力培养具有创新能力的创业企业家和职业经理人。创业班学生在选拔时通过体能测试、毅力测试、开业能力测试、面试四轮选拔机制，保障了创业班学员的良好的创业素质。在课程体系上，设置包括理论模块、实务模块、实训模块、实践模块四大模块，培养包括创业精神、创业知识、创业能力、创业心理品质和创业生理条件在内的创业综合素质。

实践平台：上海理工大学校长许晓明认为"实践是创新之根"，上海理工大学 2007

年获批国家级创新创业人才培养模式创新实验区,同年被列为上海首批大学生创新活动计划项目实施学校,2008 年被列为第二批"国家大学生创新性实验计划项目"实施学校。目前已拥有"经济管理""现代出版印刷""能源动力"3 个国家级实验教学示范中心,"机械工程""光学电子"等 5 个市级实验教学示范中心,以及 18 个校级的实验教学示范中心基地,"沪江创新创业"国家级人才培养模式创新实验区,每年设立 300 个创新实践项目参与科研训练的学生人数每年达到 1 000 余人。国家大学科技园新建"学生创新创业中心",设立 6 个具有鲜明特色的为创业项目服务的平台:虚拟制造技术平台、数控制造技术平台、电气自动化技术平台、医疗器械与食品安全技术平台、公共商务服务平台、女子职业教练营,为科技创业学生提供便捷、完整、有效的服务。还开展了十余次各种创业知识培训,参加的创业学生数有近 300 人。此外,科技园还划出专门的学生创业公司经营场地为创业学生注册公司提供免费一站式服务,促进了创业活动顺利、成功地开展。

4. 温州职业学院创新创业教育

温州科技职业学院于 2011 年获得"大学生 KAB 创业教育基地"称号。作为一所以"农"为特色的院校,温州科技学院在创业教育培养目标和模式上具有自己的特点。在培养目标上,温州科技职业学院立足"三农"培养学生的创新和创业精神,把创业教育和专业教育密切结合,对有创业意向和条件的学生,提供专业的创业指导。此外,聘请校外企业家做创业项目指导。

组织管理:温州科技职业学院把创业教育理念融合在全院人才培养设计方案之中。搭建专业创业平台,使创业教育与专业教育相结合。

课程设置:针对学校专业特色。三大专业群开展不同内容的创业教育课程,更有针对性的增强学生的综合创业素质。针对信息类的学生,主要关注商业化的过程,开设《市场营销》《风险资本》等课程,有助于学生避免在了解市场前景之前进行产品开发的错误导向;针对农业类学生,开展现代农业创业机遇的分析,开设《创意农业》《农产品经营》等课程,树立农业类学生创业意识与信心;对经贸类学生,由于拥有了系统的市场营销、管理等相关的商业知识,针对他们的创业教育,主要关注初创企业及中小企业的管理与成长。创业课程学分分为必修学分和创业实践认证学分两部分。

实训平台:温州科技职业学院 5 个系都有与专业教育相对接的学生专业创业园。信息系,有大学生网商创业园;园林系,有创意农业园;动科系,有宠物医院。学生学习专业后,可以马上进行创业实践。农生系的现代农业创业园,已成功开发出 10 多个农业项目。现代农业创业园,已经孵化出农业小企业 6 家,成立农业创业工作室 10 多个。

温州科技职业学院提出建设创业型校园，建设一组创业示范店、一条现代农业创业街、一幢创业楼、一片网商创业园。该学院根据自身专业特色把导师、项目、团队、基地、农户等资源有效整合起来推进学生创业教育，进行创业实践活动。现在已经有 38 个团队在导师的指导下进行创业，有迷你菜园、水培植物、无土栽培、水果玉米、盆景果蔬等项目。

三、混合模式

教育目的：上海交通大学创新创业教育采用无形的创业学院的模式，面向全校学生一面上覆盖点上突破，以培养拔尖创新人才和产业巨子为目标。一方面，面向在校全体学生，进行全覆盖的创新创业教育，重在渗透和培养学生终生受用的创新精神、创造理念和创业意识；另一方面，面向有意愿有条件的部分同学，开设有针对性的创业学课程和培训，提供创业苗圃预孵化和资金支持，使他们成为交大学生创业的"种子选手"。

组织管理：上海交通大学创业学院院长由管理学生工作的副校长担任，根据创业教育的特点，形成了有战略专家咨询委员会、教学指导委员会和理事会组成的管理结构。

图 2-3　上海交通大学创业教育管理机构

课程设置：通过选修课和必修课的形式开设创业教育课程，教务处、团委、经济管理学院等一些学院相互配合。作为创业课程的提供者，主要分为面向全校学生的创业教育通识类课程和面向创业学院学生的创业课程模块。共分为两个阶段：第一个阶段三门课程为必修课，第二个阶段为三个实践模块。

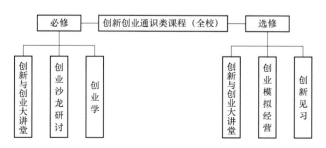

图 2-4　上海交通大学创业教育课程体系

表 2-1　上海交通大学创业教育课程体系

	课程名称	负责部门	备注
第一课堂	全校现有创业相关课程	教务处	《创新与创业》
	创新与创业大讲堂	经管学院牵头	选修学生在课程结束后，申请 PRP 项目，以完成创新创意类项目作为课程实践评分环节
	10 门左右创业通选课程	经管学院教务处牵头	

创业教育讲座也是面向学生培养创新创业精神的主要形式。上海交通大学创业教育最早开展的时候主要依托的就是创新与创业大讲堂，请了许多知名学者企业家做报告。在全校创业教育通识课的基础上，对一些有强烈愿望创业和有条件的同学进行选拔，进入创业学院学习。进入创业学院的学生作为创业教育的另一个培养目标，更加有针对性地培养未来的创业者。

第三节　我国高校创新创业教育存在的问题

一、创新创业教育认识存在偏歪

创新创业教育的根本目的在于：第一，使大学生树立崇高的理想和终极价值目标；第二，培养大学生的创造和开拓精神；第三，使大学生掌握从事创业的思维方法。过去大学只重视知识的传授而忽视思维方法的训练，这严重影响创业活动的开展和创业思维的形成，这些必须要纠正，因此，在创业教育中，要向大学生传授思维方法的技巧，特别是创造灵感思维方法、创造抽象思维方法、创造求异思维方法、创造简约思维方法等；第四，使大学生掌握从事创业所必需的专业知识与技能；第五，还应懂得金融、财务、法律、市场运作等方面的基本常识，还要有敢于冒险的精神和坚定必胜的信心。

当代大学生缺乏创造和开拓精神，所以要在大学生中进行创业教育。我们应有意识地培养大学生的冒险和对待失败的从容态度。帮助学生开阔视野，培养他们的创业精神和创业能力，使创业文化活动发挥促进整个社会的作用。

很多高校的领导对创业教育理念存在偏差，把创业教育混同于普通教育，并单纯地认为创业教育就是培养学生创办企业的能力，有的还认为大学毕业生有业可就就没有必要开展创业教育。甚至有些教师认为创业教育是对传统的否定，学生不能丢掉专业学习。这些领导和教师认识上的偏差，导致高校对创业教育缺乏政策导向和经费支持，从而对我国创业教育发展起到阻挠作用。表现在以下几个方面。

第一，我国高校创新创业教育意识淡薄。

我国高校受经济条件的制约，再加上高等教育起步较晚，正处在发展提高阶段，对创业意识的认识还不够深刻，还需积极地探索和实践。要加大对社会的宣传，引起政府部门的重视，要让政府官员转变思想观念，支持创业教育，另外在政策上和经费上进行倾斜。同时还要提升高校领导层的认识水平，让他们理解创业教育，支持创业教育。在大学生中积极动员，对他们进行创新精神的熏陶，克服对创业教育意识的淡薄，让全社会都重视创业教育。

第二，我国高校创新创业教育观念滞后。

大学生对开展创业教育实质认识不足，接近半数的大学生认为想办法"赚钱"是开展创业活动最主要的目的。还有一少部分同学认为创业就是几个人凑在一起做一些简单的生意，甚至误将帮助教师查资料、整理文件等勤工助学等同于创业。多数学生没有从观念上的认识，而只是简单认为有了资金就能创业，忽视了创业应具备的知识、能力、技巧、方法、环境等的影响。之所以产生这种认识上的偏差与高校的教育引导和观念认识密不可分。许多高校在大学生创业的问题上还存在认识不清，对学生创业教育引导还缺乏从思想上疏导和启迪。创业教育观念落后，不能把正确的创业观念灌输给学生，这也是造成大学生对创业教育认识不清的原因之一。

第三，我国高校创新创业教育体系认识欠缺。

尽管政府对创业有政策的支持和帮扶，同时，也有媒体的大力宣传，各高校也根据各自的经费、场地等实际对创业教育划拨专门的资金支持。但由于各高校的认识层面不同，对创业教育重视不够，每个高校对创业教育的开展就不同，很多高校仅开设一两门课程，如《创业学概论》《创业管理》等。这样对创业教育的意识不清、效果不好，不能很好地设计课程，使教学内容简单，教学手段不实，教学方法陈旧。他们偶尔也会邀请本地知名企业家做讲座、搞一些创业计划活动，但大多都没有形成系统的、制度化的创新人才培养体系。国内高校仍然将传统传授知识作为主要目标，设计的创业活动缺少与实际的联系，这就说明对创业教育的认识还是不够深刻，创业教育师资经验不足，所授课程和研究不能很好和创业实践对接，把一些具有创业经验的企业家阻止门外，导致认识上的欠缺。

第四，经济条件制约创新创业教育的发展。

创业教育的实施需要以一定的经济条件作为基础，但目前，我国的经济发展水平在一定程度上制约了我国创业教育的发展，主要体现在我国高校财政资金来源渠道不足，缺乏多元化的创业融资渠道。目前我国高校财政资金大部分来自政府资助和科研基金这两条主要渠道，缺乏像国外"第三收入"来源渠道，比如从工厂、企业、慈善基金、地方政府、校友捐助等渠道获取经费。一方面是由于我国投资政策的局限，另一方面也反映了创业精神的培养不能停留在宣传上，要主抓大学生的创新能力和责任意识培养加强大学生的个人独立能力培养，不能全依靠家长、高校、社会的支持和帮助，学生要形成对自己负责、对家庭负责、对社会负责的责任意识。另外，我国高校还缺乏创业及创业教育外延拓展，高校创业教育实践环节严重缺乏，高校的创业教育资金不足和这些有很大的关系。

第五，制度因素制约对创新创业教育的认识。

创业教育需要政府的倡导，经济的支持，社会的氛围。包括资金支持、技术的支持、政策的支持、机会的给予、资源共享等，我国尚缺乏个人创业的社会氛围。由于历史原因，计划经济的传统思想还束缚着人们的行动，还在根深蒂固地影响着人们创新的文化环境，很难一下子把人们从传统的观念中解放出来，也很难有勇气自主创业。据全球创业观察报告，我国的创业资本在创业活动中投资的很少，在全球观察报告中显示是最低的，创业资金主要来源于自筹，包括亲戚或朋友资助，缺乏社会创业资金来源。只有少数试点高校有政府部门设专项资金支持，其他高校只有靠自己想办法了，制度政策不能向所有高校倾斜，导致创业教育活动在高校中不能普及。

二、创新创业教育专业师资力量薄弱

纵观发达国家创新创业教育，其师资队伍主要由资深专家、成功人士、政府官员组成，其经验丰富，对创业的流程清楚，还熟悉企业的发展变化和运营规律。在我国，创业教育队伍参差不齐，也有一些学术专家，但他们中一些人从未涉及创业，还有一部分是就业指导课的教师和辅导员老师，这样给学生上课既不生动贴切，也没有说服力。导致我国创业教育师资力量薄弱的原因有以下几个方面。

第一，传统教育导致创业教育人才储备不足。创业教育是一个新型发展，适合市场变化的创新性教育。由于原有培养人才的模式比较陈旧，在一些大学的课程设置中缺乏这样的内容，导致创业教育这方面的人才缺乏，没有传、帮、带的资源，所学专业和创业教育脱节。因为创业教育针对性很强，对人的创造性、创新能力和创业能力要求都比较规范，尤其是技巧、技能方面和现实联系紧密。传统的教育未能培养出创业教育的接班人，导致创业教育这方面的师资非常缺乏，这就要改革我们的教学体系，变革人才培养模式，为下一步创业教育顺利开展打下坚实基础。

第二，传统观念制约了创业师资的发展。创业教育是一门很强的实践性课程，对教师的专业素养要求很高，我国传统式教学方式，使大多数教师缺乏交流，思想比较禁锢，传统观念占据了整个教育思想，缺乏开放的、具有国际视野的教师资源。由于教师的认识偏差，大部分高校创业教育效果不佳，创业教育的师资无论是数量还是质量仍然达不到需求。从思想意识角度讲，还得改变传统观念，把培养创新型教师作为解决创业教育的难题来抓，投入一定的资金，培训创业教师，提升创业教育质量。

第三，我国创业教育的发展还不成熟。我国创业教育的起步较晚，基本上处于探索阶段，相关研究还比较少，实践经验还是不足，又没有形成合理的评价机制。在大多数高校中评价教师的优劣主要参照科研成果，重论文、轻教学。尤其在教师评级评职中，科研作为硬性指标，就导致全体教师向这个方面奋斗，教育实践开展得比较少，和学生交流的机会更少。这在一定程度上影响了创业教育向更深层次发展，制约了创业教育在高校中正常运行。高校要改变这种状况，必须改革教师评价机制，把积极参与学生创业的教师作为先进典型树立起来，这方面工作做得好的教师在评职评级时优先考虑，充分调动教师的积极性，扩大创业教育队伍的发展。

三、创新创业教育的课程设置不合理

创业教育实现的好坏很大程度取决于创业课程的安排。但是，目前我国开设创业教育课程的高校数量少，并且缺乏实践经验，导致创业教育课程设置方面也存在许多不合理的地方，突出表现在课程安排缺乏针对性和操作性。创业教育是一项复杂的综合课程，它涉及多类学科领域。部分院校开设的创业教育课程只针对管理学院、工商学院等与经济较为紧密的学院的学生，很难向全校学生开放。创业教育教材是创业教育的基础，没有完善的理论和具有实践指导意义的教材，教育就无法正常系统地开展，更难以取得相应的效果。目前全国范围内使用的教材大都来自欧美，这些教材虽然填补了我国创业课程教材开发的空白，但这些教材也存在缺陷，一方面教材内容与我国实际国情不相符；另一方面国外的教材缺乏针对性的案例分析，不能实现理论与实践的结合。因此，未来应该加大对本土教材的研发力度，争取早日实现国内学生用国内教材的目标。

四、创新创业教育的教学形式较单一

我国现行的创业教育通常采取统一的教学计划，通过公共选修课外加创业计划大赛的方法，对不同学科专业的学生予以统一的培养，忽视学生的专业差异和个性特点；在教学内容上教材内容单一、枯燥；教学方法方面，仍保留教师单方面讲授、学生听课、记笔记为主，不能充分发挥大学生的主观能动性，忽视了学生参与的重要性；在考试方面，仍沿用强调知识的单调记忆的做法，而没去考查学生解决实际创业问题的能力和素质，这种封闭单一、重知识传输而轻能力培养的创业教育模式往往扼杀学生的创新思维，不利于创业素质和能力的培养，严重阻碍了创新创业应用型人才的培养。

五、创新创业教育文化氛围缺失

我国传统文化教育人们，学生服从教师，教师服从学校，中规中矩，缺乏教师和学生的互动，缺乏探讨，在这种长期的教育模式下抑制了人们的主动性和创造性。要想改变这样的传统就必须加大宣传力度，在公开媒体上多宣传、多报道，弘扬人的个性，改变教育模式，弘扬创业教育，把大学的创业教育通过官方的多种渠道，传递给社会，并营造良好的创业文化氛围。又由于我国市场经济的发展历程较短，相关政策法规不很完备，政府支持力度不大，基础设施不健全，教育与培训跟不上，社会对创业概念的曲解，创业氛围较为薄弱，各种社会媒体也没有系统的有效宣传。创业教育发展受到了各种阻碍和限制，使创业教育进入了发展的瓶颈阶段，创业文化氛围不强，要想创业文化氛围浓郁，宣传效果好，必须做好以下几个方面。

第一，严格创业实践，注重能力提升。

在创业实践中，通过开展创业计划书撰写、模拟实践活动让大学生充分了解创业的意义、创新型人才的要求，在教师的指导下帮助学生了解市场变化规律，分析其风险教育学生掌握丰富的知识，学会应对复杂多变的环境。努力培养学生的思维创造能力，学会观察问题、分析问题、解决问题。注重在实践中增长才干，增强他们的创业思维和实践能力，在提高大学生的能力时，为创造良好的文化氛围增添光彩。

第二，克服传统观念，弘扬创新理念。在创业教育的过程中，传统的观念制约着创业活动的实施和开展。由于旧的教育方式不能及时改变，创业过程无章可循，都是 HLA 去摸索，闭门造车，脱离实际，在创业教育的概念、内涵和管理模式上产生误区，活动很难取得实效。所以，要在创业教育的实践中，创新思维，把新的理念贯穿于创业的全过程，形成与社会的联动机制，加强与企业的合作，建立创业实践基地，通过新媒体推广宣传创业教育的优点，争取更多的社会资源支持和帮助大学生创业。

所以，要在全社会形成良好的创业舆论宣传，从正面引导，通过官方网站、微信、微博等现代技术手段弘扬创业教育。鼓励大学生练好自身本领、树立典型、以榜样的作用传递正能量，引起全社会的关注，大力营造创业教育文化氛围，使创业教育活动在我国高等学校中顺利开展，并取得显著成效。

第三章
高校大学生创新创业精神培育研究

第一节　大学生创业精神培育的内涵及其意义

创业精神始终与创业活动息息相关，经济领域中创业始终与"企业家"这一概念同步发展"企业家"一词来源于法语中的 entreprendre，其本意是指受命从事某一特定商业计划的个体。在中国，"Entrepreneur"一词在多数英汉词典中被翻译成企业家，而"entrepreneurship"则被翻译为"企业家精神"。

一、大学生创业精神培育的内涵

由于创业活动的综合性和创业研究的学科交叉性，学界关于"创业"一词的定义至今没有达成一致，众多研究者从各个不同的视角对创业下过定义。

"创业"在上海辞书出版社出版的《辞海》中的解释为"创立基业"，《现代汉语词典（第 7 版）》中则将"创业"解释为创办事业。可见，我国对创业的定义大多从宏观角度出发在大学生创新创业活动中的创业，大部分中国学者都是借鉴国外学者的研究成果，从狭义角度对其进行理解。综合各家学者的观点，笔者认为大学生创业是指利用各种机会、资源挖掘自身潜力，在创造新价值的过程中实现自我价值的过程。这个过程考察的是学生的创业精神和创业能力。创业不仅指创立新的企业，在任何工作岗位上创造新的价值都属于创业活动。

（一）大学生创业精神的含义

创业精神起源于西方经济领域，"创业精神"一词来源于英文单词 entrepreneurship，Entrepreneur 的意思是企业家、创业者，来源于法文中的 enireprendre，本意是指受命从事某一特定商业计划的个体。1983 年，美国学者米特提出具有创业精神的主体既可以是个人也可以是企业，奠定了创业精神在经济学领域的基础。经济学家约瑟夫·熊彼特将创业精神看作是股"创造性的破坏"力量。1985 年，美国著名管理学家彼得 F.德鲁克提出创业精神是一个有可能创造财富的创新过程，将这一理念推进了一步。1985 年，史蒂文森在此基础上进行深入研究，提出创业精神不仅是创造新价值的过程，在这个过程中还要集中优势资源充分挖掘机会。1991 年，斯图尔特则提出创业精神是通过引入新组合创造超过行业平均利润的收入，国外关于创业精神的早期研究注重个人（尤其创业者）特质，认为它与新组织的创造息息相关，突出由于个性特征创造新的价值。后来更多的学者从多角度对创业精神进行了阐述，认为它既是一种个性特征更是一种行为特征，个人和组织的发展都需要创业精神。

关于创业精神的理解国内学者更多是从国家角度出发，《马克思主义哲学大辞典》和《伦理学大辞典》中从国家层面对创业精神进行了界定，将其定义为在建设有中国特色社会主义过程中，用来进一步凝聚、激励扩大了部和人民群众，同心同德，克服困难，开拓前进，夺取改革开放和现代化建设新胜利的精神动力。从这一角度出发，创业精神是我国先进文化的重要组成部分，是推动社会主义现代化建设、实现中华民族伟大复兴中国梦的重要精神力量。我国关于创业精神的研究还处于起步阶段，主要借鉴国外的研究成果，学者们关于创业精神的理解众说纷纭，比较有代表性的观点如下。

南京市社会科学院党委书记、研究员周直（2004 年）认为创业精神是一种勇往直前的文化伦理过程。在这个过程中创业者要善于捕捉机遇、敢于承担风险，为创造新的价值努力发挥创造力。在此基础上，周茂东、宋岩等人（2009 年）提出创业精神是一个过程，是个体通过有组织的努力，以创新的方式追求机会、创造新价值的过程。他们都将创业精神界定为一种心理过程。于长湖等人（2010 年）提出创业精神是一种思想观念和精神状态。骆守俭在 2012 年出版的《创业精神导论》一书中也肯定了这一思想观念。

李肖明（2011 年）认为创业精神是创业者的个人特质，并从思想意识、心理学、行为学三个层次对其内涵进行描述，创业精神是一种思想观念、心理特质，也是一种行为模式。从这三个层次出发，创业精神有自信执着、主动坚强、包容柔韧、激情创新、稳健应变五种内涵。

骆守俭（2012 年）认为创业精神就是指成功创业的企业家所具有的一种独特的精神力量，是指以创新精神为指导，把创新观念转化为实战蓝图的思维操作意识，伍秋林等（2012 年）认为创业精神是一种人格特质，是创业的动力源泉和精神支柱，更是创业成功的前提。

由于创业精神研究是一个多学科交叉的领域，经济学、教育学、心理学社会学等学科的学者们出于不同的学科背景必然产生迥异的理解。笔者认为创业精神是一种指导人们利用现有条件充分发挥主观能动性，通过努力和创新，追求机会，创造更多社会价值的精神力量。创业精神是时代精神在就业和创业实践中的具体体现，表现为创业者的优良品质和社会组织的精神风貌，作为一种强大的精神力量，激励人们以创新的方式开创新的事业大学生创业精神是指大学生在创新创业活动中所表现出的敢为人先、善于思考的创新精神，勤于实践艰苦奋斗的实干精神，追求卓越、永不止步的学习精神，坚韧不拔、知难而进的坚定信念。

创业精神培育是大学生创业教育和思想政治教育的重要组成部分，是高等教育改革的重要途径和新契机。大学生创业精神培育是高校引导大学生树立正确的就业创业观念，培养学生自主开创事业的意识，激发大学生的创业精神，使大学生形成创业品质，在理论与实践学习中不断提高创业能力，创造新价值的教育和培养过程。大学生创业精神的培养不仅需要理论知识的传授，更需要社会实践的锻炼，应该作为一种理念贯穿于高等教育与管理过程始终，引导学生在学习和工作中树立自信，秉承责任意识和坚定的理想信念，充分发挥创造性思维，积极主动发现新机遇、开创新局面，主动获得并增强成功创业所需的综合能力。

（二）大学生创业精神的基本内容

在 2015 年发布的《2015 年创业邦 30 岁以下创业白皮书》中，企业家们对"85 后创业者"的描述用到最多的四个词是"专注、责任、执行力强、自信"，描述"90 后创业者"用到最多的四个词是"标新立异、灵活多变、聪明、自信"，他们用实践经历阐述了创业精神的内容。这些对大学生创业精神的塑造具有重要意义。

1. 敢为人先、善于思考的创新精神

创业精神的本质是创新，开创事业是一个艰难的过程，必定要经历一番崎岖坎坷。大学生在创业过程中会面临很多机遇和挑战，尤其转型期的中国政治经济环境为创业者提供了成功的机遇，同时也蕴含了巨大的挑战和风险。大学生要想在事业上取得成功，求稳怕输、缺乏冒险精神是行不通的。有了冒险精神，在实践过程中敢为人先并不意味着要违背事物的发展规律去蛮干，而是对外在条件充分调查研究、深思熟虑后的大胆创新。敢为人先的创新精神不仅表现在追求成功的行动中，而且表现在敢于承担风险事业。

在创业过程中，只有善于思考，善于利用马克思列宁主义和中国特色社会主义理论体系这些思想武器，对错综复杂的社会现象进行思考，才能透过现象看到事物的本质，了解苦难的根源，找到解决问题、克服困难的途径和方法。实践证明，马克思主义唯物辩证法是科学的思维方法，学校要注重引导学生形成超常规探索和迎接挑战的思维方式，帮助创业者创造无限的可能。大学生要树立强烈的创新自信，敢于走前人没有走过的路。

2. 勤于实践、艰苦奋斗的实干精神

创业不是纸上谈兵，需要根据实际情况抓住机遇、分析问题、解决问题，提出新的思路，创造新的价值；需要踏踏实实地艰苦努力，勤于实践，在社会实践中艰苦奋斗，在增强能力和实力的基础上，不断提高自己的实干能力。大学生在成长、成才的过程中不仅要掌握书本知识，具备一定的理论基础，更要通过实践学以致用，不断积累经验。实践是检验真理的唯一标准，一定要勤于实践，不断在实践中体验真实感受。在创业过程中要发扬艰苦奋斗精神，尤其在从学生到职业人的转变初期，要勤于实践，善于果断、勇敢地抓住机会，积极争取社会资源，不断积累资金和经验，增强自身实力，勤于实践的实干精神是创业精神培育和践行的先导。在职业生涯发展过程中，需要用实践检验一切，自觉将思想认识从那些不合时宜的传统观念和做法的束缚中解放出来，不断地有所发现、有所创新，不断赋予大学生就业创业观念以鲜明的特色和时代特征。

3. 追求卓越、永不止步的学习精神

追求卓越是开创事业的巨大推动力，开创事业的过程是一个在学习中摸索前进的过程，学习贯彻于创业过程的始终，并动态地影响着事业发展的绩效和成长。在创业过程中善于学习、坚持学习是事业取得竞争优势的关键，在急剧变化的社会环境中不断追求卓越，要让前瞻性的眼光和思维与变化着的环境保持协调一致，主动适应环境，不断更新观念，始终做到"与时俱进"在多元社会中永不止步，就是要树立"终身学习"的观念，坚持自主学习，使自己具有科学的思维方式和宽阔的文化视野，在学习中善于思考，注重理论联系实际；对整个文化环境进行整合与创新，才能在激烈的市场竞争中立于不败之地。

4. 坚韧不拔、知难而进的坚定信念

列宁说事物的发展是按照螺旋式前进的，事物发展的基本方向和趋势是前进的和上升的，但是具体方式并不是直线式的，而是在迂回中前进的。创业是一个不断摸索创新的过程，大学生在创业初期由于知识结构单一、技能不强、社会经验不足、社会资源缺乏，不可避免地会遇到很多困难和挫折；这就需要创业者有顽强的创业意志和坚定的创业信念，自信地面对挫折和失败，时刻保持创业激情，并不断提高承受失败和挫折的能力。因此大学生创业精神的塑造要注重心理素质的培养，引导大学生树立坚定的创业信念和坚韧不拔的意志品质，培养大学生勇于面对和超越逆境的能力。

（三）大学生创业精神培育的含义

创业精神培育是大学生创业教育和思想政治教育的重要组成部分，是高等教育改革的重要途经和新契机，在国家推进大众创业新引擎发展的新形势下，高等教育将创业精

神纳入教育体系和培养目标，注重学生综合素质和创新思维的培养，逐步改善传统人才培养模式。大学生创业精神培育是高校引导大学生树立正确的就业创业观念，培养学生自主开创事业的创业意识，激发学生的创业热情，使学生形成创业品质，鼓励学生在理论与实践学习中不断提高创业能力，创造新价值的教育和培养过程。大学生创业精神的培养是一个系统化工程，不仅需要理论知识的学习，更需要创业创新实践的锻炼和社会家庭的支持和包容，它并不是让每个学生都创办新的企业，而是以创业精神面对学习、生活和工作，不断创造新价值。创业精神应该作为一种理念始终贯穿于高等教育与管理过程，引导学生在学习和工作中树立自信，秉承责任意识和坚定的理想信念，充分发挥创造性思维，积极主动发现新机遇、开创新局面，主动获得并增强成功创业所需的综合能力。

二、大学生创业精神培育的意义

习近平总书记指出，中国梦的实现必须弘扬中国精神，大学生创业精神是以改革创新为核心的时代精神的重要组成部分，也是时代精神在大学生群体中的具体体现，在知识经济时代，人力资本已经成为发展经济的第一资源。创新是知识经济的灵魂，更是知识经济对现代意义上的人才提出的新要求。大学在全球产业竞争中具有战略性地位，大学生作为现代和未来的人才储备主力，必须具有创业精神、实践能力和创业能力，加强大学生创业精神培育对学生自身价值的实现、高校教育体制改革、社会经济改革和发展具有深远的现实意义。

（一）大学生个人价值实现的现实需要

依据马斯洛需求层次理论，人在自然和社会发展中有各种需求，在满足生理性需求的基础上不断提高发展性需求层次自我实现是人类需求的最高层次，也是人类毕生的追求，这是充分发挥和实现自己潜能的一种趋势。大学生在实现个人价值的过程中，要分与其追求相匹配的品质和能力。创业精神作为一种精神动力，鼓励学生敢于冒险突破自我，发挥创造性思维，积极开创新局面，在生涯规划与发展中最大限度地发挥自己的才能，实现个人价值与社会价值的统一。高校基于学生个人特质培养创业创新型人才，帮助大学生树立新的就业创业观念，引导学生积极参与创新创业活动，提高创新创业能力，有利于促进学生个性化发展和综合素质的提高，实现自身全面发展。

（二）高校教育体制改革和发展的内在要求

高等院校要实现可持续发展必须不断适应市场需求，提高服务社会的能力、高等教育进行教育体制改革就要不断更新教育观念、变革教育模式和教育体系，逐步实现从重知识到重能力的转变，提高人才培养质量，加速理论知识、科研成果向社会生产力和发展力的转化。在大学生群体中开展创业教育，培育具有创业精神的创新创业型人才，要求高校打破传统教育理念和教育体制的束缚。创新教育理念与模式，引导学生积极参与创新创业实践，加速理论创新向实践创新的转化速度。这也是实现高等教育改革目标的重要环节，是高等教育改革和发展的必然选择和内在需求。同时，培育大学生创业精神是高等院校适应社会发展的必然结果，中国特色社会主义市场经济的发展处于转型期，我国经济结构的调整导致对人才需求的结构发生重大变化，社会对知识密集型新兴服务业人才的需求不断增大，中国新阶层队伍的数量和质量需要进一步发展壮大。高等院校作为人才培育的主要基地，必须注重创业型人才的培养，不断提高大学生群体的创业精神，全面推进素质教育。

（三）全面深化改革建设创新型国家的客观要求

创业精神是创新创业活动发展的动力和源泉，要推动科学技术理论与创新创业实践向社会生产力转化，还要培育具有创业精神的创业创新型人才，促进科技创新和管理创新，实现经济发展方式的多元化，从而加速经济发展方式的转变，推进产业结构优化升级，形成创业友好型经济发展环境在当前就业岗位有限、就业形势严峻的情况下，创业精神培育成为解决就业问题的根本出路。创业精神能够引导大学生树立创业型思维观念，在就业过程中更快摆脱进入体制拥有"铁饭碗"的传统思维，在工作岗位上勇于创新、实干，充分利用资源开创新的事业，不仅为社会创造了更多的就业岗位，还提高了全社会的生产效益。

培育创业创新型人才，为经济发展和社会进步提供人才支持和智力保障，是贯彻落实党的十八大创新驱动发展战略，加快完善社会主义市场经济体制和加快转变经济发展方式的迫切需要，有利于推动整个国民经济的繁荣发展，我们要加强大学生创业精神培育、拓宽思维路径，树立创新观念，增强创业意识，激励大学生积极投身到践行创业精神的伟大实践中；用创业精神凝聚力量、激发活力，扩大创业队伍，增强经济发展动力；大力培育创业精神，牢牢把握创业教育的精髓，唱响大学生职业生涯规划的主旋律，才能传承中华民族艰苦奋斗的精神实质，不断拓展中华民族追求卓越、自强不息的精神内涵。

第二节　当代大学生创业精神培育的历史发展

我国创业活动和创业精神有很深的历史渊源。近代创业精神萌芽于资本主义商业，由于我国特殊的国情，近代史上的创业精神一直与中华之崛起息息相关。中华人民共和

国成立后，我国实行高度集中的计划经济体制，人们的创业精神受到抑制，改革开放让
中国的创业精神重新焕发光彩，创新创业活动开始恢复和发展当时影响较大的有苏南乡
镇企业创业精神、大庆创业精神。20 世纪 80 年代，我国新旧交替的经济体制，迫使创
业精神在政治过度参与的情况下艰难发展，这一时期创业精神的内涵主要是艰苦奋斗、
自力更生。创业精神培育工作尚未受到重视。1989 年联合国教科文组织在世界高等教
育大会上首次提出创业精神，针对就业问题的解决，提出了"创业教育"的概念。20
世纪 90 年代初，现代意义上创业精神和创业实践开始得到人们的关注。

一、大学生创业精神培育的发展历程

创业精神根植于我国传统文化，尤其是艰苦创业贯穿我国历史发展始终，现代创业
精神培育是高等院校创业教育的重要组成部分，在创业教育发展中逐渐脱颖而出。《21
世纪的高等教育：展望与行动世界宣言》中明确提出未来的学生不仅要有能力成功就业，
更要逐渐增强为社会创造工作岗位的能力；在高校教育中要注重增强创业精神，不断提
高学生的创新创业技能训练，将其作为一项重要任务纳入教育改革。其后，联合国教科
文组织要求各高校在教学中突出创业精神的基础地位，注重学生综合素质的提升，加强
社会实践、重视技能开发。在国际环境的影响下，创业精神培育开始作为教育目标进入
我国高等教育领域，并经历了萌芽时期、初步发展、全面发展三个发展阶段。

（一）萌芽阶段：以创业活动激发创业精神

党的十四大以后，我国开始建立社会主义市场经济体制。十四届三中全会以后，我
国经济体制改革进入新阶段，鼓励和促进非公有制经济发展，市场主体呈现多样化趋势。
20 世纪末，伴随着非公有制经济的发展，创业学开始得到关注，并逐步从经济领域发
展到教育、文化领域。我国大学生创业精神培育在创业学和创业实践的开展中，开始进
入人们的视野，这一时期创业精神培育附属于创新创业活动实践，大学生创业精神开始
在创业活动中萌芽。

1998 年全国首届大学生创业计划竞赛在清华大学举行，第二年共青团中央等部门
联合主办的首届"挑战杯"中国大学生创业计划竞赛在清华大学成功举行，拉开了我国
高校大学生探索创业教育实践活动的序幕，并在大学生中掀起一股科技创业的热潮。中
国人民大学、北京大学、上海交通大学等高校纷纷加入大学生创业计划大赛的行列中。
此后，由"挑战杯"中国大学生创业计划大赛和"挑战杯"全国大学生课外学术科技作
品竞赛合称的"挑战杯"竞赛在全国开展得如火如荼，逐渐成为高校创新创业教育的重
要评价标准。"挑战杯"竞赛"崇尚科学、追求真知、勤奋学习、锐意创新、迎接挑战"
的宗旨得到贯彻落实，这是创业精神的重要体现，引导和激励学生勇于创新、勤于实践，

以创业精神指导生涯发展。上海地区高校更是积极参加国际创业活动，1999 年复旦大学在"亚洲 MOOT CORP MBA 创业计划竞赛"中荣获冠军。

这一时期高等院校创新创业实践活动的蓬勃发展，在很大程度上激发了大学生的创业精神，越来越多的高校和大学生积极参与到创业实践活动中。与此同时，创业精神也开始得到教育系统的关注。20 世纪末，《中共中央国务院关于深化教育改革全面推进素质教育的决定》（以下简称《决定》）出台，文件中明确要求，高等教育要深化体制改革，改变传统教育中只重知识、成绩的现状，培育创业精神，更加注重社会实践能力培养和创新能力的锻炼，首次将创业精神培育列入高等教育体制改革目标之中。这一时期我国关于大学生创业精神培育的研究成果虽然罕见，但是国家提倡艰苦创业的社会环境、高等教育全面推进素质教育改革的决定、蓬勃发展的创业实践活动为创业精神的发展创造了良好的环境。

（二）导入阶段：以创业能力培养为重点带动创业精神

20 世纪 80 年代末，面向 21 世纪教育国际研讨会在北京召开。在国际环境的影响下，大学生创业教育作为新鲜血液注入我国高等教育体系并有所发展，20 世纪末，我国以创业实践为主的创业教育活动得到了很大发展，但是进入 21 世纪创业教育才正式作为教育内容被纳入高等教育体系中。21 世纪的第一个 10 年。我国创业教育创业能力的培养是重点，这一时期创业精神作为创业教育的一部分创业教育过程，开始得到人们的关注。

1999 年《决定》颁布以后，我国创业教育开始进入新的发展阶段，主要在国家的宏观调控和正确指导下注重学生综合素质的提升。2002 年由教育部组织的普通高等学校创业教育试点工作组织座谈会召开，会议上教育界专家针对创业教育的问题进行深入研讨，会议决定在全国范围内开展试点教育，开始高等教育阶段创业教育有步骤分层地探索。会议在综合地区发展、高校实际情况的基础上，确立了试点院校，要求学校将培养有创业精神和创业能力的高素质人才作为重要任务。至此，大学生综合能力、创业水平和创业精神风貌开始成为高等教育质量的评价标准之一。我国最早开展创业教育的院校是南开大学商学院。1997 年，商学院在公司治理研究室的基础上成立了国内高校最早的公司治理研究中心，后来相继成立项目管理工程硕士中心、高级管理人员培训中心、中小企业研究中心、创业管理研究中心，针对企业管理者和相关专业的大学生开展专业领域的创业教育。2002 年，党的十六大要求各级党委和政府努力改善创业环境、加强为自主创业的政策服务，高等教育阶段要注重大学生综合能力的培养，提升创新创业能力。面对形式，各高校根据具体情况纷纷开始创业学与创业教育的探索，南开大学创业教育课程覆盖本、硕、博三个阶段的各个专业。开设"南开创业网"为学校创新创业教育打造了学术交流的平台。2007 年，我国公布的《中华人民共和国就业促进法（草案）》，在法律上为创业实践活动的开展提供了保障，第八条、第十七条、第二十一条和第三十六条，都是关于创业内容的条款，使创业实践有了法律保障。国家积极出台相关优惠政策，截至 2009 年，共青团中央建立"青年就业创业见习基地"4 083 个，提供实习岗位 121 646 个；上海投入 5 000 万元设立"大学生创业投资接力基金"，复旦大学拨款 100 万元实施学生科技创新行动，并为学生设立专项创业基金 1 000 万元。同时，创业实践活动在全国高等院校遍地开花，2007 年，中国首届创业教育论坛在中央财经大学举行。同年 11 月，以"创智上海，源自校园"为主题的上海大学生创业周拉开帷幕，高校的创新创业实践活动是贯彻"以创业带动就业"决策的重要表现，彰显了当代大学生的创业实践能力和创业精神。

　　这一时期，创业教育的重点是创业能力的培养，大学生的创业精神在创业课程开展、创新创业实践活动中得到提升，但是创业精神培育工作作为创业教育的附属，没有实现突破性发展。

（三）全面发展：以创业精神指导创业教育的开展

　　经过十多年的探索，更多的大学生逐渐摆脱传统观念的束缚，以创新、实干的创业精神开创新的事业。分析针对 2010 届毕业生发布的《2011 年中国大学生就业质量报告》中新增的"自主创业所需能力和知识"的数据可知，我国以能力培养为重点的创业教育初现成效。2010 年，教育部创业教育指导委员会的成立标志着我国创业教育经历了萌芽、导入阶段，进入快速发展时期，创业精神开始作为独立的个体得到人们的关注。

　　2012 年，教育部下发《普通本科学校创业教育教学基本要求（试行）》的通知，明确提出将培育创业精神作为教育内容。我国高等教育创业精神培育工作发展势头良好。党的十八大首次将鼓励创业纳入了我国的就业政策，并强调在高等院校完善毕业生就业工作，鼓励多渠道、多途径就业，旨在强调引导大学生树立"大创业观二以创新、实干、追求卓越、坚韧不拔的创业精神和意志品质面对未来的工作和生活；着重提出加大创新创业人才培养支持力度，鼓励青年转变就业观念，投身于开创新事业的大潮、这就要求高校注重创业精神培育工作，开拓毕业生就业思维，鼓励创新创业。十八届三中全会提出要健全促进就业创业体制机制，引导学生树立创业精神，通过政策和资金保障鼓励学生创业。国务院办公厅印发的《关于发展众创空间推进大众创新创业的指导意见》从八个方面推进"大众创业、万众创新"新引擎的发展，强调要大力培育创业精神和创客文化，为创业精神的培育创造了新环境，提供了新契机。

　　在创业教育开展过程中，国家更加注重意识形态领域即创业精神的培育，并且从体制机制、政策及支持服务体系角度保障创业精神培育工作。我国创业精神培育工作逐渐摆脱"附属"地位，作为独立的体系得到关注，高等院校开始将精神培养纳入教育目标，指导创业创新实践活动的开展。

二、当代大学生创业精神培育的基本经验

虽然我国创业精神培育工作尚处于起步阶段，但是伴随着创业教育的发展已有 20 余年的历史，精神培育与创业教育的全面开展更是息息相关，在创业教育探索过程中为创业精神培育体系的建构提供了很多经验。

（一）国家重视大学生创业教育和创业精神培育

20 世纪末至今，我国创业教育工作一直在政府的指导下发展，国家教育部、财政部、发展和改革委员会等各个部门从自身职能出发，为创业创新实践活动的发展营造环境、创造条件。一方面党中央和国务院出台一系列鼓励大学生创新创业的政策，要求高等教育重视学生创业能力的培育和精神的培育，并将其纳入教育改革目标。另一方面，召开专门的创业教育工作会议，召集全国专家为创业精神培育和能力培养献言献策，通过试点工作切实推进高校创业教育的实践发展，促进大学生思想观念的变革。2012 年至 2014 年国家更是专门发布了《普通本科学校创业教育教学基本要求》《国家鼓励普通高校毕业生自主创业政策公告》等文件，前者对高校开展创业教育具体目标、原则、内容、教学组织等方面提出要求，后者从放款市场准入条件、享受资金扶持政策、实行税费减免优惠、提供培训指导服务等方面逐渐放宽条件，鼓励高校毕业生自主创业。我国形成了国家引导的教育方式，国家通过政策法规为创业精神的萌芽、导入、快速发展创造了保障条件。我国通过政策指导，放宽市场准入，营造开放包容的环境，引导学生逐渐放下思想包袱，拓宽就业路径，以创业精神开创新的事业。

（二）高等学校重视和落实创业精神培育工作

各高校积极贯彻落实国家教育部政策，注重大学生创业教育和创业精神的培育工作，从人才培养和学校发展的高度，制定了相应的创业教育规划；结合学校实际，重点推进创新创业工作，将创新创业纳入人才培养体系，贯穿人才培养全过程。例如山东大学"培育创新意识、培养创造能力和锻造创业精神"的"三创"思维模式，构筑了较为完善的学生创新创业教育体系，以不断创新和不懈的努力呵护着同学们的创造激情，着力培养和造就具有"创新意识、创造能力、创业精神"的创新型人才。同济大学着力建设大学生创新创业教育平台，将其纳入到整个学校教育体系，将思维意识的树立、精神的培养、创新创业能力的提高渗透到人才培养的各个环节里。在教育目标指导下，各高校调整、改革课程体系，设立支持大学生创新创业的组织平台，创新创业教育逐渐向大众化、专业化发展，为我国创业精神培育创造了良好的环境。高校重视创业教育工作，

将加强创新创业教育作为教育改革的重点面向全体学生开展创新创业教育，逐步探索出符合校情的创新创业培育体制机制，在教育实践活动中带动了创业精神的发展，为创业精神培育体系的建设奠定了基础。

高等学校将创业教育纳入教学设计，把精神培育确立为人才培养目标，贯穿了人才培养过程始终。通过创业课程、创新竞赛、互动式专题讲座、学术沙龙、主题文化方、创业实验计划和创业训练计划等活动培养学生创业精神和创业能力。对现有课程体制进行调整和改革，积极整合各种校内外资源，为大学生开展内容丰富、形式多样的创业教育活动，创建实践基地。近年来，北京航空航天大学实现了"对创业素质全覆盖、对各个专业全覆盖、对所有年级全覆盖、对校内校外全覆盖"的创业人才培训模式，超过4 000名学生从中受益。上海交通大学始终坚持"面上覆盖"和"点上突破"的原则推进创业教育，注重学生创业精神和创业品格的培育，依托"创业学院"面向全体学生提供创业教育平台与培训在开设创业通识教育课程的同时，对重点群体展开专业辅导、创业资金等方面的支持服务工作。

第三节　当代大学生创业精神培育存在的问题及原因

新时期，我国形成了以爱国主义为核心的民族精神和以改革创新为核心的时代精神、引导我国的改革和发展。大学生群体是一个身体成熟、心理半成熟的群体，他们富有理想、充满激情，敢冒风险，却缺乏承担风险的勇气和能力；他们思维活跃，善于实践，崇尚标新立异，却缺乏艰苦奋斗和坚韧不拔的意志品质，转型期社会政治经济环境使大学生出现了忽视精神价值的现象，但总体而言，当代大学生创业精神现状的主流是积极向上的。

2011年，全国首份《大学生创业调查报告》发布数据显示：49.1%的受访者表示有创业的打算，81.5%的受访者对创业表示"感兴趣"，对开创新事业有理想和有兴趣是创业精神的重要表现。除此之外，大学生积极参与创新创业活动，职业生涯规划思路越来越开阔，灵活就业人数增加，在工作岗位上艰苦奋斗、积极开拓进取都凸显了我国大学生的创业精神风貌。2014年大学生就业质量报告显示，之前3年我国大学毕业生自主创业比例逐年增高，从2011年的1.6%上升到2013年的2.3%。

我国自20世纪末开展创业教育和创业精神培育工作以来，取得了一定的成果：创业精神培育得到国家和教育体系的重视；各高校积极开展创业教育，培育创业精神，提高创业能力；大学生树立正确的就业创业观念，积极参加创新创业活动，在工作岗位上发扬创业精神。我国创业教育和创业精神培育工作发展态势良好，但是与我国快速发展的政治经济还有一定的差距。

一、当代大学生创业精神培育存在的问题

我国大学生创业精神培育尚处于起步阶段，在学生的教育目标中并没有把创业精神作为一种需要学生在大学教育中获取的意识和行为特征，也就是在意识层面上，国内大多数高校对其重视不足。在创业教育研究中，重能力培养、轻精神培育，研究对象忽视个性化和主体化，培养目标和内容不明确，培养路径缺乏系统性和整体性，我国相对落后的创业教育和创业精神培育体系难以满足"创业者"个体需求和社会发展的要求。

（一）高校对创业精神培育工作落实程度参差不齐

我国对现代创业精神和创业教育的认识迟、起步晚。自 2002 年我国开展"创业教育"试点工作以来，中国人民大学、北京航空航天大学等高校将创业教育和创业精神培育纳入教学体系，在机制保障、政策鼓励、课程体系、丰富教育活动、搭建创业实践平台等方面成效显著。大学生在这样的教育目标和教育环境下，创新创业意识不断增强，实践活动能力得到提升，创业精神在就业创业活动中得到了很好的体现。其中山东大学高度重视培育创新创业文化，通过各项制度、多种举措，切实为学生创新创业培育肥沃的土壤，1999 年至 2013 年创新创业大事共计 31 项。上海交通大学努力"使创新成为凝结在交大学子血液中的一种精神，使创业成为交大学子生命中的一种力量的迸发。"

最近一项针对 20 所高校发放的近 2 000 份调查问卷显示：25%的受访青年希望进入体制内工作，青年对体制内趋之若鹜的首要原因是能够拥有稳定的"铁饭碗"。其中分别有 71.1%、39.4%、38.3%的青年将"稳定""亲朋好友建议考，同学都考""就业难，找不到更好工作"作为考虑因素，这些数据反映出青年求稳怕输、盲目从众、创新精神不足。参与调查的同济大学、复旦大学学生公务员报考率分别为 11%和 16%，远低于高校平均值 25%。2014 年的一项调查显示，我国"211"高校的毕业生在就业过程中最关注的单位形式前四名为央企、外企及港澳台资与合资企业、民营企业、国企比例分别是 24.6%、18.2%、16.5%和 14.7%。通过横向比较，"211"大学毕业生就业更倾向于民营企业和科研机构，其比例均显著高于其他学校类型。依据各高校近两年的就业质量报告，在创新创业方面"211"大学与其他类型高校差距较大，我国精神培育工作缺位的现象普遍存在，高校对创业精神培育认识不足、重视不够、落实不到位，创新创业教育发展极为不平衡。

2014 年中国大学生就业质量报告中显示，2013 届大学毕业生自主创业最主要的动力是创业理想，加强创业精神的培养是提升大学生创新创业的有效途径。

（二）高等院校创业教育缺乏制度化体系

目前，大学生创业精神培育和创业教育尚未被纳入正规的教学体系。在科研方面创新创业教育科研力量严重不足，创业教育和创业精神培育缺乏坚实的理论基础，难以上升到理论学科层面。笔者通过中国期刊全文数据库及读秀图书学术搜索，从1978年至2014年，以"创业精神"为主题进行精确检索，得到文献共计6 386篇；以"大学生创业精神"为主题进行精确检索，得到论文171篇；以"大学生创业精神"为书名，经读秀图书学术搜索得到相关著作2部。现有关于创业精神培育的文献显示，我国创业精神发展现状和培育状况并不乐观。面临全面深化改革的重要战略机遇期，我国发展创新型国家需要创业精神的支撑和指导。现有教育体制下的学生知识结构和综合素质难以满足开展创新创业实践的需求，创新创业实践的综合性与大学生知识结构的专业性相矛盾，高等学校创业教育涉及教学体制和学生培养模式的改革，需要一个漫长的探索过程，在探索过程中亦需要创业精神作为支撑。创业课程体系建设处于起步阶段，课程内容局限于"大学生创新创业基础""大学生创业教育理论与实践"等综合类基础课程，缺乏专业化、系统化专门教材；授课过程注重理论知识的传授，忽视学生创业意识和创业能力的锻炼；创业教育师资力量严重不足，教师积极性不高、专业水平低，在大学生职业生涯规划指导中注重就业、忽视创业。国内大多数高校忽视创业精神及其培育工作，在相关教育活动的开展中重能力培养、轻精神培育，重知识灌输、轻社会实践。我国创业精神培育的规范化、学科化、体系化还很薄弱。

创业实践活动是大学生创业精神培育的重要途径，众多高校通过开展"挑战杯"等科技竞赛、搭建创新创业平台和孵化基地等方式激发大学生的创业精神，夯实大学生的基础知识，提高大学生的综合技能。2011年，由中国青少年网络协会、腾讯网、中国传媒大学调查统计研究所共同发起完成的《大学生创业调研报告》显示88.9%的受访者缺少参加创业辅导或创业大赛的经历。可见，我国高校开展创新创业实践活动虽然得到了重视，但尚处于起步阶段，有待进一步普及和深入发展，我国高等教育创业精神培育与创新创业教育发展势头良好，但是在科学研究、教育内容和教育路径等方面还有很大的提升空间，没有形成制度化、系统化的培育体系。

此外，国家社会在创业精神培育保障条件方面也存在很多不足之处。2014年全国大学生就业质量报告显示，大学毕业生自主创业的资金来源于父母或者亲友的投资、个人储蓄和借贷（本科为81%，高职高专为80%），而来自商业性风险投资和政府资助的比例不足2%。虽然国家在政策保障方面投入较大，但是在政策落实过程中困难重重，收效甚微。

二、当代大学生创业精神培育存在问题的原因

（一）我国政治经济体制束缚创业精神培育工作

我国古代实行专制统治的中央集团，发展小农经济，"重农抑商"的思想根深蒂固。1949 年以后，我国长期实行计划经济体制，"铁饭碗"的存在使人们对国家社会滋生了依赖心理，形成了求稳怕输、不敢冒险的价值观念和思维方式。改革开放以来，我国开始实行社会主义市场经济体制，处于转型期的社会经济体制使人们的思想观念和思维方式发生了巨大的改变，脱离体制、自主创业越来越得到社会的接纳、包容和支持，国家也出台相关政策鼓励创新创业，培育创业精神，当前我国政治体制改革滞后于经济体制改革的现状，不仅阻碍了社会主义市场经济的发展，也束缚了创业精神及其培育工作的开展。我国不断深化政治经济体制改革，释放制度红利，为创业精神的发展及其培育创造了条件。

（二）传统观念根深蒂固，禁锢创业精神发展

人们的思想深受儒家传统文化的影响，"学而优则仕"的观念深入人心，寻求稳定的传统意识根深蒂固。与国家社会因素相比，家庭因素在大学生创业精神落实中明显发挥了更重要的作用。《大学生创业调研报告》显示，受访者的创业想法 30% 来源于家庭影响，24.2% 来源于朋友影响，21% 来源于传媒影响。家庭是大学生的第一课堂，对大学生创业精神培育有重要的启蒙作用众多家长对稳定、安逸环境的强烈偏好，对独生子女的"呵护"式教育，不利于大学生创新精神、艰苦奋斗精神、坚韧不拔意志品质的养成，也对高校开展创新创业教育造成了阻碍。在高等教育阶段，我国传统教育理念和教育体制也束缚了创业教育和创业精神的培育工作的开展。我国经济、政治、教育等方面的体制机制影响着我们对创业教育和创业精神的认识，更决定着我国创业教育和创业精神培育工作的未来。

（三）高等教育资源有限、分配不均

创业精神培育是一个系统化工程，通过开展创新创业教育，培育创业精神需要一个漫长的过程。在创新创业教育过程中涉及经济、管理、心理等众多学科领域，需要综合性的理论知识。开展创业精神培育工作，需要众多学科领域的专家学者共同合作进行科学研究，需要创业教育和创新创业实践活动的积极开展，更需要国家社会的政策、资金、技术支持。我国创业精神培育和创业教育中所具备的人力、物力、财力资源有限，难以支撑创业教育的学科化发展和创业精神的宣传和培育工作。虽然我国部分高校重视创新

创业研究，积极开展创业教育和创业精神培育工作，锻炼学生创新思维，鼓励学生形成创业意识，以创业精神面对今后的生活和工作。但是优势资源主要集中在重点高校，普通高校、职业院校、民办院校等高等院校在资金、技术、师资等方面资源有限，很难满足开展创业教育和创业精神培育工作的需要，当前，中国独特的转型经济背景为大学生开创事业创造了无限的可能性，我国经济结构优化调整、发展方式转变、产业结构升级等因素派生出众多新职业、新行业和新阶层，为大学生多渠道、多元化就业创业创造了条件。为大学生创业精神培育提供了契机。国家重视创新创业精神培育，出台政策法规鼓励大学生创业精神，但是形成对创业精神接纳、支持和积极参与的社会环境需要长期积淀。高等教育实现跨越式发展，造就基础宽阔、具有创业精神和创业能力、能够适应未来社会经济发展的创业创新型人才是高校义不容辞的责任。

第四节　国外大学生创业精神培育的经验及启示

一、国外创业精神培育的实践经验

在美国、英国、加拿大和澳大利亚等西方发达国家创业精神无处不在，它作为一种生活方式和生活状态融入人们的生产和生活，为激发和培育学生的创业精神，各国教育系统致力于使大学生树立创业意识、提高专业技能。创业教育在欧美的发达国家历史久远，发展至今已颇具规模并取得了令人瞩目的成绩。

（一）美国：以冒险精神为核心的创业精神

美国的创业教育背景和历史与其商业意义上的创业和商品经济发展同步，其创业精神以冒险精神为核心，培育工作始于 20 世纪 40 年代哈佛大学开设创业精神的课程，早在 20 世纪 60 年代初，美国就建立了一整套培育体系，60 年代后期开始进行创业学教育研究，80 年代进入知识经济时代，大学的创业教育和大学生的创业活动开始活跃美国有鼓励青年创业的传统，崇尚冒险的社会环境、完善的社会保障体系、社会风险投资参与都为青年创业精神的培育奠定了基础，为创业活动创造了良好的社会氛围。

美国从小学到研究生都具备正规的创业教育，创业类课程覆盖了从小学到研究生的所有阶段，大学阶段的创业教育采用体验式教育模式和分层次模块化课程结构，以教学对象的需求为依据进行课程设置，在基础学习阶段都要参与创业教育的通用模块；针对不同情况和要求，对学生进行分类指导，并制定了相应的评估原则、评估类型和评估方法这种极具个性化的教育模式，无疑极大地促进了美国创业精神的发展。此外，美国创业基金机构、企业等社会组织以赞助形式支持创业教育师生组织的活动,通过提供经费、开发课程、提供众多的体验式教育的实习机会等形式为创业教育的发展和完善提供了动力,在这样开放的社会环境和教育模式下,很多大学生选择创业都是出于"专注于所长"的精神,为此不惜冒险辍学创业,这种情况普遍存在。

(二)英国:以政府为主导的创业精神培育工作

在英国,创业精神无处不在,它是一种生活方式和生活状态,引导着学生从不同的角度观察世界英国注重创业精神培育工作,提出"青年创业计划",以政府为主导,主要体现在设置商业课程和成立创业中心。政府从中学开始就开设商业课程,并于 2005 年起要求所有 12 岁至 18 岁的中学生必须参加为期两周的商业培训课程,此外,为推动大学生创业精神培育工作,英国政府实施创业技能计划、创立科学创业中心、启动重要项比创业中也有政府出资设立负责管理和实施创业教育。该中心旨在将创业融入大学传统教育之中,通过开展创业教育、加强与产业界联系、支持创办企业、鼓励技术转化等方式革新大学文化和科研环境,培育创业精神。

英国高校普遍注重创业教育、认为大学有义务担负起培养大学生创业精神和创业能力的责任,根据英国国家大学生创业促进委员会研究与教育部主任 Paul D.harmon 提供的数据,英国有 96% 的高校开展了大学生创业教育,以英国的诺丁汉特伦特大学为例,该校学术开发和研究常务副校长 Peter Jones 认为"培养大学生的创业精神,这是大学的责任"学校重视学生的创业教育,设立了商业孵化器并在当地企业家的支持下使 140 个大学生创业项目落地。为了培养学生的创业精神,学校不提倡为学生提供创业资金,旨在引导学生树立创业主体意识,在创业过程中自我摸索。为进一步推动高校创业教育和大学创新创业,英国高校注重和美国、丹麦等国家相关机构开展合作。

(三)日本:以危机为契机的创业精神培育工作

日本摆脱危机成为经济大国很大程度上依托创新创业能力,其中很重要的一条经验就是注重创业精神培育、普遍开展创业教育。早在 20 世纪末日本国会就提出从小学开始实施就业和创业教育,将高等院校视为培育的主阵地,自此从学校到国家层面,各类创新创业竞赛方兴未艾,教育系统将创业竞赛中的经验进行总结提炼,并将其融入高等学校创业教育。日本将创业教育相关课程设为必修课,课程依据众多公司的能力框架设置,在一定程度上实现了产学的良性结合;注重创业过程教育,倡导体验式教学;注重家庭教育在孩子自主意识方面的重要作用,为孩子提供创业精神培育的启蒙教育。此外日本的创业精神培育体系还有大学普遍设立的创业支援机构、大学风险企业计划为支撑,为日本摆脱经济危机、培育创业精神和创业能力提供了有力的支持。

（四）印度：从问题出发的"自我就业教育"

与我国同为发展中人口大国的印度，在创业精神培育与大学生自主创业教育方面亦有很多突出特点。1982 年，印度政府成立了"国家科技创业人才开发委员会，全面实施科技创业人才开发计划，将大学生创业精神培育作为工作重点。印度于 20 世纪 90 年代提出"自我就业教育"的概念，注重大学生创业精神培育，鼓励学生独立自主开创新的事业。印度创业精神培育从问题出发，依靠课堂教学开展素质教育，直接采用国外原版教材，教育内容涉及创业过程中的所需各方面知识，教育过程突出自主性，学校和政府参与较少，基本由教师组织。学生积极成立各类创业社团，组织创业和创新活动。印度发达的软件行业和强大的自主研发能力，与其注重创业精神培育和创业能力培养关系密切。印度的竞争激烈程度和印度市场上原创品牌的数量都是世界上任何一个国家难以比拟的。

此外，德国的"模拟公司"、瑞典注重实践教学的创业教育等创业精神培育工作，虽然都是基于本国的政治经济实力和社会背景开展的，但同样值得我国在探索创业精神培育工作的过程中进行学习。

二、国外大学生创业精神培育的启示

创业教育在西方发达国家由来已久，基于西方的政治经济环境和社会条件，大学生普遍具有创业精神。高校鼓励在校大学生的创业精神并创造条件营造有利于创业精神培育的校园环境，例如开设有关课程，配备优良的师资队伍，搭建创业平台，通过全社会的共同努力，他们的创业精神培育工作取得了良好的效果，并积累了宝贵的经验，对我国创业精神培育有很好的启示。

（一）教育系统重视学生创业精神培育工作

创业精神是以改革创新为核心的时代精神的重要组成部分，也是中国精神在大学生群体中的具体体现。提高大学生创业精神，培养更多创业创新型人才，促进科研成果向社会生产力转化，不仅有利于我国素质教育的发展，而且对经济结构调整和经济体制改革的进一步深化有深远的影响。因此，教育系统要更新教育理念，重视学生创业精神培育工作。美国科学院院士、麻省理工学院教授莱斯特·瑟罗认为，美国经济发展实力和科研能力在世界立于不败之地，关键在于对创业精神的重视和创新创业人才的培养。高等学校作为创业精神培育的主阵地，要将创业精神和创业能力的培养纳入学生培养目标，制定各教学环节的质量评估标准，使其融入思想教育和专业教育，制定创业创新型人才培养方案；同时加大教育宣传力度，提高全体师生对创业精神培育工作的重视营造浓厚的创业教育氛围。

（二）高校建立健全创业教育和创业支持服务体系

为了提高青年学生的创业精神，欧美等发达国家已经将创业教育纳入国家教育体系之中，并逐渐形成了完善的教学研究和教育实践体系，在中学到大学形成了正规创业教育体系。

从教育模式看，美国实行"学分制"和体验式的教育模式，根据学生的情况将课程分类设置，对学生进行分类指导。此外，美国的社会组织和企业为大学生创业提供资金、课程以及体验式教育实习机会等赞助，为创业教育的发展创造了条件。新加坡将创业教育视为专业教育，在应届毕业生和有志创业的在校生中招收学生，实行文凭式教育。印度则围绕解决就业问题，开展素质教育，提高大学生的综合素质和就业创业能力。

在课程设置方面，欧美国家重视对创业学的研究，众多大学培养创业学的博士、设置首席教授。在教育内容方面，他们十分注重学生创造力的塑造，充分调动学生的积极性和主动性，训练学生的想象能力和标新立异的思维方式，激发学生潜在的创造力。日本凭借高新技术产业成为经济大国的一个重要原因就是注重青年学生创业精神的培养、普遍开展创造力开发教育。为了提高创业教育质量，欧美各国十分注重创业教育教师的选拔与培养，创业学教师大多曾经有过创业或多年从事企业管理工作的经历，有着丰富的创业实践经验。

高等学校完善的创业支持服务体系为发达国家创业精神培育做出了突出的贡献。发达国家特色鲜明的创业教育机构专注于创业教育和知识技术的转化，设置专项资金，开展创业教学，提供专业咨询，为大学生创业优质服务。例如成立于1978年的美国第一个创业研究中心——百森商学院创业研究中心，主要致力于创业教育研究、课程研发和师资队伍建设。因企业孵化运作和科技园计划而出名的德克萨斯大学的创新创造与资产研究院和仁斯利尔理工大学的创业教育中心。名目繁多的创业计划大赛和鼓励开放、创新的校园文化环境，亦在大学生创业精神培育和创业能力培养中发挥了重要作用。

曾经有调查数据显示，我国对创业教育工作认识迟、起步晚，与欧美发达国家差距大，为了培养适应经济时代发展需求的青年学生，我国必须对现有教育体制进行调整和改革，逐渐建立健全学校创业教育体系，促进大学生创业精神培育工作。

（三）全民参与的创业行动

高校创业精神培育是一个受多个内外因素影响的有机统一整体，不仅涉及高校内部教育管理活动，还涉及政府、社会、家庭和学生等多个因子。国家在全国范围内鼓励创业，出台优惠政策，提供专项资金，建立完善的创业保障体系。例如成立专门的管理机构管理大学生创业教育和创业精神培育工作，促进了商业、学校、社会组织和学生之间的联系，提高学校内部的创业文化建设。由美国的高校、公司、非营利机构和政府机关合作开展的 "卡迪拉克计划" 在美国 700 多所院校展开，约有 25 万大学生参加，比在校大学生定期到机构中参加工作实践，使学生在课堂上所学到的理论知识在实践中得到应用和检验。政府倡导创业精神，通过制度建设创造条件，家庭、企业及其他社会组织能够营造宽松的社会环境，社会环境对创业失败的宽容态度能够鼓励大学生创业并愿意尝试创业的挫折和失败，用实际行动提升了创业能力。

第五节　当代大学生创业精神培育的优化策略

培育大学生的创业精神并不是要求人人都去创办企业，而是要教育、引导大学生树立创业意识，以敢于冒险、善于实践、追求卓越的精神面貌和坚韧不拔的意志品质面对生活和工作，我国的创业精神培育工作认识迟、起步晚、发展慢，与世界发达水平有很大差距。高等学校作为人才培养的主阵地，承担了我国创业精神培育的重要任务。高等教育通过开展创新创业教育、完善创业支持服务体系等方式培育大学生的创业精神，培育创业精神既是创新创业教育的更要组成部分，也是推动创新创业教育发展的智力支撑和精神保障，两者相互促进。优化大学生创业精神培育路径，要明确培育目标、内容与方法，建立健全教育支持服务体系，逐渐形成全民参与创业精神培育体系。

一、国家层面：完善支持服务体系弘扬创业精神

创业精神的培育工作是一个系统工程，在我国现有政治经济体制下，要实现"大众创业、万众创新"的目标，需要全社会的积极参与和大力支持国家大力弘扬创业精神，全面深化政治经济体制改革，是创业精神培育的基础；国家重视创业精神和创业教育，是创业精神培育工作发展的前提条件。在此基础上，国家建立健全创业精神培育支持服务体系为高等教育开展相关教育实践活动清障搭台是大学生创业精神培育了作顺利开展的关键环节。

因此，我国要从国家战略高度上予以重视，大力宣扬创业精神，通过政府完善支持服务体系，为大学生创业精神培育工作提供优质的服务。

（一）完善政策服务体系

国家重视创业精神首先要"身体为行"，必须在完善和发展中国特色社会主义制度，推进国家治理体系和治理能力现代化的过程中坚持和发扬创业精神；在弘扬和培育社会

主义核心价值观的过程中秉承创业精神，在社会主义精神文明建设中更加注重创业精神培育；以敢为人先的创新精神、艰苦奋斗的实干精神、知难而进的坚定信念面对国家全面深化改革中的困难和问题，并在实践中发现问题、解决问题、积累经验。

国家推进创业精神培育工作要从问题出发。目前，国家鼓励创业精神培育的相关政策措施，除教育外的其他领域涉及较少，在银行信贷、工商税务等领域缺少扶持创新创业活动开展的优惠政策，各级政府机关虽然也根据国家政策制定了相应规定，但是相关政策需进一步精细化，跟踪落实需进一步强化。国家重视创业精神和创新创业能力的培养，需要加强调查研究，针对大学生创新创业中遇到的困难与阻力、暴露出的问题，在政策制定中明确鼓励措施、完善规章制度、强化跟踪反馈，为大学生创新创业活动提供更多优惠政策；在政策执行中，要进一步加大简政放权的力度，加强事中事后监管，为大学生创业营造宽松、公平、公正的市场环境。

国家党政机关相关部门重视创新创业实践活动的开展，致力于在实践中培育和践行创业精神，充分发挥好共青团中央在大学生创业精神培育中的主导地位和中宣部的宣传导向作用，组织好科学技术部、教育部、人力资源和社会保障部、文化和旅游部等国家机关的团结协作。地方各级政府机关根据国家政策精神，结合区域经济的发展与地方产业结构的调整，制定相应的创业精神培育细则，建立相关事务的兼职或专职管理部门，组织社会力量参与创新创业活动，出台鼓励政策激励大学生创新创业，通过教育机构、实践基地等社会组织加强社会层面创业教育与培训。

（二）建构社会信用体系

社会信用体系是社会主义市场经济体制和社会治理体制的重要组成部分，是完善社会主义市场经济体制、加强和创新社会治理的重要手段，对促进社会发展和文明进步有重要意义。当前我国社会信用体系建设与社会经济发展水平矛盾突出，为大学生开展创新创业活动制造了很多"后顾之忧"，抑制了大学生创业精神的发挥与培养。国家注重大学生创业精神培育工作必须建立和完善社会信用体系，保障社会主义市场经济健康运行，为创新创业活动开展创造良好的市场环境。首先，国家要在制度层而起草建立个人和企业信用档案的相关政策法规。2014 年 7 月公布的《国务院关于印发社会信用体系建设规划纲要（2014—2020 年）的通知》，为我国信用体系建设提供了纲领性文件。其次，国家要建立健全社会信用等级评定制度，建设社会信用网站，建立个体及企业的信用记录数据库。对企业、银行等市场主体从资金信用、经营管理、投诉情况等方面进行评定，个人信用则从消费、贷款记录等方面予以评定。通过政府和社会组织掌握征信数据，建立和完善信用数据库，在网站上曝光"失信黑名单"。最后，制定社会信用管理的法律法规，规范信用征信、整理、披露等工作程序，制定相应的奖惩措施，严厉打击假同伪劣、侵犯知识产权、窃取商业机密等违法行为；给予信用记录良好的个体在创新创业实践中更多的资金、技术支持和服务，鼓励社会主体树立诚实守信的思想观念。

（三）完善社会组织体系

大学生创新创业活动的顺利开展、实现从创新方案到社会生产力的转化需要社会力量的支撑，这就要求我们要完善社会组织建设，为创业精神培育提供全方位的服务，一是成立有效的服务平台，大力发展创新创业培训实践基地等社会组织和网络平台，加大政府财政对相关机构的资助和财政补贴，完善社会组织的管理，优化互联网政务服务环境。通过服务平台为大学生提供信息和技术等专业咨询服务和跟踪式扶持，反映大学生创新创业诉求，进一步推进组织建设的发展。二是加强枢纽型组织的建设，充分发挥其在高校创新创业教育、企业资金技术支持和社会基金服务中的桥梁纽带作用，汇聚社会力量、优化组织结构，提高大学科技园和孵化器等创业服务平台的专业能力和社会公信力，提高社会资源利用率和经济效益。三是政府设立专门的创业基金，鼓励和支持大学生创新创业活动。

此外，在构建创业精神培育体系中要坚持贯彻落实十八届四中全会精神，进一步完善创新创业相关法律规定，严格依法规范体系内部管理，对扰乱市场经济秩序的行为加大查处和打击力度。为创业精神培育工作创造良好的法治环境，提供完善的法律服务将法治精神贯穿于创业精神培育工作的始终。

二、社会层面：营造大众创业的社会舆论环境

大学生创业精神的培育与弘扬需要良好的社会环境，当前发展中的社会主义市场经济环境、受传统观念影响的社会舆论环境和家庭环境，在某种程度上抑制了大学生的创业精神的发展。我国要培育大学生创业精神，就要营造争相创新的社会环境。

（一）开放的经济环境

经济环境指的是国家或地区的整体经济状况，包括经济发展水平、社会经济结构、经济体制、宏观经济政策和劳动力情况等。我国实行社会主义市场经济体制，在国家宏观调控下，使市场在资源分配中发挥基础性作用，创业创新活动在这样的经济条件下发展取得了显著的成绩。但是行业垄断、地方保护和非法牟利等现象的出现抑制了创业精神和创新创业活动的发展。十八届三中全会报告提出，经济体制改革是全面深化改革的重点，致力于协调好国家对经济的宏观调控和市场自主发挥竞争机制的关系问题，完善市场经济体系，改善政府干涉越位、监管缺位的现象，为市场优化资源配置创造条件。

这些改革方向就是培育创业精神所需要的相对开放、自由竞争的经济环境，有利于

打破行业垄断、实现公平竞争。国家应鼓励大学生积极整合校内外资源开展创新创业活动，发扬并传承创业精神。创业精神指引人们以敢为人先的创新精神、艰苦奋斗的事业精神和坚韧不拔的意志品质，推进全面深化改革的进步发展。除此之外，国家要更加突出社会保障体制、金融体制和企业所得税的改革，为创新创业主体解除后顾之忧，提供鼓励政策。

（二）兼容并包的思想舆论环境

我国早在先秦时期就有鼓励创业的优良传统，自强不息、积极进取、艰苦奋斗的创业精神源远流长，但是传统文化中的"中庸"思想却抑制了敢于冒险的创新精神。建国初期我国高度集中的政治经济体制对人们思维方式行为习惯的影响根深蒂固，就业过程中进入体制拥有"铁饭碗"的思想至今在广大人民群众中普遍存在。中国传统文化中这些"不利因素"抑制了创业精神的发扬。这就要求我们加强创业精神的宣传，大力弘扬中国传统文化中自强不息、艰苦奋斗、积极进取的创业精神；吸收国外敢于冒险、勇于打破常规的创业精神，逐渐建构中国特色社会主义创业精神；通过网络、报纸、电视等传播媒介在全社会倡导创业精神，保护创新创业热情，鼓励创新创业实践；努力营造宽容失败的社会氛围和鼓励创新创业的思想舆论环境，使民众的创造能量充分释放，使创新成果不断涌现，使创业活动蓬勃发展，使创新创业实践得到全社会的广泛认同和接受。

家庭环境在大学生成长过程中发挥着启蒙教育的作用，家长的思维方式、言行举止、教育方式对孩子人格特征的形成至关重要，为大学生开展创新创业活动奠定了基础。一方面家庭环境塑造了孩子对创新创业的基本理念和人格特征，这是创新创业活动顺利开展的关键因素；另一方面，大学生创业精神落实程度取决于家庭的精神支持程度。因此，我们要着力营造创业型家庭环境。在教育理念上，克服过强的回报心理，尊重孩子自主选择的权利，重视孩子的德育教育与全面发展。在教育过程中坚持科学的教育方法，调整心态，形成客观的期望值；学会倾听，建立平等的亲子关系；以身作则，帮助孩子塑造健康人格；学会欣赏与宽容，鼓励孩子的创新精神。鼓励家长更新教育理念，践行科学的教育方法，别让家长因为"害怕伤害"禁锢了孩子的思想、捆绑了孩子的手脚。努力营造相互理解、充分沟通、民主和谐的家庭氛围，鼓励孩子独立思考、敢于创新、勤于实践、坚持学习，锻炼孩子知难而进、坚韧不拔的意志品质，以创业精神面对生活。

三、学校层面：建立健全大学生创业精神培育体系

要全面提升大学生创业精神和创业能力，实现大学生以创业精神面对新问题、以创

业能力打开新局面的目的，必须对创业精神培育工作进行规范化、系统化管理，对高校体制机制进行调整和改革。高校教育体制创新是其他一切革新的重要保障，体制改革和建设具有根本性、稳定性和长期性。我们要大力推进高校教育体制机制革新，不断适应社会主义市场谨记发展需求和全面建设中国特色社会主义的要求，进一步解放和发展创业理念，使创业精神进一步适应时代发展要求。高等院校要通过完善教学科研体系、组织体系、支持服务体系，努力营造宽松的创业环境，致力于构建集教学、科研辅导、实训、孵化为一体的创新创业体系。

（一）明确大学生创业精神培育目标和内容

大学生创业精神培育是指高校通过教育、培养、锻炼，帮助大学生树立正确的创业观念，激发大学生的创业精神，培养大学生的创业品质，从而引导大学生不断提高创业能力，创造新价值的教育过程。高等教育创业精神培育以全面提升大学生综合素质为出发点，通过知识传授、团体实践、个别指导、环境熏陶等多渠道，积极引导学生有针对性地参加培养锻炼活动，着力培养学生敢为人先、善于思考的创新精神，勤于实践、艰苦奋斗的实干精神，追求卓越、永不止步的学习精神和坚韧不拔、知难而进的坚定信念。通过优化知识结构、提高实践能力，培养面向未来的研究型、创新型、管理型、国际型的高水平创业人才。

根据大学生创业精神培育的目标，主要从以下几方面对大学生进行教育和引导。

1. 树立正确的就业创业观念

将创业精神培育纳入高等学校教育目标体系，通过开展创业精神和创业教育的宣传活动使全校师生转变观念，对创业精神培育工作有全面客观地认识：创业不仅是创办企业，开展创业教育也并不是要求每位学生都去自主创业，在自己的工作岗位上创造新价值就是创业；创业精神培育工作是帮助学生树立创业理念，具有企业家思维的过程。高校教育工作者要充分认识创业精神培育工作的重要性和必要性，树立正确的人才观和教学观，改变传统以成绩论优劣的人才评价观念和教学考核标准，对大学生进行价值塑造、能力培养和知识传授。引导学生树立正确的学习观和就业观，在学习过程中不仅要扎实掌握书本知识，还要向社会实践学习不断学以致用、积累社会经验，使学生学会学习，为终身学习奠定基础；在生涯规划中树立正确的就业观，确立就业形式多样化的观念，既不能等待、依靠社会、学校、家长的给予，也不能违背个人实际随遇而安，大学生要有创业意识，敢于挑战，敢于实事求是地确立奋斗目标，并为之付出努力；将自己的职业兴趣和职业发展结合起来，形成"创业是最高水平的就业"的观念，通过艰苦奋斗、勤于实践，努力实现自己的职业理想。

2. 培育健全人格

人格包括稳定的人格心理特征和人格倾向，是每个人区别于他人的差异性部分，人格特征决定着一个人是否心理健康和有所成就，决定着一个人的价值观念。培养大学生健全人格是学生全面发展的需要和时代发展的要求，是大学生开展创新创业活动的前提条件，因而成为大学生创业精神培育的重要内容大学生健全人格主要表现为自我悦纳，接纳他人，即大学生内部心理和谐发展；人际关系和谐，指在人际关系中实现自尊与他尊、理解与信任、同情与人道等品质；独立自尊；能够发挥自己的潜能，即能够使自身的思维优势和分业技能最大限度地发挥作用，培育大学生创业精神尤其要在大学生人格培育过程中突出创造型人格的培养。创造型人格是开展创新创业活动的重要因素，是指具有创造性智慧和创造精神的人格类型，从本质上看就是培养大学生的创新思维和创新能力。

3. 优化创业知识结构

知识的积累是开展创新创业活动的前提条件。通过创新创业活动培育大学生创业精神，要求大学生具备创业型知识结构，并不断优化重组、与时俱进。

首先，大学生创业者要用中国特色社会主义理论武装头脑，坚持辩证唯物主义的思维方式分析问题、解决问题，这就要求进一步落实高校思想政治理论课的教学效果。其次，开展创新创业活动不仅需要扎实的专业知识，还需要经济、管理、法律等综合性的知识体系，并且随着实践的发展不断实现知识内容的与时俱进和结构的优化组合，这就要求大学生要具备较强的适应能力和学习能力。

4. 增强创业能力

大学生创业精神培育的目的在于理论指导实践，引导学生以创业精神开创事业，这就要求学生具备基本的创业能力践行创业精神，大学生应具备以下几方面的能力：学习能力是对知识和信息的接收、转化和应用能力。大学生经历 20 余年的知识学习，不仅要积累知识更要养成良好的学习习惯，树立终身学习的观念，学会学习。社会交往能力是交往过程中运用的交往技巧，包括沟通能力、社会活动能力、亲和力和协调能力等内容。创新能力是创业活动中最重要的能力，是指大学生在创业过程中创造性地提出问题、分析问题、解决问题，主要表现为具有创新意识、创新思维和创新技能。创新是一个打破旧事物创造新事物的过程，一直处于探索状态，遇到困难在所难免，需要大学生具有较强的心理受挫能力和较高的逆商。

（二）坚持大学生创业精神培育的基本原则

高等学校在创业精神培育过程中应坚持以下基本原则。

1. 普及化原则

创业精神作为时代精神的重要组成部分，对中国特色社会主义文化建设尤其是文化创新有重要作用，在高等教育阶段开展创业精神培育工作是建设创新型大学、实现高等教育可持续发展的内在要求，也有助于大学生群体的全面发展和个人价值的实现。开展创业精神培育工作不是要求人人去创办新企业，而是要引导大学生以创业精神去面对生活和学习。因此，培育创业精神应该作为一种理念贯穿于高等教育始终，被纳入正规教育体系，在全体学生中普及创业精神相关理论，在通识教育中融入创业、管理相关课程。在全校范围内开展创新创业活动以激发大学生创业精神，让创业精神在大学校园遍地开花。

2. 专业化原则

在大学生创业精神培育过程中坚持专业化原则主要表现在三个方面。一是科学研究和学科发展的专业化，加强具有中国特色的创业学研究，逐渐建构本领域的理论体系，为学科专业化发展奠定坚实的理论基础。二是在创新创业活动中，坚持组织建设的专业化，针对理论研发、教育方案实施和反馈教育支持服务体系设立专门的组织机构，进行专业化管理。三是强调教师专业水平和业务素质的专业化，要培养和选拔既有理论高度又有社会深度的"双料"教师，对大学生理论学习、创新创业活动的开展进行指导，提供咨询服务。

3. 主体性原则

主体性原则即在创业精神培育过程中明确大学生的主体地位，具体表现为一是强化学生的主体意识。主体意识是学生在学习过程中积极探索的内在动机和根本力量，无论是在理论学习还是创新创业实践中，教师都为学生创造独立学习的环境，最大限度的激发其内在动力。二是尊重学生的主体意识和个性化特征。在教育过程中，每个学生都是独特的个体，存在差异化的个性特征，尊重和重视学生的个性化。并针对社会需求多元化的现状推进个性化教育，通过职业性向测评和全面客观的综合分析对学生进行定位，通过职业咨询为学生提供精细化、个性化的职业发展指导和支持。

4. 理论与实践相结合原则

理论与实践是辩证统一的，缺乏理论指导的实践是盲目的，缺乏实践的纯理论是空洞的，在创业精神培育过程中理论与实践的结合尤为重要。创业精神培育需要理论知识作为基础，更需要实践活动的激发和强化。这就要求大学生要掌握扎实的创业基础理论知识，并积极投身于创新创业实践中去，在创新创业活动中学以致用，检验并进一步发展创业学知识，积累经验教训，在不断探索中打开新的局面，丰富和发展原有知识体系。在创新创业过程中，大学生只有理论联系实际，才能将所学内化为自身的素质和能力。

（三）完善教学科研体系，增强创业精神

要调整和改革课程设置，优化大学生知识结构，将创业精神培育课程纳入正规课题体系。高校开展创业精神培育工作通常非教学活动，虽然使学生的创业精神在实践活动和创业平台中有所提升，但是未被纳入正规体系的创业精神无法得到师生的重视。要在教学方案中明确创业精神培育目标，通过系统教学使学生对创业精神有系统了解，自觉增强自身知识和技能，在学习、生活和工作中积极发扬和传承创业精神。一方面设置创业精神相关的通识课程，普及创业精神理念，优化知识结构，引导学生树立创业精神，进行职业生涯规划。另一方面开设相对专业化的创业培育课程，对有创业兴趣和创业意向的学生重点教育，通过理论知识的学习、案例分析、创业计划和孵化等内容的系统学习和实践，不断培养学生的创业兴趣、增强学生的创业能力。在专业教育中，一方面在教育内容中融入创新、实干等创业精神理念；另一方面增加课程实践环节比重，引导学生学以致用，在实践中体验树立创业意识的紧迫性、检验自身创业能力、体会失败的苦涩和成功的喜悦。此外，要注重专业课程与创业教育相关课程的统一性。调整和改革课程的设置并非要打破原有的课程体系，重点是在现有的课程体系中融入创业精神培育内容。

在科研方面应加强创业学研究。学者们对创业精神的研究更多的是借鉴国外先进的理论成果，迫切需要从中国的政治经济情况出发，探索出一套适合中国政治、经济和文化环境的战略导向理论体系。只有有了坚实的理论基础，才能加强创业学学科建设在研究方法上，学者们应注重改进和完善研究方法，不断提高研究方法的科学性、严谨性和规范性。当前高校研究体系中，自然科学注重实验研究，一般用数字显示研究的重要性和可行性；而社会科学更加注重理论的先进性和学理性的研究，对社会问题研究方法的研究和使用较局限。创业教育和创业精神培育研究涉及经济学、管理学、社会学、教育学和心理学等众多学科，在研究过程中要采用科学的研究方法和严谨的研究态度，积极学习和借鉴国外成熟的理论和实践方法，结合快速变化的中国情境，逐步建立起具有中国特色的创业精神研究框架体系。

要提高教师创业精神，优化教师队伍结构。高等学校创业精神培育工作需要具备创业精神和创业能力的师资力量，传统教学中专业课教师只注重专业素质，创业课教师只抓理论的现实，无法满足我国创业精神培育和创新创业教育的需求。培育大学生创业精神首先要提高全体教师对创业精神的重视程度，国家、学校应对高校教师进行创业精神培训，使教师在教育教学过程身体力行，不断更新教育观念、拓宽教学思路、丰富教学内容、创新教学方法，在教育过程中明确促进人的全面发展的教育目标，形成以教师为

主导、以学生为主体、以训练为主线的课堂教学方式。学校应加强与社会组织的联系，鼓励专职创业学教师增加一线实践经验，聘请社会上创新创业典型担任学校创业教育兼职导师，着力打造一支既有理论水平又有实践经验的创新创业型教师队伍。

此外，在教学科研评估中将创业精神作为重要指标，十八届三中全会提出深入推进管办评分离的教育评价方向和完善学校内部治理结构的要求。高校应根据国家要求和本校实际情况逐步完善创业精神培育评价体系。应在学生中针对创业精神培育问题展开调查研究，建立健全毕业生创新创业工作评价体系，完善反馈机制，不断优化教学科学体系。要锻炼学生创新思维，鼓励学生形成创业意识，以创业精神面对今后的生活和工作。

（四）完善组织服务体系，激发创业精神

课堂教学在大学生创业精神培育中发挥着主阵地的作用。将课堂教学内容学以致用需要创新创业实践平台作为支撑。在大学生创业精神培育与创业能力培养中，创新创业实践平台等组织体系亦发挥着不可替代的作用。高校要重视大学生创新创业组织建设，致力于搭建三种组织平台，定期开展创意类活动，调动学生的创新创业热情。一是创新创业理论研究中心，组织国内外创新创业专家，致力于相关理论研究，构建培育的理论体系，努力实现教育的学科化。当前高校开展创业创新教育涉及的理论知识不成体系，缺乏专业性和针对性，高校要逐渐建立和完善具有中国特色的创新创业理论体系，并制定符合高校实际情况的教育计划和方案。二是创新创业孵化中心，依据创业精神培育方案落实研究中心相关政策，开展创新创业活动和科技竞赛并设置相应的鼓励政策，为大学生创新创业实践提供资金、咨询、培训和个性化辅导，实施创业计划的孵化及后期指导。三是深入社会的交流中心，负责整合资源，搭建学校与企业、协会等社会组织的沟通桥梁，为大学生创造与企业家面对面的机会，不断开拓实习基地、挖掘社会资源为校内创业实践活动提供资金、技术和智力支持。通过组织建设实现"创业学开发—创新创业计划—实地创新创业活动—持续性扶持"一条龙服务。为创业精神培育实践活动提供系统化的支持和服务。帮助大学生积累创业知识和经验、了解和体验社会运行规律，做好艰苦奋斗的心理准备，激发大学生追求卓越的学习动力和敢于冒险的精神。"

（五）营造创业环境，传承创业精神

高等院校是创业精神培育的重要载体，具有创业氛围的校园环境，对大学生创业精神的形成和发展有潜移默化的作用，有利于引导和鼓励大学生的创业热情，增强大学生的创业能力，促进教育效益的提高。营造创业文化氛围必须着手于校内外全体师生员工，形成全方位创新创业的文化氛围；必须从生活点滴入手，围绕"创业精神"精心组织丰

富多彩的有思想性、学术性、娱乐性的校园文化活动，充分激发学生的创新精神和创造性思维；必须充分发挥好网络等现代媒体和科技成果的作用，创造信息共享的平台，着力构建一种开放、包容的校园文化环境和严谨、踏实的学术氛围。传承创业精神要加大宣传力度，营造宽松的校园环境。学校应利用报纸、期刊、宣传栏、网站、广播站等宣传阵地，积极普及创新创业知识，宣传创新创业典型、国家鼓励政策、学校实践活动，激发大学生对创新创业的热情。创业精神的培育需要长期的熏陶和积淀，创业型校园环境的打造也要逐步实现。这就要求我们放眼全局、着手眼下，让创业精神融入学生生活、学习的各个方面，遍及校园每个角落。高校围绕创业精神培育的教育目标变革体制机制、完善组织服务、营造校园环境等工作的开展都需要经费的保障。在教育经费有限的情况下，高校要坚持艰苦创业精神，通过开源节流为大学生创业精神培育提供相对充足的资金保障。一方面积极争取社会资源，为学校创新创业活动拓宽经费来源、提供技术和咨询服务支持；另一方面加强组织内部管理，努力实现经费使用的透明化，提高经费的使用效益。

第四章
高校大学生创新创业教育的组织模式

高校创新创业教育的开展是一项系统工程，为跟上社会转型步伐，满足高校学生的需求，应明确其组织管理形式与运行原则，构成相应的教育体系。不同院校应根据不同的文化特征和发展目标，采取不同的组织模式开展创新创业教育。

第一节　高校创新创业教育组织模式的国内外对比分析

一、高校创业教育组织模式的国际经验

根据组织管理部门的不同，国外高校创业教育的组织模式可划分为商学院/管理学院模式、创业学院模式、团队学园模式、跨学科项目模式和模拟公司模式等。

（一）商学院/管理学院模式

商学院/管理学院模式作为较为传统的创业教育模式，注重运用专有的商业管理方式，主要将创业教育融入现有的管理学课程，采取传统"教与学"的模式，通过创业中心实践教授创业过程。商学院/管理学院负责创业教育的日常管理、经费筹措、师资培养、课程设置、学生招生等环节。为实现创业教育培养目标，商学院/管理学院依托创业课程和创业教育项目，系统地进行创业方面的教学与管理，课程内容呈现高度专业化特点，根据创业教育的目标对象，在商学院/管理学院模式下又分为两类，一类是学生来源严格限定为商学院/管理学院学生，也就是"聚焦模式"，其毕业生真正进行创业的比例非常高；另一类是面向全校招收学生由商学院/管理学院负责管理，即"磁石模式"，吸引来自各个学院的学生在一个学院内接受创业教育。

1. 聚焦型

在聚焦模式中，学生经过严格筛选，课程内容呈现高度系统化和专业化特点，创业教育所需的师资、经费、课程等都由商学院和管理学院负责，学生来源严格限定在商学院和管理学院，这种纯粹性决定了系统、有效的创业教学，其毕业生真正进行创业的比例非常高。哈佛大学商学院是采取聚焦模式创业教育的典型代表，目前大约有40%的哈佛大学 MBA 毕业生追寻创业型职业生涯，如创业者、风险资本家或者创业咨询者。

作为世界上最早开设创业教育课程的机构，哈佛大学商学院强调申请者的创业特质，通过实施相关课程与活动提升学生的创业技能。1947 年，为满足第二次世界大战后商学院毕业生的创业需求，迈尔斯·梅斯教授在哈佛大学商学院开设了第一门 MBA 课程"新企业管理"，自此启动了美国乃至全世界创业教育的步伐。从 1981 年开始，哈佛大学商学院开发了一套关于未来创业教育和研究的框架，将创业的指向从创办企业向外延伸，并可作为管理的有效方式，将创业精神定义为"不顾及现有资源限制追逐机会的精神"。

2003 年，哈佛大学商学院接受阿瑟·罗克的捐助，成立"阿瑟·罗克创业中心"。哈佛大学商学院的创业项目在提供课程方面已有半个多世纪的经验，培养了近 65 000 名毕业生，其中有些毕业生已成为全球最成功的创业者之一。从 1999 年起，哈佛大学商学院创业部门已经开发 600 多种教材，还将 20 多位杰出校友的创业经历制作成录像，在学院网站上共享，慷慨奉献校友们对创业的理解与观点。案例教学是哈佛大学商学院最著名的教学方式，指利用由语言和各种视听工具描述的特定管理情景，便于学生从当事人的角度出发，对相关管理问题进行分析和讨论并提出相应的解决方案。通过在创业教育案例中引入各类、各年龄的创业者，让学生在创业教育过程中获得认同感，提升学生的实际管理能力。近年来，哈佛大学商学院与欧洲创业研究基金会合作，组建了以参与者为中心的欧洲创业教育培训项目：培训来自欧洲 25 个国家的创业教育师资，提升了哈佛大学商学院创业教育项目的国际影响力。

2004 年，哈佛大学 MBA 项目被美国小企业和创业协会评为"2004 年度全国创业项目模型"。哈佛大学商学院的突出表现与其独特的组织模式紧密相关：① 拥有一批经验丰富、具有敬业精神的创业教育师资，包括31 名创业管理教师和30 位其他领域的教育家专注于创业教育教学和研究；② 精心设计的教育过程，培养学生的领导潜力、智力以及内在驱动力；③ 注重创业项目的广度和深度，哈佛大学商学院要求 900 多名一年级新生学习"创业型管理者"课程，并为二年级学生提供 20 多门创业选修课。

2. 磁石型

磁石型创业教育模式的建立，是基于一种"非商学院的学生也能从创业教育中获益，具有创造性的创业努力并不仅仅来自商学院学生"的理念。麻省理工学院作为磁石模式的代表，其创业中心以"激发、训练以及指导来自麻省理工学院所有不同专业的新一代创业者"为使命。该模式下的创业教育往往先在商学院和管理学院成立创业教育中心，通过整合资源和技术，吸引全校范围内有着不同专业背景的学生。其开设的大部分创业教育课程，如创业计划、新创企业等，适应各种专业背景的学生，对创业感兴趣的学生既可以研修创业课程，也可以根据自身情况和兴趣辅修创业。整个项目的发展依托商学院/管理学院的资金、师资、校友等资源，由创业教育中心负责规划和运行。这种模式为商学院/管理学院以外的学生提供创业教育，而不涉及经费、师资管理等方面的变革。

麻省理工学院主要依托斯隆管理学院，向全校各个学科的学生提供创业教育，20世纪90年代，斯隆管理学院成立的创业中心是学生创业教育的主要场所。通过依托斯隆管理学院中17位有着终身教职的教授以及15位资深讲师和实践者，创业中心为来自不同学科的学生提供30多门创业课程，根据MIT创业中心年度报告统计，不同学科的学生都参与了创业课程，其中有77%的学生来自商科，17%的学生来自工程学，其余的学生分别来自艺术、法律、科学等学科，工程学院的学生成为除商学院学生之外参与创业教育项目的主要群体。MIT创业中心结合系统的创业课程、卓越的师资队伍以及紧密的产学关系，以"十万美金创业计划大赛"为平台，挖掘最佳创意，关注跨学科团队建设，吸引风险资本。MIT的创业教育以培养未来高科技创业者为目标，在2009年，其毕业生创办的公司中，共有2.58万家高科技公司顺利运作，雇用约330万名员工，年销售额达到2万亿美元，如果将这些公司组成一个独立的国家，这些公司的收益将与世界上排名第十一位的经济体总产值相当。

这种磁石型商学院/管理学院模式在保证其开放性的同时，也保证了运行的便利性所有创业教育和活动统一由创业教育中心负责协调和规划，师资和经费也由创业教育中心统一调配管理，这样的运行模式有利于整合有限资源，打造优质的创业教育项目，吸引新教师参与，促进校友募捐顺利进行。同时，创业教育的开展增加了商学院/管理学院与其他学院的联系，提升了商学院/管理学院在全校的地位。然而该模式也面临不少挑战，例如如何在其他专业获得创业教育课程的市场和价值，如何针对不同专业的学生设置课程等。

（二）创业学院模式

创业学院模式是设立独立、专门的创业学院，负责管理、统筹创业教育的组织模式在创业学院模式下，创业学科得以更好地发展，创业教育能够系统化、专业化地实施该模式也分为两种主要形式：第一种是实体学院，即成立的创业学院具有专门的领导、师资队伍，设立创业课程，进行创业研究，招收本科、硕士学生主修或辅修创业学，并授予创业学学位，如美国的俄克拉荷马州立大学创业学院；第二种是非实体学院，即成立创业学院作为实施创业教育的平台，有专门的机构代码和运作团队，但招收的学生不涉及学籍问题，面向全校学生开放创业通识课程，如中国上海交通大学创业学院，"无形学院，有形运作"是其主要组织模式。

1. 实体学院

美国俄克拉荷马州立大学创业学院是全美最早的创业学院之一，其围绕"想象—相信—创造"之主旨，基于"每一个学生都具有巨大的创业潜力"之基本信念，承诺通过科研、课堂教学和实践活动来实现作为生活哲学的创业教育。

基于挖掘学生创业潜力，提升创业技能的教学目标，俄克拉荷马州立大学创业学院开设了 35 门创新课程，为全校所有专业、所有年级的学生提供相应的创业教育项目，如为商学院学生提供创业主修、辅修项目，为其他学院学生提供创业辅修，为 MBA 学生提供创业学方向，加上创业学硕士以及创业学的博士项目，构建了从本科到博士的体系化创业教育项目，发展创业学学科。

俄克拉荷马州立大学创业学院的创业课程设计过程中，主要将两大核心理念——背景和推动力，作为其理论逻辑基础。第一，该课程可适用于多元的创业组织背景，即创业教育的适用范围不仅仅局限于创立新企业，还可应用了成长型小企业、家族企业、大公司的创新实践、公共部门的创业和社会创业。第二，课程的设立可反映创业过程中的主要推动力，包括在任何背景下启动创业的必要投入，如市场、创造力、财政等。

此外，为使创业渗透到全校的各个学科中，创业学院与不同学院合作，创造性地开发了 13 个全校性创业教育项目，包括"创业与艺术""绿色创业""创业与军事科学""工程与科学创业""健康科学创业""创业与心理学""创业型建筑师""创业与教育学""创业与兽医学""创业与地质学""媒体创业""审计与创业""瑞塔创业师资项目"。除了提供创业课程、与其他学院合作开发跨学科创业教育项目外，创业学院还负责统筹协调全校的创业计划大赛等实践活动。

在俄克拉荷马州立大学，除了创业学院，还有瑞塔创业中心，旨在通过外沿的创新项目与创业学院协作研发、开办创业课程，通过实验环节为课程增添实践操作性，指导、帮助教员与学生开始创业该中心为学生提供瑞塔创业实习、开办瑞塔商业计划大赛、科技创业活动、残疾人创业项目，南非创业授权项目、女创业家激励研讨会等，并为其提供瑞塔创业导师、以增加学生在创业学院学习以外的实践机会。

2. 非实体学院

上海交通大学作为中国创业教育的先行探索者之一，于 2002 年和 2009 年先后被中国教育部和上海市确立为创业教育的试点高校，连续举办十余届创业计划大赛，建设创新创业基地，开设全校创业通识课程，打造创业沙龙、创业交流营等第二课堂创业活动。

2010 年 6 月 12 日，上海交通大学正式成立创业学院探索"一体两翼"的研究型大学创业教育模式。

"一体两翼"模式中的"体"即创业学院，是深入推进创业教育的组织载体。创业学院以"无形学院、有形运作"的模式运行，试图克服高校创业教育在组织模式上普遍面临的三个问题：第一，仅有领导小组，无实质性组织机构，创业教育难以落地；第二，新建独立二级学院或依附商学院建设，其他学院参与积极性不高；第三，新设职能部处或依托学工、就业部门建设，却难以整合团委、教学、大学科技园等部门的丰富资源。而所谓的"无形学院二指的是创业学院不占楼，不占编，招收的学员不涉及学籍和院系调整，"有形运作"即创业学院在学校有机构代码，有运作团队，且学院班子超强配备，分管学生的校党委副书记亲自担任院长，分管教学的副校长任教学指导委员会主任，学工、团委、教务处、研究生院、经管学院、大学科技园等负责人兼任副院长，落实责任主体，明确考核目标。

上海交通大学创业学院的办学使命是面向全校学生，通过创业通识课程及各类活动和项目，培育全体学生的创业意识和创新精神，激发学生的创业激情，播撒创业种子；同时，面向部分有强烈创业意愿的学生，通过全方位的创业能力培养，为他们的未来发展打下基础，由此形成创业教育的"两翼"："面上覆盖"和"点上突破"。

"面上覆盖"即在专业教育中注重渗透创新、创业、创意、创造的精神和理念，通过开设一系列创业教育通识课，持续开展大学生创新计划，坚持举办创业计划大赛、创业沙龙等内容丰富、形式多样的活动，使全校学生接受创新创业氛围的熏陶、感染和洗礼，收获终身受用的创新精神、创造理念和创业意识。如"创新创业大讲堂"已成为最受欢迎的通识课之一，累计选修人数已逾万。

"点上突破"即在提供独具特色的创业学课程基础上，通过创业导师团的悉心指导，辅以创业苗圃预孵化措施和部分资金支持，培养部分有强烈创业意愿的学生成为大学生创业的"种子选手"和创业引领者。上海交通大学的学生在"挑战杯"中国大学生创业计划大赛、美国全球企业家创业项目等赛事中多次获奖，第二届上海市十大青年创业先锋中，就有三位来自上海交通大学。

在"一体两翼"的模式和框架下，上海交通大学创业学院秉持"三个理念"：一是坚持以学生为中心，注重探究式、分享式、启发式、模拟式和体验式学习，在教学实践中重在激发学生的主动性，使自主探究和自我成长成为学生的内在诉求，同时，以创业目标为指引，启迪其创造性思维发展；二是坚持开门办院，充分整合校内外、境内外资源，创业学院的师资队伍由教师、讲师和导师"三师"构成，同时，上海交通大学与美国 Mrr、斯坦福等著名大学在创业教育师资培训、教材和实验室建设等方面进行接洽和合作，旨在促进校内外、海内外、专兼职及学界和产业界的有机结合；三是坚持

"鼓励创新、宽容失败"的价值观。创业学院并不以创办企业是否获得风险投资，开展的项目能否持续经营等作为毕业认定的唯一标准。学生从实际创业经历中真切体悟的成败与得失、收获与教训，都可以提交给导师团和院教学委员会评审，作为毕业的参考依据。

（三）团队学园模式

团队学园是以团队为创业实践共同体，以项目的形式进行创业教育的组织管理模式。

芬兰韦斯屈莱应用科技大学商学院即以团队学园作为一个专注于培养学生创业能力的课程项目。团队学园于 1993 年由该校商学院的市场营销高级讲师帕特纳建立。学园每年招收 40 名学生进行为期三年半的学习，完成学业后可获得工商管理学士学位，至 2006 年共有 190 名学生在 20 个团队中学习，至今已有 300 多名学生毕业，毕业生创业率为 30%（同期芬兰大学毕业生的创业率为 4%），已创办了 17 家企业。产生了 1 750 个基于真实生活的团队项目 Q2000 年，团队学园项目被芬兰教育部提名为杰出教育中心，2008 年获得贸易与工业部杰出创业教育中心称号。

团队学园位于一座 1 000 平方米翻新过的废弃工厂里，每位学生都有钥匙，随时可以自由进出。就教学组织形式而言，没有固定的教室和课桌，墙面可自由移动，空间也可自由组合，并且配备了办公室、电脑和座位，学习氛围轻松。学园秉承"自由与责任"的自我管理原则，在四位教练和一位总教练（帕特纳本人）的管理下，学生在享受自由的同时也对自己的学习负责，通过学生自主制定学习合同明确各个阶段学生与教师的角色。学园里没有课堂，只有开放的办公区；没有教师只有教练；没有班级，只有对话会议；没有案例学习，只有实际项目；没有讲授只有自主学习。

学园采用芬兰高等教育评估委员会所认定的质量体系来确保创业教育质量，评价方法是个人自评、教练评价、团队成员评价相结合，教练根据这些评价结果决定最后的成绩，学生和团体的意见占了很大比重。评价标准是团队练习表现、文献学习和研读、实践环节表现各占三分之一。

芬兰韦斯屈莱应用科技大学的团队学园模式在组织模式上，强调学生的自主管理与自我负责；在教学模式上，强调学习的自主性，以及从做中学的实践原则。主要可归纳为以下两大特点。

第一，团队学习，对话教学。学园最主要的特点就是以团队形式开展教学，新学员根据兴趣点组成不同团队，每个团队也可被视为一个学习共同体。每个团队在一起学习，明确自己的学习目标，自我管理小组学习，通过举行团队训练会议，学生间进行深度会谈；也会通过生存训练，与真实消费者进行面对面交流；团队不是固定不变的，学生可根据项目组成临时小组，共同完成任务。创业项目既是为大学生提供创业环境的工具，又是团队公司开展商业活动的途径。

除了团队教学，学园不采用传统的授课、讲座教学形式和考试制度，而是将"对话"作为学习的主要方式。创业教练将自己的创业经验告诉学员，学生也可以发表自己的想法和认识加深对创业的理解，培养创新精神每个团队平均每周进行两次对话式学习，通常在舒适自由的环境进行，分享学到的知识、学习的方法、心得体会等，使每一个学生都能清楚地意识到自己学习的过程。

第二，实践与理论结合，从做中学。学园非常重视创业教育的实践环节，强调学生在真实的生活环境中学会创业。在对创业、营销、管理等方面知识系统学习的基础上，结合实际操作，如通过组织学生参观企业，探究公司需求，来培养学生对市场的敏感性，学会如何寻找市场。学生根据对企业的考察，结合团队知识和经验，开发自己的商业项目，寻找与公司合作的机会。由于是团队式学习，每名学生各司其职，各取所长。学园从制度上明确规定了实践环节的比重，例如在该校 2009 年 3 月 13 日的课程说明中，"创业（一）"课程为 7 个 ECTS（欧洲学分转换制）学分，其中团队训练和团队会议 63 学时，创业实践 63 学时，理论学习 63 学时，共计约 190 学时。

此外，开办团队公司也是团队学园创业教育的一部分。团队公司是学生集体创办的企业，典型的团队公司由 10 到 20 名创业学生组成，学园没有实质控制权，团队公司由学生自主运行，作为创业教育的一部分学园仅通过提供教练为公司发展提供建议，承担顾问的角色，为实际体会公司运行的压力，团队公司需要承担所有商务开支，每人每月要向学园上海交通大学 10～30 欧元的办公场地租金。团队公司需自行寻找和管理项目，学园允许公司免费使用创业学园的商标。团队公司是学生从事创业的主要载体，通过组建团队公司学生学会如何合作、如何管理。依靠集体的力量，经验和资金不足的学生能开办实际运行的公司并生存下去，不少企业都是由团队企业发展而来的。

（四）跨学科项目模式

跨学科项目模式指的是将创业教育作为一个必修模块，在全校各个学院内跨学科推行。在爱尔兰唐道克理工学院，通过校园创业加速项目，在全校 5 个院系的 12 个学科中无论是培训项目、进修项目，还是学位课程，都包含创业教育模块。这些学科包括商科、财务金融、公共服务、文化资源管理、音乐、食品科技、体育、领导学以及一些高新技术学科等，在不同学科中创业教育的内容略有调整，但其核心内容不变。在本科生阶段，创业教育要持续两个学期：第一个学期主要是理论知识，第二学期则注重基于团队的有关《商业计划书》和产品及服务开发方面的实际操作。

校园创业加速项目于 2008 年 4 月首次提出，起初目标至 2011 年 6 月完成，后延长到 2011 年 12 月，由爱尔兰唐道克理工学院主要负责，布兰查理工学院、科克理工学院、斯莱戈理工学院以及爱尔兰高威国立大学共同合作的创业项目。ACE 项目的资金来源于爱尔兰教育局的创新战略基金，并由其他战略伙伴机构联合支持。ACE 项目的主要目标在于以合作的形式培养具有创业能力的毕业生。

ACE 项目以创新的途径开展创业教育，不仅将创业教育融入那些非商科专业中，让不同专业的学生获得经营企业的真实体验，促进其创业，以拓宽学生的就业方向，还尝试影响教育机构内部结构改革，以及不同学院、产业孵化和技术转让部门之间合作关系的转变。为了使创业教育在不同学科的本科、研究生教育中开展，ACE 项目提出了四大方面的目标：第一，教学法、教学与课程发展；第二，跨部门多学科实施；第三，借助技术孵化/转让办公室的课外活动，将科技创业融入工程教育；第四，朝着外部创业、内部创业的方向，改革教育组织和教育文化。ACE 项目希望在跨学科部门以及与企业合作的基础上，确保学生的创业能力建设，并在学术界（学院、系所）和校园孵化中心、技术转让、企业联系等功能部门间建立有形的链接。

在爱尔兰 ACE 已经几乎成为创业教育的代名词，其特点主要有以下几个方面：① 自上而下、自下而上全方位的创业教育；② 在终身教育理念下，发展学生潜在的创业能力；③ 跨学科、跨学院进行创业教育，包含所有专业；④ 在课程设计和教授上，注重跨学科、跨部门间的合作，以增进效率；⑤ 在日常创业教育中，充分调动企业的积极参与，发挥经验分享功能。

在 ACE 项目下，一系列学术和非学术的创新尝试在不同学院机构中开展。就学术活动而言，开设了包括以创业为中心的全日制学分项目在内的一系列学分、学位项目，包括在工程、园艺、计算机专业中设置的工程创业、技术创业科学学士项目，创业、创业市场的商业硕士学位，工程创业的科学硕士学位，创业和创新的企业管理硕士。针对六至九年级学生设置系统模块，保证每一个学生获得创业学习的机会，其模块包括创业模块、商业模块、创新、创造与创业模块，跨学科新产品开发模块，技术提升模块，社会创新与创造模块，以及创新创业模块。其中案例教学被运用于每一阶段的创业教育中。此外，有一个教练训练项目，定期对教师进行创业知识和创业教育教学方式的培训和支持。

就非学术活动而言，为增加学生的创业学习经历，在孵化中心等机构的合作下，建立了学生企业实习项目、学生创业交流网络，定期举行创业研讨会和商业大赛，举办"创业与创新周"等活动，在校园营造创业氛围，支持创业教育的有效开展。

爱尔兰的跨学科 ACE 创业教育项目能够弥补传统创业教育方式的不足。第一，大多数传统创业教育课程体系都是基于"商业计划"制定的，然而事实证明创业家的成功更多地取决于自身能力和适应市场的灵活性，正式商业计划所起的作用较小。第二，传统的创业教育结构体系和项目无法全面包容创业所需的支持。第三，真正的创业学习依靠的是"做""解决问题""互相学习""发现错误""寻求机会"等强调"如何实现"的过程，创业教育不能缺少实际经验和基于问题的学习。第四，传统的创业教育较少涉及"角色认知"培养，比如如何处理公司内外的人事关系，如何扮演创业家的角色等。

（五）模拟公司模式

基于模拟公司实践教学技术平台进行创业实训是创业教育的独特模式之一。创业实训"模拟公司"技术起源于 20 世纪 50 年代德国经济起飞初期。80 年代后期，模拟公司在世界范围内得到迅猛发展。为促进各国模拟公司之间的交流。1993 年 11 月，欧共体和德国政府资助建立了模拟公司网络，于 1997 年发展成为国际性组织"欧洲模拟公司协会"。2007 年，随着模拟公司实训技术在全世界 42 个国家和地区的推广和应用，更名为"全球模拟公司联合体"。

创业实训"模拟公司"是一套专业的系统的数字软件，从公司注册到企业经营均与现实完全相同，只有产品交易和货币支付是虚拟的。通过模拟公司，学生能够在基于真实经济环境下的工作岗位上学习，通过组建公司、确定公司架构、分析经营环境、尝试经营业务和完成各项岗位工作任务等来提升社交能力、办公能力和业务能力，体验真实商业环境和商业行为。针对不同类型的学生，模拟公司为其提供必需的创业或工作技能和知识指导，培养创业意识。通常，针对每一个模拟公司，都会有至少一家相对应的实体企业为其提供指导和支持，提供技术和管理信息。

芬梅里克斯基职业培训中心是以模拟公司的形式为学生提供创业教育的平台。模拟公司模式的创业教育，往往倾向于依照商科学生的课程方法来调试、创造模拟公司，也就是在课程设计完成之后，再添加模拟公司作为辅助教学工具，因而最终形成的模拟公司模式显得更为有目的性、有组织性并受课程内容所牵制（如图 4-1 所示）。

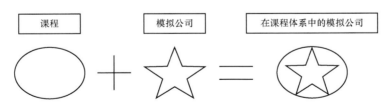

图 4-1　过去基于课程的模拟公司创业教育模式

梅里克斯基培训中心对传统的模拟公司创业教育模式进行了改革，形成了一套基于商业计划的创业教育课程体系。鉴于模拟公司遵循实体企业、经济环境和实际生活方式的规则，梅里克斯基培训中心根据模拟公司的商业计划，为商科学生制定了相应的创业教育课程体系（如图 4-2 所示）。

在梅里克斯基培训中心，基于模拟公司的创业教育持续三年。在第一年，学生将注册一个模拟公司，同时开始创业学习，直至毕业，其间不会更换模拟公司。在学生制订商业计划的同时，根据现实社会的情况，自发地开始学习创业相关理论知识，并在合作

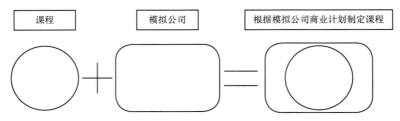

图 4-2 改革后的基于商业计划的模拟公司创业教育模式

实体公司的指导下获取相关信息。在第一年结束时，形成商业计划。第二年，随着商业计划的修订，学生从商业专家处、实际操作中获取更深入的创业知识及精准的经济数据，同时有助于理论在深度和广度上的扩展，在第二年年末形成最终完整的商业计划。第三年，模拟公司将正式成立，学生根据其专业知识背景运营相应的模拟公司，并且雇用市场、财务、销售等专业人员，同时与其他模拟公司进行交流互动，形成定期报告和财务报告以便评估。

梅里克斯基培训中心的模拟公司创业教育模式，将创业理论与实践紧密结合，让学生真正做到在做中学，通过基于问题的教学方法和企业创办的实训演练，让学生获得专业的、技术的、社会的技能，对企业和创业形成综合性的知识理解。对于学校来说，理论与实践的整合，更有效地得以传递创业意识，提升教师专业技能，并通过与当地企业合作形成创新的有吸引力的学习环境。同时对于企业而言与学校的合作能够挖掘和吸引优质劳动力，实现企业创新和改革。

（六）特征分析

基于各方侧重的创业教育目标，综观国际各高校的实际经验，不同高校通过不同的组织管理模式，形成了各自的创业教育特色（见表 4-1）。

表 4-1　各自的创业教育特色

模式		案例	组织管理	对象	优势	问题
商学院/管理学院模式	聚焦	哈佛大学商学院	商学院	商学院学生	专业性强 毕业生创业比例高	局限于商学院学生，忽视其他专业创业教育的必要性
	磁石	麻省理工学院管理学院	管理学院	全校学生	开放性 增加管理学院与其他学院的联系	如何针对商科以外专业学生设置课程 如何调动其他学院积极性
创业学院模式	实体	俄克拉荷马州立大学创业学院	创业学院	全校学生	促进创业学科发展全面、系统化的体系（从本科到博士，主修到辅修）	创业学院经费二师资等资源开发、整合 学院运行的可持续发展
	非实体	上海交通大学创业学院	创业学院	全校学生	"无形学院，有形运作"：有效利用、整合各类资源	组织领导者分散于学校各部门，多为兼任

模式	案例	组织管理	对象	优势	问题
团队创业学园模式	韦斯屈莱应用科技大学团队学园	学园教练、学生团队自主管理	全校学生	自主开放 锻炼学生主动学习、团队合作能力	系统性弱 质量评价和保障较难
跨学科项目模式	唐道克理工学ACE项目	项目领导小组与各学院	全校学生	以必修模块的形式融入各专业，灵活性、包容性、渗透性强 各学院合作，有针对性设计教学课程	系统性弱 不利于创业学专业发展 分学院实施，评价标准不一
模拟公司模式	梅里克斯基职业培训中心模拟公司	模拟公司	全校学生	在做中学，全真环境，实践性强 虚拟货币，风险低校企合作发挥企业积极性	理论知识学习少 系统性弱

总的来说，国外高校的创业教育对象，横向上基本已普及到全校各专业学生，纵向上涉及本科到博士各阶段，满足不同学生的创业教育需求。根据侧重点的不同，以上五种创业教育模式又可以分为三类。

第一类，侧重于专业知识的、系统化的创业教育，即商学院/管理学院模式和创业学院模式下的创业教育体系。在这两种模式下，创业教育的管理团队、师资和课程设置都较为专业自成体系，大多以商科为基础，延伸到其他专业，进行创业理论知识的研究和传授。

第二类，侧重于实践训练的创业教育，即团队创业学园和模拟公司模式。该类高校创业教育的实施主要依附于实际的创业团队和模拟公司，将创业专业知识融于实际操作之中，具有较强的实践性，强调学生的主动性，但与第一类相反，创业知识的体系性、专业发展较弱。

第三类，侧重于不同学科特点，有针对性、开放式的创业教育，即跨专业项目模式。该模式以项目的形式，横向覆盖高校各学院。面对不同C业的学生，创业教育的实施主体不限于商科学院，也没有独立的创业学院，而是以项目组的形式与各学院合作实施个性化、有针对性的创业教育，具有较强的灵活性、包容性和渗透性，满足学生的不同需求但由于未成立独立的创业学科，容易出现知识体系分散的弊端，且各学院的创业教育实施各异，不利于统一评估教学质量。

二、高校创业教育组织模式的国内实践

在高等教育大众化的进程中，社会经济高速发展，人才竞争也日趋激烈。为缓解高校毕业生就业问题，适应社会需求，创业教育逐渐成为热门话题和改革的重点方向。相比国际经验，我国的创业教育起步稍晚，在独特背景下，创业教育的实践也显示出一定的中国特色。

我国是一个幅员辽阔、经济发展不均衡、地域文化多元的国家。教育的发展与社会、经济、文化背景密不可分，创业教育也不例外。综观我国各地区各类型高校的创业教育发展，也呈现出东西部差异以及城乡差异。其中东部沿海地区，尤其是江浙地区，民营经济发达，创业氛围较为浓厚，高校创业教育的探索也走在全国前列。因此本研究主要聚焦江浙地区高校的创业教育案例，探究我国高校创业教育组织模式发展现状。

（一）创业学院模式

　　相比于美国的实体学院模式，我国成立创业学院的高校大多采取的是非实体学院模式，即成立创业学院作为实施创业教育的平台，有专门的机构代码和运作团队，但招收的学生不涉及学籍问题，面向全校学生开放创业通识课程。

　　1. 浙江大学"蒲公英"青年创业学院

　　"蒲公英"青年创业学院由浙江大学和杭州市余杭区校地双方筹建，于 2011 年 9 月 23 日正式成立。学院以培养创业精神、提升创业能力、造就创业精英为宗旨，搭建高校与地方的创业教育合作平台，一方面充分利用浙江大学的人才智力优势，另一方面发挥海创园等余杭区创新组团的资源整合优势，为在校大学生及区域创业型企业负责人、企业高管等提供创业理论和创业实践支持，形成高校、地方政府、社会良性互动的创新创业活动机制，推动区域创新创业工作的深入开展。

　　"蒲公英"创业学院作为学校与地方合作建立的平台，面向浙江大学在校大学生，以及创业型企业负责人、企业高管等社会人士，定期组织各种培训、讲座、交流和孵化对接学院旨在构建培训、竞赛及服务三大体系。

　　第一，培训体系，包括建立学院的导师库，首批已聘请了 45 位来自政界、业界、学界的人士担任学院导师；创建"创业讲坛"品牌活动，邀请知名企业家、政府官员、学者、创投经理人开展讲座、培训、沙龙活动；加强推动第一课堂和第二课堂的融合，完善创业实践课程体系。

　　第二，竞赛体系。围绕"蒲公英"学生创业竞赛，推动创业团队与杭州市余杭区海创园合作，建立校地联合办赛的模式；建立学员成长档案记录、分享学生接受创新创业教育和参与创新创业实践的心得体会、成长经历；培育推荐优秀的学生和项目团队参与国内外的创新创业类活动。

　　第三，服务体系。创业学院首期引入了"圆正天使"大学生创业成长扶持基金，进入"蒲公英"创业竞赛复赛的项 FI 团队可以申请最高不超过 5 000 元的扶持基金，进入决赛的项目团队可申请最高不超过 10 万元的扶持基金；此外，还与杭州学友投资、赛伯乐、浙大创投、省创投等创投基金紧密协作，为优秀项目的创业实践提供了有力保障。

浙江大学与杭州余杭区合作共建的"蒲公英"青年创业学院，为大学生与社会创业者提供了全面的创业培训和支持平台，充分发挥校地共建的优势：一方面邀请企业家、创投经理人、专家学者等全程指导学生创业竞赛项目，建立完善的导师库进行专业的创业指导；另一方面，嫁接创业孵化平台，提供创业服务支撑，宣传利用地方尤其是杭州市关于鼓励大学生创业的扶持政策，通过专题立项研究构建杭州市扶持大学生创业的政策体系，同时引入若干个大学生创业成长扶持基金，为创业竞赛以及创业实践提供充裕的资本支持。

2. 温州大学创业人才培养学院

温州大学于 2009 年 6 月成立创业人才培养学院，以实体学院的形式，主要依托创业学院模式进行创业教育和创业人才培育。学院主要负责全校大学生的创业教育教学与管理、创业实践与创业研究工作，具体包括国家级创业教育人才培养模式创新实验区的建设，大学生创业教育方案的制定，创业教育融入专业人才培养方案的体系构建，创业先锋班（辅修专业）、创业管理双学位班（二专业）、经理成长班（校企合作定向培养）、企业接班人等创业人才培养改革实验班的教学实施与管理。此外，学院也开展创业教育理论与实践的研究，承担创业教育课题的组织申报与管理、各类创业计划竞赛的组织、学校大学生创业园的管理，以及创业教育的对外交流等工作。

温州大学创业学院对学生进行分层分类培养，将学生群体分为三类，包括全校学生、专业学生以及部分创业精英学生。

面向全校学生，通过开设创业教育类公选课，将创业教育融入思政理论课，举办各类"企业家论坛""校友创业对话"等活动，着力于培养学生的创业意识、创新精神。同时，全校所有班级设创业委员一职，分年级加入创业委员 QQ 群，提高创业教育信息宣传的效率和精度。

面向专业学生，对传统的专业人才培养方案进行改革，将创业教育融入公共选修课、专业课及专业学习，注重提升专业人才的管理知识和能力，培养"专业＋管理"复合型人才，提高其就业层次，提升其岗位创业的意识和能力。

面向部分精英学生，开办创业教育改革试点班，如创业先锋班、创业管理双学位班、经理成长班等，培养创业精英人才。其中试点班以培养拥有一技之长的专业型创业人才为目标，打破学院、专业和年级的限制，组建班级，对具备创业潜质的学生进行系统的创业教育。

温州大学创业学院以分层分类的学生培养模式，针对学生的不同需求，提供各具侧重点的创业教育。此外，创业学院通过建设创业园、构建创业教育实践平台，扶持大学生创业，为其提供服务与指导。其将创业教育融入专业教育的教学改革试点，培养企业急需的"专业＋管理"人才，培养学生创业意识，提高学生专业知识运用能力和社会适应力，有利于推动地方高校创业型、应用型人才培养的教育改革。

（二）创业园模式

1. 浙江大学科技园

浙江大学以成立科技园的形式，为学生提供创业实践服务。浙江大学国家大学科技园创建于 2000 年，是国家首批 15 个大学科技园试点园区之一。2001 年 5 月，浙江大学科技园被国家科技部、教育部联合批准成为国家级大学科技园，是国家级高新技术创业服务中心，国家级大学生科技创业实习基地。浙大科技园以浙江大学为依托，利用浙江大学在科技、人才、实验设备和文化氛围等方面的综合资源优势，建立从事科学技术创新、科技成果转化与产业化、高新技术企业孵化、创新创业人才培育集聚、高技术产业发展辐射的基地。

浙大科技园引进国外创业教育的"科技园＋孵化器"模式，成为浙江大学学生创业的主要支持基地之一。科技园为入园企业提供一流的软、硬件服务。浙大科技园为入园企业提供工商注册、技术转移、项目申请、政策咨询、经营管理、法律事务（含知识产权保护）、财务税务、投融资、市场营销、培训和国际交流等各方面的优质服务。目前，浙大科技园已有入园新注册企业和迁入企业近 1 000 家，注册资本超过 30 亿元，其中大学生创业企业达 170 多家，2008 年 6 月，被团省委、科技厅认定为"浙江青年创业创新示范基地"。2009 年 8 月，被科技部、教育部联合认定为国家级大学生科技创业实习基地等。

浙大科技园依托浙江大学，利用浙大的科技和人才优势，结合浙江省丰富的民营资本优势，促进科技成果转化和高新技术企业的孵化。科技园积极引入民间资本，为企业孵化创造一流的硬件平台和投融资服务平台。在政府的支持下，整合法律、财税、工商、投融资、专利申请、技术交易等多方面的资源服务。2008 年 12 月，浙大科技园与西湖区政府联合建立杭州市大学生创业园（西湖·浙大科技园），已创办大学生创业企业 170 多家。在大学生创业园由浙大科技园管委会提供相应的创业辅导和创业服务，杭州市和西湖区政府提供大学生创业相关优惠政策和措施，共同扶持大学生创业者的成长。

浙江大学科技园大学生创业服务内容有：大学生创业企业可享受免费的"一站式"工商注册服务；大学生创业企业可以享受办公场地租金优惠；大学生创业团队可以加入浙江大学创业青年俱乐部，参加形式多样的创业交流活动；大学生创业者可以参加浙大科技园每周三晚上举办的"创业沙龙"活动，共享创业经历的酸甜苦辣，与创业企业共成长；大学生创业企业可以享受浙大科技园提供的各类创业培训和辅导；大学生创业企业可以享受浙大科技园提供的各类项目申报辅导服务。

此外，浙江大学科技园发挥浙大科研优势，为学生提供实践平台的同时，也积极展开大学生创业教育，与浙大研究生院共同创办"浙江大学未来企业家俱乐部""浙江大学研究生创业素质拓展班"，吸引学校优秀研究生加盟，邀请科技园内外的创业者、专家和企业家对其进行企业管理、市场营销、知识产权等各种知识和技能的培训，提供实习、实践机会。

2. 杭州未来科技城（海创园）

杭州市的浙江杭州未来科技城（海创园），是浙江省、杭州市为深入实施国家人才战略，着力提升科技创新能力，加快经济转型升级而专门打造的海外高层次人才创新创业平台，定位为科技资源充分聚集、体制机制充满活力、公共服务便利优质、创业创新高度活跃的人才特区和科技新城。海创园于 2010 年 7 月挂牌，定位为按全新机制运行的人才改革发展试验区，集聚海内外高层次人才的创业创新基地。

与一般高新技术开发区相比海创园有三个显著特点：第一，以引进海外高层次人才为优先目标，入园的项目必须以引进海外高层次人才为前提，尤其重视"带项目、带技术、带资金"的创业创新人才及团队的引进；第二，以浙江经济特色和优势为支撑，依托浙江活跃的民营经济、充裕的民间资本、较高的市场化程度，鼓励海外高层次人才自主创业，鼓励民营资本与海外人才合作创业，同时也欢迎国有企业、科研院所入驻建研发平台引进海外高层次人才；第三，以全新的引才用才机制为重要保障，采用"属地政府建园区、企业投资办平台、条块政策作支撑"的模式，集中全省资源推动政策创新和体制机制创新。

2012 年，未来科技城（海创园）重点建设区完成固定资产投资 51.4 亿元，实现服务业营业收入 307 亿元，实现财政总收入 30.5 亿元。海创园推进了人才科技事业蓬勃发展，创新型经济及创新型城市建设。海创园在美国旧金山等海外地区建立 7 个海外联络站，以拓展引才网络，累计引进海外高层次人才 316 名，其中国家千人计划人才 16 名，省千人计划人才 14 名，3 位国内外院士领衔的项目落户园区。

杭州未来科技城还主动与各科研院校建立战略合作关系。在浙江大学建立"浙大人才驿站海创园工作战"，杭州未来科技城创业的高层次人才，符合条件者可以聘为浙大教授，纳入浙江大学人事管理序列。浙江大学留下专门岗位给这些人才，其可以浙江大学教授的身份人员创业、参与对外交流，并可充分利用浙江大学实验室、科研、人才等一系列资源。同时未来科技城还与浙江大学共建海外联络站，建设国家大学科技园，合作建设医学中心，入园创业的人才可充分共享浙江大学的优质资源。未来科技城与高校的合作模式，为企业与高校搭建了一个平台，企业可以有效利用高校的科研力量，同时高校也能将其科研成果实践化，达到一个双赢的效果。

（三）创业班模式

创业班模式是指某一学院针对有创业意向和潜力的学生，组成专门的创业培训班，选拔学生进行创业知识、创业技能的培养和实践训练。始于 1999 年的浙江大学竺可桢学院创新与创业管理强化班，采用的即是该模式，面向全校成绩优异的本科生开办。强化班借鉴斯坦福大学创新创业教育经验，以管理学和 MBA 基础知识为主，旨在培养具有扎实专业基础和经营管理才能、较高创新意识、创新素质及创新技能的高科技产业经营管理创业型人才。

作为竺可桢学院荣誉培养项目之一，强化班每年从全校理工农医各个专业逾 6 000 名二年级本科生中通过筛选和面试，选拔 60 人（从 2010 年起改为 40 名），采取自愿报名、公开竞争、择优录取的原则，甄选施行辅修/双学位并行的培养模式。强化班利用学校学科门类齐全、综合性优势突出的有利条件，让浙大学子通过跨学科课程的学习，进一步拓展学科思维，开阔研究视野，提升综合素质，成为高科技创新创业型人才。选择双学位的同学需在辅修班课程的基础上另外完成 19 个学分的课程学习和创业管理方向的学士学位论文设计（8 个学分）。

相比普通专业教学，浙大强化班的教学模式具有以下特点：（1）由高水平教授主讲，辅以成功企业家、职业经理人参与授课、开设讲座与交流；（2）充分运用互动式教学，调动和发挥学生的潜质；（3）在课程教学中突破传统的教学方法，大量采用 MBA 模式的案例教学、情景教学；（4）以团队形式完成综合调研，参与企业实习，补充课堂教学内容；（5）开展灵活多样的课外活动，如到宁波、苏州、杭州等国家科技园交流学习，利用强化班企业实习平台展开实践。

强化班学生的政治思想和生活管理工作仍由学生所在学院负责，强化班课程的教学管理由竺可桢学院本科教学科负责。除了精心设计和拥有优异师资的课堂教学，强化班的另一特色是学生自主管理、自我开创的精神。强化班的学生自己设计了班徽、班歌、班级主题色、班级刊物（《创想》）、班级网上讨论区、班级中英文网站、班级宣传介绍册、班级工艺纪念品等，并通过项目组的形式开展班级建设，包括招生纳新、企业参观实习、素质拓展、企业家导师平台建立、班级校友会、国际交流、创业论坛、创业讲座等均主要由学生自主发起和完成。

（四）创业实训基地模式

创业实训基地是指以基地的形式搭建校企合作平台，以真实的创业项目团队为载体培养学生的创新创业精神和专业技能宁波城市职业技术学院的电子商务创业实训基地是典型代表。在电子商务创业实训基地，主要通过四个步骤，以校企合作的形式展开学校的创业教育。

第一步，优选从事电子商务网络营销类公司。宁波城市职业技术学院与北京一家具有一定知名度多年从事网络营销的电子商务公司，共建共享型的校内网上营销类生产性实训基地，以"业务进校园，专业人企业"为宗旨，以学生专业学习、创业教学、职业素质养成为中心，以企业进行市场拓展和技术创新服务的真实网店服务外包业务为载体，构建具有"业务经营、创业教学"双重功能的公司。

第二步，在培训基地内部成立校企共同参与的课题组，以"321"模式组建电子商务专业学生为主体的创业教学培训班。"321"模式是第 1～3 学期在校学习基础理论课程和专业基础平台课程，第 4～5 学期进入创业班，校企共同制订与学校人才培养方案接轨的《电子商务创业实训基地人才培养衔接计划》，第 6 学期顶岗实习与毕业综合实践。

第三步，宁波城市职业技术学院网上营销类生产性实训基地作为大学生电子商务创业孵化平台，承接传统中小企业网络服务外包业务和组建学生创业项目团队同步进行。组建教学培养单元：3～5 人组成的电子商务创业项目团队。

第四步，进一步实施和推广学生电子商务创业项目，对创业项目团队进行评价，研究创业项目如何独立运营，创业项目出孵化平台的路径。优化和总结基于电子商务服务外包的大学生创业就业教学培养模式，进行理论提炼和人才培养模式改革的推广，服务浙江地方社会经济发展。

宁波城市职业技术学院的电子商务创业实训基地，针对网络创业的特点，与企业合作制定了核心技能课程，把网络创业的服务外包生产操作过程和步骤设计作为教学活动方案，编写了融专业知识、网络创业综合技能、职业素养于一体的创业教材。在实训基地中，以真实的电子商务创业项目团队为载体，让学生在亲身实践中学习创业知 IHQ 对于教学团队方面，宁波城市职业技术学院的"双师"结构，实现了校企的人员双向交流。一方面，教师到校企合作公司挂职实践，全程参与公司业务运营和学生的教学与管理；另一方面，聘请企业经验丰富的实践专家来学院兼课任教、当好实训实习指导教师、参与教学过程和教学质量监控。在该实训基地模式下，以校企合作的形式达到了学校与外部市场的紧密联系，也为学生提供了创业的实践机会，在实际操作中学习创业知识。

（五）研究咨询中心模式

研究咨询中心模式，即以研究咨询中心为创业教育组织机构，以学生和家长为主体。9 家（包括教授、企业家、学者）为主导，研究适合浙江特色的家族企业成长、发展规律及其管理诊断咨询。宁波大学科学技术学院成立的家族企业接力研究咨询中心是该类机构的代表，其研究中心主要从事家族企业与现代管理、文化与家族企业、家族制度和家族企业继任、家族企业融资与公司结构治理、家族企业国际化以及战略方向、人力资源配备、生产管理、信息管理、财务管理、认证、第二次创业等项目的研究，尤其注重企业领导人思路拓展和家族内部成员之间的关系协调和矛盾处理等方面，指导家族企业的管理实践。

研究咨询中心通过搭建高校和企业之间的学习、交流和商务支持的平台，整合高校和地方资源，为学生的企业管理理论学习、实践技能培养创造条件。通过企业管理专家指导、企业家参与、学生观摩管理诊断咨询活动，不仅为从事企业管理的家长提供企业管理经验交流、疑难诊断与咨询的平台，同时为学生提供直观展现企业管理的实际案例、企业诊断实训的窗口，让学生在校就能将管理理论与实践对接，提高其适应力和就业竞争力，塑造企业家人格。

宁波大学科技学院研究咨询中心下设咨询专家小组、企业家俱乐部和未来企业家俱乐部，定期开展咨询诊断、管理经验交流或管理疑难讨论，管理经验或咨询意见学习模拟等活动。咨询专家小组有从事咨询的专家、教师6名，企业家俱乐部有从事家族企业管理家长20余名，未来企业家俱乐部已有近300名学生参与。

宁波大学科技学院家族企业接力研究咨询中心以"咨询诊断"的模式，切实满足学生需求，利用高校和地方资源，有针对性地实施个性化创业教育，有效地实现了理论知识与实际问题的对接，与浙江省的创业特色紧密结合。

（六）项目团队模式

项目团队模式，即学生以团队形式，在导师的专业指导下，以科研项目为载体，开展创业学习与实践活动。其中导师是指对学生创业团体活动进行指导的教师和科研人员；项目是指学生团队开展的各类创新、创业、实践等活动项目；团队是指由一定数量的在校学生组成的项目化团队。温州科技职业学院针对学校农业类、经贸类、信息类三大类学生群体，依托浙江省中小企业创业基地、温州市大学生农业创业园、温州市大学生网商创业园三大创业实践平台，以项目团队的模式实施创业教育。

温州科技职业学院前身是温州市农科院，依靠农科的科研优势，将科研优势和专业知识转化为创业资源，其创业项目均来自导师当前较为先进的科研成果，增加了创业项目的可行性和市场竞争力。从导师管理上看，注重创业教育过程中的动态服务管理，包括教学指导和育人指导，如专业学习、职业生涯规划指导、创业分析指导、职业素养培养和创业创新精神培养。

温州科技职业学院基于项目团队的创业教育模式，其运行机制主要表现在四个方面：第一，渗透机制，科研与教学相互渗透，教书与育人相互渗透，就业与创业相互渗透；第二，互动机制，导师与学生互动，学生与学生互动，团队与团队互动；第三，互补机制，同一团队成员之间的知识、专业、能力互为补充；第四，竞争机制，合理激励、科学考评、有序竞争相互结合。

温州科技职业学院的项目团队模式，有别于传统的创业教育，相对于系统的课程理论指导，更倾向于实践经验。从专业出发，依托教师的科研项目，在专业教师的指导下开展创业活动，具有更强的灵活性和主动性，与学生的自身能力和职业规划相联系。

（七）特征分析

不同的类型和创业教育目标，结合我国地区特点，我国高校形成了多样化的创业教育模式。总体看来，我国高校创业教育模式与国外其他高校的创业教育模式具有类似的经验，但也在一定程度上体现了中国特色。相比于国外高校的创业教育模式，我国高校的创业教育具有以下特征。

面向对象更广。就创业教育的实施对象而言，相比于其他国家，我国高校面对的对象更广，突破了商科专业，乃至全校学生的范围限制，向区域内有志于创业的青年、企业家开放，具有更大的包容性，也为不同人群提供了互相交流、互相学习的平台。此外，海创园更是针对高水平海归人才提供创业的支持，向高层次科技领域晋升，带动区域的经济发展，是具有独创性的尝试。

强调创业实践。就创业教育实施的侧重点而言，国外高校五大模式可分为侧重创业学专业知识发展、侧重实践培训活动、跨专业融入各学科教学三类。相比之下，我国高校的创业教育模式对实践的关注较多，如创业园模式、创业实训基地模式和项目团队模式，都是以"在做中学"的宗旨为学生提供实战机会，以校企合作的形式整合校内外资源，提供全面的创业教育指导。创业教育与其他专业教育不同，实践是其必不可少的部分，因此我国高校采取侧重实践的创业教育模式具有其合理性和必要性。

高校与区域政府、企业合作紧密。无论是校地共建的青年创业学院，还是地方政府建立的科技创业园，抑或是创业实训基地，在我国高校的创业教育实施过程中，不难发现政府、地方民营企业的支持与合作。政府、企业在高校创业教育中的参与，不仅丰富了创业教育的资源与机会，也使得创业教育紧跟市场步伐，为地区发展做贡献。

突显地区特色。宁波大学科学技术学院家族企业接力研究咨询中心的"咨询诊断"模式，呈现了我国浙江省民营家族企业活跃的地区经济发展特点，也体现了家族企业发展切实存在的瓶颈和问题。该模式紧密联系学校、学生、家长、企业四方，结合真实案例和实际问题，提供有关创业的指导和支持，具有针对性。

创业学科发展较弱。相比国外的实体创业学院模式，国内部分高校虽有成立创业学院，但大多是以无形学院——以构建平台的形式存在构建创业学院平台在一定程度上能促进资源整合和有效的组织管理，但在创业学作为学科的发展方面有所欠缺，较少有高校成立专业的创业学研究团队并提供本科到博士多层次的创业教育，在系统性上有待加强。

全真实训平台风险较高。相比芬兰的模拟公司模式，国内高校大多采取的实训基地、创业园模式虽然提供了全真的实践平台，也有不少政策、资金等方面的支持，但对于学生而言，仍然存在较高的风险。成立模拟公司，以虚拟货币、虚拟交易的形式在真实的市场环境中模拟创业过程，未尝不是国内高校可借鉴的创业教育模式之一。

第二节　高校创新创业教育模式的构建策略

高校对创业教育的开展，不仅是对国家政策导向的响应，更满足了高校学生的创业需求，形成了各具特色的模式。结合国外高校创业教育模式的经验，根据我国实际情况，下文将提出高校创业教育模式构建策略。

一、走特色发展之路

创业教育模式是指在创业教育理论和创业教育实践活动的中介，有依据、有目的的创业教育活动各部分构成和组合范式也就是说创业教育活动的开展必须基于特定的创业教育理念或目标。从我国高校的创业教育实施现状来看，需要进一步明确创业教育理念和目标定位。

创业教育可被理解为学校提供的一种产品，而提供什么样的产品主要基于两个因素：一是目标市场的需要和学校的定位；二是学校本身的资源、能力。而就高校的目标市场而言，主要对象是学生和外部经济市场，因此，在制定高校的创业教育理念和目标时，应充分考虑这两者的需求。就学生而言，创业教育不仅是简单的开办公司，创业的本质是创新精神的体现，创新是创业的前提和灵魂，因此创业教育的内涵应加以深化，注重对学生创新意识、创新能力的培养。创业教育中的"创业"，应更倾向于"创建新事业的过程，而所谓新事业，既包括创办新的企业，也包括个人职业生涯中的事业拓展和创新就外部市场需求而言，培养具有独立创业者人格的毕业生，是现代社会特别是知识经济社会对高等教育提出的重要而迫切的课题，应当成为大学的自觉理念并在教育活动中始终予以贯彻和体现。开展何种理念的创业教育的另一个影响因素是定位。在美国，提到百森商学院，人们会感觉她的学生应具有"创新精神"；提到斯坦福大学，人们就觉得她的学生应具有"创立高科技企业的能力"；提到哈佛大学，人们就觉得她的学生会成为未来的企业家。外界的这些认识，应归功于美国大学对创业教育的明确定位。日益进入竞争环境的国内高等院校，无论是把创业教育定义为"素质教育"还是"技能培训"，符合特定目标市场的需要，确定自身的鲜明形象，是构建创业教育模式的基础。

就国内发展现状而言，部分高校提出了明确的定位和创业教育理念，如义乌工商职业技术学院，基于义乌小商品城的货源优势，就如何在淘宝网上开店实现就业和创业进行了实践和探索，提出了"创新培养模式批量生产创业人才"的理念和思路。浙江万里学院基于创业过程理论的筛选矩阵模型，秉承"全面开放，逐层筛选"的创业教育理念，搭建"金字塔式"创业实训平台。不同高校由于学生对象、办学理念的不同，其对创业教育也具有不同的定位，形成各异的创业教育理念和目标，进而产生相适应的创业教育模式。

二、形成三元合作复合体

高校创业教育的实施仅仅依靠高校的资源与力量具有较大的局限性，应联系政府、企业，整合社会多方资源，同时发挥学生的主动性，各界力量的集结在一定程度上能加速创业教育的发展。

地校合作，即政府与高校合作进行创业教育的组织和实施，不仅能让高校的创业教育发展和人才培养与政策导向保持一致，还能在政策保障、基金扶持上提供一定的支持，提供科研孵化平台；同时，学校的师资与科研成果也能推动地区经济发展，为更多人提供创业服务，实现双赢。

校企合作，即企业与高校协力进行创业教育的组织和实施。创业教育无论是师资还是课程都少不了企业的力量。在师资方面，高校可邀请地方的成功企业家做学校的兼职创业导师，为学生提供实用的创业指导，在优秀企业家、管理学者、高校教师与高校学生之间搭建互动平台。在课程方面，企业可为学生提供创业实训的平分，让学生在真实环境中，将理论与实践有机结合，吸取经验教训。

此外，让学生参与到高校创业教育的组织管理中，发挥学生主动性，能够更好地锻炼学生的团队合作能力和问题解决能力，同时亦能促进其积极参与、主动学习，提升创业教育的效果和效率。

三、搭建全真与模拟二元平台

创业教育的实施要求将理论与实践相结合，搭建联系二者的实践平台是促进创业教育顺利进行的影响因素之一。基于创业教育的目标和理念，高校除了制定创业教育课程，还需重视对学生创业能力、创业意识和创业品格的培养。通过整合第一课堂的专业课程教学和第二课堂的创业实践活动，启发、引导、挖掘大学生的创业潜能。

一方面，高校通过建立创业孵化基地、创业园等组织机构，为学生提供全真的创业实践机会，帮助学生增加创业体验，在实际操作中发现问题，解决问题，不断提升学生的创业能力，并在学生创业过程中予以针对性的指导和帮助，全面、系统地跟踪学生创业进程，提供各阶段相应的教育和培训。

另一方面，高校依靠网络，搭建模拟实践平台。全真实体的创业园区能够为学生提供真实的创业经验，从实践中学习解决管理、财务等问题，更为规范化。依靠网络形成的模拟平台则在发挥相同作用的同时，降低了项目运行的风险，为更多学生提供创业实践的机会和体验。高校可通过全真和模拟实践平台的结合，针对不同发展阶段的创业项目予以分层次的实训机会，降低学生创业风险，增加成功机会。

四、联动地域文化特色

立足地域文化，加强地方政府、企业与高校的联动性，能更好地帮助高校形成创业教育优势与特色。高校是其所在地区创新体系建设、经济改革与发展的生力军，同时，高校的创业教育也要融入地区特色，与社会经济背景相结合。

高校紧密结合地方经济发展特色，设置人才培养方向，设立带有区域特色的创业课程与实践活动，实现高校的创业教育"本土化"。如宁波大学的"宁波帮"创业文化节，充分利用校友资源，通过营造富有地区特色的创业文化，在潜移默化中培养学生的创业意识，学习创业知识；温州职业技术学院，针对温州独特的经济环境，专门开设的"温州经济专题"等创业课程和编写的教材，让学生的创业教育扎根当地经济背景，紧扣市场环境；宁波大学科学技术学院的"诊断咨询"模式，针对宁波地区特有的家族企业现象和问题，以真实案例为素材，以实践活动为载体，加强对校外资源的利用，培养学生的创业素养，解决创业实际问题。

创业教育要与地区特色相结合，紧密联系宏观社会、经济背景的动态，使学生在校期间就能将管理理论与实务对接，提高对社会的适应能力和创业能力。

第五章
高校大学生创新创业教育具体方法分析

高校创新创业教育工作是一项系统工程，要提升创新创业教育质量，就要全方位地做好工作。高校开展创业教育工作的终极目标是提高大学生的创业素质，要实现这一目标需要众多的教育工作者的共同努力。因此，提高创业者的素质十分重要，笔者认为创业者需要具备的典型素质包括马克思主义哲学素养、政治理论水平、创业观念、创业工作方法、创新能力和创业决策能力，由于马克思主义哲学素养和政治理论水平是高校学生思想政治理论必修课所涉及的内容，因此，本章将从创新创业教育内容选择的角度分析创业观念、创业决策能力，探讨创业方法论，分析创业者创新能力提升对策。

第一节　创业者创新创业观念教育

创业者创业观念教育是一个十分重要但却容易被人们忽视的话题，因为表面看起来这项工作与具体的创业活动无关，然而，如果一个创业者理想不坚定、创业意识混沌、创业三观不正，即便在经济指标上取得成功，也不一定会回馈社会，这样，就很难说是创业教育的成功，因此，创业理想、创业意识、创业观念教育不容忽视，一个有社会责任感的创业教育工作者，在教学活动开始前要认真研究创业理想、创业意识、创业观念的本质及其相关问题。

一、创业理想

在创业教育工作中，最重要、也最容易被忽视的是对大学生进行理想的教育培养，如果说，鼓励等主要手段表现为创业教育者对大学生的外在"激励"，那么，理想教育就是将外在"激励"转化为内在的自我"激励"。只有这样，大学生的创业品德和素质才可能得到普遍提高，团体精神也才可能得到培育发扬，创业教育工作的理想目标也才可能得到实现。

理想作为人类特有的精神现象，是人们对社会发展趋势的一种超前反映和对未来世界的设计、向往和追求人不同于动物的重要区别之一在于动物没有理性，更无理想，因而它们永远生活在现存的物质世界之中。而人是理性动物，人既生活在现实中，又企图超越现实；既生活在物质世界当中，同时又以理想的精神方式享受生活。自有人类以来，理想就是人们的一种生活方式，是构成人类精神生活的一个重要方面。如果做人而无理想，就意味着人格的变质和人性的退化。

但是必须看到，理想并非古今一体、千人一面，而是形形色色、多种多样的。从理想的指向上分，有所谓社会理想、群体理想和个人理想；从理想同现实的距离分，有所谓长远理想、中期理想和近期理想；从理想形成的途径分，有个人或群体在生活中自发形成的理想和通过理性思考及系统学习形成的自觉理想；从个人理想、群体理想同社会理想的关系分，理想又存在境界高下的区别。此外，假想、空想、幻想也是理想的不同表现形式，甚至宗教也充满虔诚的理想色彩，它们与科学的理想构成了两类不同的理想类型。由此可见，人人虽有理想，但理想各有不同。以为理想只有一种或认为理想一定高尚伟大，是对理想的狭隘理解。只要是生理健康、有理智的人，都有各自不同的理想信念，而且都以不同方式追求着自己的理想目标。

创业教育工作和理想是紧密不可分割的。创业教育工作不能脱离理想。虽然创业教育工作的目标立足于现实，是通过分析现实中的种种可能作出规划和计划，创业教育工作计划的表现为一个环环相扣的目标链，但是创业教育工作最终要达到的目标之一，就是帮助大学生树立正确的理想，成为一个有理想、有责任感的创业者。因此，支撑创业最终目标和工作计划顺利实现的关键因素之一就是学生工作中的理想和境界。

正是由于创业教育工作和理想有着上述不可分割的内在联系，大学生创业者理想的培育必然成为创业教育工作第一重要的任务。在创业教育工作中，理想培育对于大学生创业者具有如下两方面的激励功能。

一方面，通过理想培育，可以将大学生不自觉、不系统的创业者理想上升为自觉、明晰和稳定的信念，收到持续激励大学生主动性的心理效应。创业教育者在创业教育工作中，应当把对大学生进行创业者理想教育作为首要工作，使学生自发的理想变成自觉的创业者，使空谈、幻想变成切合实际的、科学的创业理想，使一时的冲动变成稳定的信念，将种种心理故障转化为理智支配的执着追求。当然，这个工作相当艰巨，它是一个比一般激励手段更复杂的工作，需要的是耐心、持久和科学的方法。只要不懈努力、方法得当，就能帮助当代大学生树立正确的理想，学生的主观能动性就会被挖掘出来，被自觉理想所支配的大学生就能激励自己，而且历久不衰、愈挫愈奋。这是其他精神激励无法与之相比的。

另一方面，创业教育工作理想培育的核心、实质和终极目标是社会理想教育，离开社会理想及其教育，理想培育就失去教育的价值坐标和理想的社会意义，社会理想包括内容和形式两个方面。从内容上说，社会理想就是超越现实社会的理想社会。农民的社会理想，是超越封建土地所有制而对"耕者有其田"的小私有社会的向往；无产阶级的社会理想，是消灭私有制和剥削、人人占有生产资料的共产主义公有制社会。在形式上，社会理想是某一社会大多数人对未来社会设想的共识，表现为各种理想的共同面和彼此之间的共通点。由于受个人视野和团体利益的局限，个人在形成自己的理想或者组织对其成员进行理想教育时，往往会因为局限于个人和群体的将来而容易忽视整个社会的前途命运，这样就造成个人理想、群体理想同社会理想的偏离，产生诸如个人奋斗和各种狭隘的集团意识，显然这是与社会理想冲突的创业教育者在进行理想教育时，一定要超越团体界限，放眼社会未来，将社会同群体、环境和组织联系起来通盘考虑，帮助大学生树立社会理想，只有当大学生不仅热爱团体、也热爱国家，既关心自己团体的前途、更关注民族命运的时候，才可能投身公益创业、社会创业或在商业创业成功后热心公益、回馈社会；个人和团体的理想才能逐步融入社会理想。也只有这样的理想教育，才能有效地克服团体的狭隘和短视，使理想成为激发大学生内在心灵的活力，实现创业教育工作的最高目标。

二、创业意识

创业意识是社会意识的一种，一切创业活动无一不是在创业意识的指导下进行的。创业意识正确与否、直接影响到创业的效率，关系到创业活动的成败，因此，研究创业意识是我们深入考察创业发生的关键，也是对历史唯物主义社会意识论必要的补充。

1. 意识和创业意识

意识是人脑对客观事物的主观反映。它在社会发展中又逐渐分化为诸如道德、艺术、宗教、政法思想、哲学、科学等各类社会意识形态，共同织造了历史唯物主义所描绘的社会意识理论。

但是，有没有创业意识呢？如果没有，如何解释创业活动中的意识现象？如果有，又应如何规定其内涵、区别它与其他意识形态的不同之点？

当下的马克思主义哲学原理著作没有将创业意识作为一种社会意识形态提出来加以研究。创业的相关著作虽然经常涉及创业中的各类意识现象和创业观念，也未明确地以创业意识相称并对之进行系统考察。

意识作为与物质相对应的哲学概念，涵盖了社会领域的一切精神现象。既然创业活动是一种有目的、有计划的特殊实践活动，就意味着有一种源于创业实践又反过来指导创业活动的社会意识形态。

那么，能不能认为源于创业实践又反过来影响、指导创业实践的意识就等于创业意识呢？答案是不能。这是因为，第一，创业实践同人类大多数一般实践虽然在逻辑上可以区分开来，但在事实上却难以分开。所以，从根源上看，各种社会意识形态包括创业意识同出一源，这个源就是社会实践，它既包括改造自然、改造社会的实践，也包括以具体组织目标体现的创业实践C从起源来区分创业意识和别的社会意识形态，显然机械地割裂了创业同实践的有机联系，并不科学。第二，同样的道理，也不能笼统认为凡是影响、指导创业实践的社会意识都是创业意识。固然，创业意识对创业实践有反作用，但哪种社会意识形态又不对创业实践发生影响或反作用呢？作为世界观理论体系的哲学不对创业发生作用吗？离开了科学技术能进行创业吗？法律、道德不是作为人们的行为规范对人们创业进行约束和规范吗？就是艺术，有时也可能参与到创业实践中去。可见，凡是社会意识都对创业实践发生不同方向和不同程度的反作用，都以其特定的方式影响创业实践。以是否影响、指导创业实践来区别创业意识和非创业意识也是不科学的，这样做势必会抹杀整个社会意识对创业实践的能动作用。

那么，究竟什么是创业意识呢？创业意识同别的社会意识应有哪些区别呢？要回答这些问题，必须从创业意识的形成、作用、特点三方面加以分析。

首先，创业意识作为社会意识的一种，固然离不开一般的社会实践，追本溯源，它也是人们在改造自然、改造社会的实践中产生的。但是，培植创业意识的最切近的基础不是一般的社会实践而是人们的创业实践，创业意识只能在创业实践中形成而不能在一般性的改造自然、改造社会的实践中形成。这即是说，虽然创业实践离不开社会一般实践，创业意识同其他社会意识保持着紧密的联系，但创业实践毕竟有别于一般实践，创业意识也不同于其他社会意识。因此，创业意识是对创业实践的直接反映，脱离创业实践的人，是无法形成创业意识的。

其次，在创业实践中，各种社会意识都发挥作用。离开了人类在各类实践中积累起来的社会意识形态，无论是改造自然、改造社会的实践，还是创业实践，都无法进行。但是不同形式的社会意识，其指向又各有侧重和区别。比如自然科学、主要被用于指导改造自然的生产实践；政治法律思想则主要被用于指导人们改造社会的社会实践；宗教、哲学主要指向人们的思想，直接改造的是人的思想观念。创业意识不同，它不是直接指向上述各类社会实践活动，而是指向创业实践活动，用于指导、组织、调整各类创业实践活动。

最后，创业实践是创业主体对创业客体的对象性活动，是创业者的能动性活动。因此，创业意识主要是创业者的意识，不是或主要不是雇员的意识。人们只有作为一个创业者的角色进入现实的创业领域，才可能产生创业的冲动、形成各类创业意识。对于处在参与地位的大多数人来说，也可能形成自己若干关于如何创业的观念或想法，但因置身于创业实践核心活动之外，这种创业意识是模糊不清、片面零散的。所以说创业意识主要不是作为一般社会实践参与者的其他社会意识，而主要是创业实践者所拥有的创业意识。

综上所述，我们可以把创业者在创业实践中直接形成并反过来直接影响、指导创业实践活动的创业心理、创业观念、创业理论、创业方法统称为创业意识。

创业意识作为一种相对独立的社会意识形态，具有不同于别的社会意识的若干特点，主要表现为以下几个方面。

第一，普遍性。社会意识的各类形式都具有一定的普遍性。而创业意识则与人类创业活动紧密相连，普遍存在于社会各类实践领域，具有普遍性。创业意识随着有组织的人类创业活动的出现而产生，随着它的发展而发展，与社会相始终。从各种社会意识形态所反映的空间来看，哲学、道德、创业意识普遍作用于社会生活的各个领域；宗教、艺术、政治思想则只对某一特殊社会实践起作用。科学是个总概念，不同学科的科学技术也只适用于特定的实践活动，这四者都不如创业意识普遍。所以说，创业意识具有普遍性。

第二，综合性。社会意识作为对社会存在的抽象把握和主观反映，都有一定的综合概括性，但各自的综合概括程度又有差别。其中哲学是对各种知识的最高概括，具有最高的综合性。宗教虽也是一种世界观，但它是用信仰代替理性，谈不上科学的理性抽象和科学综合。道德作为人们行为关系的总规范，对涉及人与人利益关系的方面作出规定，但显然只是从社会特定方面进行某种综合。政治法律也是人们的行为规范，所综合规定的方面比道德还窄。之前通过形象情感语言来传达表现作者的愿望，与概念综合离得较远，综合只是典型的塑造或人物性格的"综合各门科学对某一特定领域的特殊规律进行抽象反映，是一个方面的综合。创业意识则不然，它要对各类实践活动进行计划、组织和控制，就必须综合运用多学科知识。以生产型企业创业为例，创业者不仅要了解企业生产经营的一般过程，需要掌握有关的科学知识；还要了解人，需要了解一系列涉及人的生理、心理、伦理、信仰、价值观念、行为规律的知识。不仅要审时度势、发现问题、及时做出战略决策，需要运用哲学、政治学、法律学；为保证决策能顺利实施，还需要运用诸如数学、统计学、会计学、审计学等知识来制定计划和对计划实行控制。可见，创业需要综合运用尽可能多的各门知识，创业意识是各门知识的综合运用。在社会诸意识当中，如果说哲学是对各门科学知识最高的综合概括，创业意识则是对各门知识广泛的综合吸收和综合运用。

第三，应用性。各种社会意识既是对社会存在某一侧面的主观反映，表现为特定的知识体系；又反过来影响和指导人们的某类实践，具有不同程度的应用性一般来说，综合概括性越高的意识形态，距离现实越远，其间的中介越多，应用性越弱反之，综合概括性越低的意识形态，离现实越近，其中介越少，应用性越强。比如哲学和宗教二者距现实最远，其应用性最不直接，而科学特别是技术科学距现实最近，最易转化为生产力。创业意识作为一种特殊的社会意识，既具有较高的综合性，又具有直接的应用性这是因为，创业意识是在创业实践中产生并直接服务于创业实践的意识形态，创业活动需要的不是远离现实的抽象理论，而是经过创业者加工过滤过的可以直接进入创业过程的具体意识。也就是说，创业过程一方面必须广泛吸收诸如哲学、科学、政治思想、道德以至艺术和宗教等意识形态；另一方面，这些意识又不能直接适用于创业，而必须通过创业者的过渡加工，选择综合，转换成可以直接用于指导创业活动的创业意识，从而使创业意识具有鲜明的应用性。可以说，创业意识是由抽象层面的社会意识走向具体层面的社会意识的思想通道，在这里意识的抽象性和具体性得以对接。如果看不到这种特点，以为任何社会意识都可以直接运用于创业，其结果必然是目标模糊、计划抽象，使创业者无所作为。同理，如果指令不清、控制随意，雇员也无所适从。

2. 创业意识的形式

对创业意识作纵向即从其发生形态分类，可以划分为创业心理、创业观念、创业理论和创业决策四种相互联系又彼此区别的表现形态。创业决策是创业意识中实际操作性最强的表现形式，本书将在下文结合 KAB 课程教学进行分析，创业理论与创业的教学内容密切相关，在此不再次展开，下面重点分析前两种意识表现形式。

在创业实践中最初形成的创业意识是创业心理，它大致包括需要、动机、意向、情绪、情感、意志、信仰、习惯等形式。创业需要是由创业者的本能和职责引发的创业欲望，它同人的其他需要相类似，既具有强烈的内在冲动，但又缺少明晰单一的目的指向。处在创业需要的心理阶段，创业者主要受较长期思考形成的潜化意识的支配，本能地生发出多种创业欲望。事实上，这种心理活动不能用生物学来加以解释，它与人们由生理本能产生的生存需要和安全需要不同。大量的创业经验也证明，长期参与商业活动、积累了大量创业实践经验的创业者，创业行为在不知不觉中已成为他的潜化意识，成为一种职业的习惯或"本能"的需要。可以说，这类人只要处在创业者地位（有时甚至不处在创业者地位）自然而然地就会有这种冲动。

创业需要的定向化是创业动机和创业意向。创业行为需要作为一种自发的内在冲动，是意向不明、不断转移的心理活动。如果没有外部环境起作用，那么创业者将永远停留在这种躁动不安的心理境地。但事实上这是不可能的，因为创业者不可能将自己封闭起来，而是要受到外部环境各类信息的刺激干扰，一旦某一信息反复刺激创业者而使他将注意力逐渐集中到解释这一信息的时候，便出现人们常说的"问题"或心理学上所说的"情结"。问题是指现实和需要的差异，情结是指反映问题的矛盾心情。这时，为解决问题或解开情结，原有的变动不定的需要心理开始平静下来，交错出现的不明晰的目的指向逐渐转移到问题上，从而形成有明确指向的动机和变成解决某问题的意向。当然，作为创业心理的动机和意向也具有不稳定性。尽管如此，动机和意向又是创业意识形成的一个不可缺少的环节。没有它，不可能产生出创业的其他意识。动机和意向引导创业者如何看问题，准备选择解决何种问题。如果在动机和意向上出了偏差，比如他所期望的目的根本不可能实现，创业者就会走偏方向而使创业实践成为不可能。

创业者作为人，还有情感和情绪，情感是在人与人的交往过程中形成的心理定式，它表现为对某些人的偏爱、信任，同情、感激以至于崇拜信仰。

在创业实践活动中，无论是创业者或雇员，绝不可能没有情感；任何一类创业活动，也不可能完全摒弃情感。诚然，创业者如果仅凭情感而不理性来处理创业活动中的人和事，或者将私人情感带到公共事务中，对创业将是十分有害的。但是还应看到，情感对创业也有助益。在创业者之间，多一些情感就少一分摩擦，情感在这里是创业团队的黏合剂，具有无可取代的凝聚力。在创业者和雇员之间，情感是沟通上下级之间的心理通道，是创业者了解下情、激励雇员必不可少的武器。大量创业实践也证明，凡是情感丰富并善于控制情感的创业者，不仅能团结其他的创业人员，形成一个关系融洽、无话不谈的有战斗力的创业团队，还能在雇员中树立良好的形象，使他们乐于听从他的指挥。相反，一个缺乏情感的创业者必定是一个孤芳自赏的人，他既不可能赢得创业合作者的信任，更不会得到雇员的理解和支持。可见，情感是创业者不可或缺的心理，创业不在于有无情感，而在于如何培养情感和正确投入情感。

同情感相比较，情绪是另一类心理活动。情感是一种外显的心理倾向，是指人们在长期交往中形成的亲和力；情绪则是一种内隐的心理定式，是由内外环境刺激产生的某种心境或心绪，主要表现为喜、怒、哀、乐。在创业中，不论是创业者还是雇员，常常会受环境的刺激而引起情绪的变化，情绪不同于情感，它对创业弊大于利，特别是对于创业者，千万不能为情绪所左右，不宜带上浓重的情绪来进行创业，这是因为情绪作为一种心理活动，是一种受环境左右的变动不定的无意识现象，它与理性不相容。尽管喜怒哀乐可能激起一时的激情，在创业中发挥出冷静时无法发挥的积极作用，但因它缺乏理智的支配而不可能持久并具有随意性，任其发展不加控制就会将创业者变成情绪的奴隶，使创业归于失败。可见，创业者不可无情，但这个情是指情感而非情绪，情绪型的人是不宜充当创业者的。作为一个创业者，应当尽量避免将个人情绪卷入创业工作，做到范仲淹说的"不以物喜、不以己悲"学习林则徐的"制怒"。碰到困难不要消极气馁，取得成绩不可妄自尊大、目空一切。要做到这一层很不容易，需要在创业实践中经历长期的修养磨炼，学会一整套现代心理自我调节方法。

属于创业心理的还有意志、信仰和习惯。所谓意志，是指向明确的行为目的的心理机制。所谓信仰，是对某人某事或某种最高存在的绝对信任和无条件服从。所谓习惯，最初是指人们思想行为的常规或定势，这里专指思维定式或习惯思维。

创业作为一种组织目的性活动，决定参与创业的人必然形成实现创业目的的创业意志。创业意志主要有三个特点：一是明确的目的性，二是判断是非的果敢性，三是迎战挫败的坚韧性。在创业实践中创业意志的积极作用是非常明显的。这是因为，创业是一个步步逼近目标又常常遭受挫折的风险过程，为使创业能按预定目标继续下去而不致中断，创业者必须具有坚强的创业意志。如果意志薄弱，在挫折面前就可能观望退让、对专业丧失信心。只有具备坚强的意志，认准了的目标决不改变，才有希望达到胜利的彼岸。当然，由于意志是一种缺乏理性自觉的心理机制，单凭意志并不能保证目的正确，如果意志很坚定而拒绝理性的介入，那么即使当实践证明目的不对也会顽固地坚持下去。可见，意志在创业中虽很重要，不过应使它理性化，创业仅靠个人的坚强意志而不注意根据情况随时加以调整，那么顽强则变为顽固、果敢将流于武断。

信仰在本义上是相对于理性而言的宗教感情，是宗教徒对神的崇奉膜拜心理宗教的最高境界是信仰，信仰意味着对神祇无条件的信任、服从和追随，在现代社会，当然不能提倡宗教信仰，而应提倡科学和唯物论。不过，又不可没有信仰。这里的信仰不应解释为迷信和盲从，而应解释为对未来目标执着地追求和坚定的信念。从这种意义上看，大至一个民族，小至一个群众团体或企业组织，都应当有自己的信仰。没有信仰这种牢固的心理惯性来约束人们多变的思想，就是离心离德、没有希望的组织。

习惯是在多次实践基础上形成的行为定势和思维惯性，它以固定的经验为根据。当人们主要凭借经验而不是凭借理性来行动的时候，就停留在习惯的心理水平上。所以，经验和习惯是难以区分的创业者通过多次创业实践，不知不觉中就会形成一套自己的创业经验或创业习惯，其中所包含的难以理喻但又实际发生作用的意识形态为习惯心理，习惯心理在创业中的出现既具有必然性，又具有诸多积极作用。首先，它作为一种感性经验，与创业实践最接近，反映创业实践的问题最快捷。创业中许多常规问题主要是通过创业者的经验习惯及时加以处理的。如果创业者缺乏经验而未形成创业的惯性思维，就不可能对纷至沓来的问题做出快速反应，必然事事请示或拖而不决。其次，习惯是理性的基础。大量事实表明，一切创业理论的产生，都不能脱离对创业经验的总结。创业者的创业经验越丰富，对他学习、接受创业理论就越有利。一个没有创业经验的人，尽管他也可以从书本上学到创业理论，但不能真正理解这些理论，更不可能切实运用这些理论。所以，经验习惯对于创业者是十分必要的财富。不过，创业习惯毕竟是非理性的创业心理，它也有局限性。第一，习惯心理是一种心理惯性，它对创业者的创造性思维有一种天然的抑制作用。如果固守经验，由习惯来支配创业，创业方式只能简单重复，组织也很难得到迅速发展。第二，经验习惯只是对过去创业实践的总结和重复，缺乏对创业发展新趋势的预见功能。如果因循经验习惯，就只能往后看而不会向前看，结果必然因目光短浅驾驭不了多变的创业环境。

上述各类创业心理的积淀就是创业观念。观念在广义上本来泛指意识。这里所说的观念是狭义的，它是指在感性经验基础上形成的融入了若干理性因素的固定看法或根本观点。洛克认为，观念来自感觉和反省。莱布尼兹主张观念是人的一种倾向、禀赋、习性或潜能在心理学上，观念即是表象。马克思主义所说的观念，是指反映实践并为指导实践所创造的体现目的计划的社会意识形态。创业观念作为创业意识的一种，是介于创业心理和创业理论之间的一系列关于创业的根本观点，主要包括创业价值观、创业决策观、创业人性观、创业组织观（团体意识）、创业效益观等。同上述各类创业心理相比较，创业观念不表现为纯感性而有一定的理性渗入，包含着对事物的深层理解；不是对客观对象的直接反映而是间接反映，表现为对过去的反思和对将来的向往；不是由刺激而引起的间发的、不稳定的心理活动，而是对根本问题的持久稳定的心态或倾向。因此，创业观念在创业活动中的地位特别突出，它潜在于创业者和雇员的意识深层，从根本上左右或影响着他们的行为。

创业意识的第三类形态是创业理论，这是创业意识的理性表现或逻辑系列。同创业心理诸形式和创业观念相比较，创业理论具有如下特点：第一，它反映的不再是创业活动的表象而是它的本质和规律，具有本质的深刻性；第二，它不像创业心理那样多变易逝，具有相对的稳定性和持久性；第三，它是对创业实践的抽象概括，具有抽象性和普遍性。可见，创业理论是更高级的创业意识，创业者如果仅凭创业心理或创业观念去指导创业活动，终生勤劳也不过是一个经验主义者，不可能达到高度的自觉并做出新的贡献。只有学习科学的创业理论，自觉地以有关的理论来武装自己的头脑、指导自己的创业行为，才有可能成为一名合格的现代创业者。当然，正像一切理论一样，创业理论也有它的局限性，这主要表现为任何创业理论只能是对创业实践一个方面的本质或事物某一本质层次的抽象，只能近似正确地反映对象。另外，由于创业理论是以纯概念的逻辑方式来反映创业实践的，二者之间横隔着层层中介，要运用它来指导创业实践，还必须将其转化为创业方法。

所谓创业方法，是各类创业意识的具体化、程序化，特别是应用创业理论的方式或模式。而按照方法的特性来区别，又可以划分为数学方法、系统方法、经济方法、行政方法、伦理方法、心理方法等。

综上所述，创业意识按其发生、发展的时间作阶段划分，可以区别为最初的创业心理，其后的创业观念和再后的创业理论，最后是创业方法。

三、创业观念

要深入研究创业意识在创业中的主导作用，有必要对创业中的人性观念、价值观念和效益观念进行专门考察，这三种观念虽不是创业观念的全部，但却从根本上影响着创业者的基本观念。

1. 创业人性观

如前所述,创业的核心问题是人不是物,创业者着手创业时碰到的第一个问题便是:什么是人?由于对人的理解或对人性的看法各有不同,于是就形成形形色色的人性观念而人性观念上的种种差异,又带来创业目的、创业方法和创业模式的区别。

中国古代学者就对人性问题进行过相当深入的专门研讨,形成了"性善论"和"性恶论"两大对立的派别,以孟子为代表的性善论者认为,人之异于禽兽,不在于"食、色"等生物本能,而在于先天具有与人为善的道德理念。培育弘扬人性中已有的各种"善端"则扩充为"仁、义、礼、智、信"这五种道德。以荀子为代表的"性恶论"则认为,人的本性并不是善的,恰恰相反,饮食男女、趋利避害、嫉妒强者、残害同类等恶劣兽性才是人的本能。

与中国古代笃信人性本善、主张以仁义道德治国有所不同,中世纪的欧洲和古代阿拉伯国家却蔑视人而高扬神,神性论是其进行社会创业的基本观念。神性论的本旨在于向人们说明上帝或真主是世界的最高存在和万物的主宰,它具有超人的"全知"和"全能"。

同上帝或真主相比,人类不仅是卑贱、渺小和低能的,而且因为他们有着无穷的物质欲望并相互间充满争斗和仇恨,其存在本身就是一种理论。按德国古典哲学家费尔巴哈的说法,神性是人性的一种异化形式,它不过将人类种种理、善、美以宗教的手法集中到"神"的身上。所以神性论又是一种顺倒变形的人性论。

西方古代的神性论同中国古代的人性论虽在形式上存在着明显的差别,而在实质上依旧是和性恶论巧妙地融为一体,不同之处在于中国儒家是以世俗的经学形式张扬封建伦理道德,并借此治国安邦;西方神学则以宗教神道形式礼拜上帝、贬斥人类,其目的是要将有理性有欲望的芸芸众生变成麻木呆滞、清心寡欲、驯顺屈从的"顺民"或"愚民"加以教育工作。这说明宗教也是一种被普遍采用过的社会治理工具。

随着西欧资产阶级的崛起,近代思想史上涌动着反对封建伦理和宗教神学的人性论思潮。早期的资产阶级人性论认为,人是理性的动物,生而平等自由,完全不应依赖上帝的恩赐,相反,人要自己主宰自己,使人成其为人,就必须冲决神学罗网,从传统的迷信、屈从、驯服、愚昧和无所作为中摆脱出来,建立平等、自由、博爱的人道社会大致从 21 世纪初叶开始,随着劳资关系的激化,迫使一批学者重新考察人和认识人。由于对人性的理解不同,相应地出现了不同的创业理论。

泰罗、法约尔等古典创业学家认为,人是经济运动和物质利益的主体,这即是说,将若干不同成员联系起来的纽带不是强权也不是激情,不是宗教也不是伦理,而只是共同的经济目标和各人从中所获得的一部分经济报酬。按照上述理论，创业活动中的人是经济化了的"经济人"人人都为金钱而奔波，"金钱是刺激职工生产的唯一因素"，创业就在于如何通过合理的组织计划活动或最经济省时的操作程序谋求最大的经济效益。

所谓社会人的思想，历史本很久远，但形成理论，则始于美国梅奥等人的"霍桑实验"。霍桑是美国芝加哥西方电气公司的一个工厂，美国科学院组织一批研究人员围绕工作条件与生产效率的关系进行了长达 8 年（1924—1932）的实验，即"霍桑实验"。实验的结果表明，在正式组织中存在着以情感为纽带的非正式组织；决定工人积极性和提高生产率的主要因素不是金钱物质和生产条件，而是工人的意愿、情绪、受尊重信任和民主参与意识等社会心理因素。这个实验的意义在于用事实否定了传统"经济人"观点的片面性，开始将人理解为有多种欲望、有理想有追求、需要交往的社会动物。

行为学派对人性的看法，首先表现为麻省理工学院教授麦格雷戈（1906—1964）的人性假说——"X-Y 理论。麦格雷戈认为如果按 X 理论，人的本性被设想为天性、愚蠢、不诚实、不爱承担责任、缺乏远大抱负、仅把自身安全放在第一位。如果按 Y 理论，人的本性刚好相反，他们并不厌恶工作而是乐于负责，不愿接受别人控制而愿进行自我控制。这样，有效的管理就不应当是强迫命令而应是激励他们的献身精神和创造才能的工具。传统的管理实际上是按 X 理论设定人性的，因而注定不能发挥人的潜能，只有按 Y 理论来进行管理，才能摆脱人性偏见，走出传统人性观的误区。

对"X-Y 理论"进行修正的是美国洛斯奇和摩尔斯在 20 世纪 70 年代提出的所谓"超 Y 理论：这种理论指出，对人性不能进行假设而必须通过实验；对人性也不能作绝对恶或绝对善的分类，人性的善恶是依他们所处的环境为转移的。他们在工厂和研究所分别所做的实验证明，X 理论对工厂工人有效，而 Y 理论对研究所有效，这说明工人同研究人员有不同的人性。另外，同一个人的责任感也并非永远如一、一成不变，当他们的目标达到之后也会由勤变懒。行为学派中成就最大、人数最多的是前文提到的以马斯洛五层次理论为代表的需要层次论。

通过以上当代管理学者对人性的研究可以看出，作为雇员的人绝不是仅仅为生存而奔波的"经济人"而是具有多种需要、多种个性、存在于复杂人际关系当中并富有主动创造性和反抗性的社会人丁，因此，要搞好创业，关键在于管好人。而要管好人，又必须深入了解人的心理活动和行为规律，激励他们的自觉性和创造性。

2. 创业价值观

在哲学中，价值是一个含义广泛的关系范畴，凡是涉及客体对主体的意义关系，就包含人们常说的价值。具体地说，凡是对主体有用的东西，就叫有价值；无用或有害的东西，就叫无价值或负价值。

价值按其客体满足主体的属性，可划分为功用价值、道德价值和审美价值三类。功用价值相当于马克思所说的物的使用价值；道德价值是指人的德行对于他人的精神感召和对社会的积极影响；审美价值是指主体所创造的对象反过来给予创造者的愉悦感，是人对人类自由本质的确证和审视。无论哪类价值，都反映了主体需要和客体功能的肯定关系，都是主体对他所创造的客体的认同或评价。

所谓价值观念，即人们在实践中形成的对客观对象意义的看法或观点。在实践中，人们对客观对象的看法可分为两类：一类是关于客观对象的本质和规律的看法或观点。

这在国外又称"事实真理"或"事实判断"。另一类即关于对客观事物有无意义、有无用处的看法或观点，这即是所谓"价值真理"或价值判断。价值观念同事实观念相比，后者侧前于对事物真理的客观性探讨，回答对象是"什么"以及"为什么"一类真理问题；前者侧重于对事物意义的主观评价，回答对象对我"好不好"以及"好在何处"之类的功用问题、人在实践中所形成的各种观念（包括世界观和自然观、历史观、人生观、创业观等各类观念），无一不是由这两类观念组成，如人们通常所说的哲学世界观，它既包括人们对世界本质和发展规律的客观探讨，表现为一个知识体系或说明体系；又包括人们对现存世界的主观体认知评价，对理想的未来世界的设计和追求。人生观亦如此，它既包括对人生本质规律的理性探索，又饱含对现世的主观感受和对理想人生的追求。这就告诉我们，人们的观念既不可能是对客观事物的机械反映，其中必然渗透着人的意向目的、定向选择和主观评价；又不可能是纯粹主观任意的，它必以客观事物为对象，以事实为基础。因此，事实观念和价值观念是互为条件的辩证关系。人们为了研究问题的方便，可以而且必须将二者分开来看，但在事实上，二者是分不开的，任何具体的观念系统都是由二者有机组成的。

究竟什么是创业价值观？创业价值观同一般价值观又有什么区别、大致包括哪些内容和具有哪些基本功能？笔者认为，所谓创业价值观是创业者关于价值取向和价值评价的观点的总称，它是在创业实践中形成的创业主体对创业环境、创业目标、创业客体、创业现状、创业结果以及创业未来的体认、选择、态度、倾向、评价和期待等各种观念的总和。说它是创业主体的价值观，并不意味着创业系统中作为创业客体的人没有价值观，因为创业是创业主体作用于创业客体的特殊实践或主体性活动，因而创业价值观是指导创业主体的观念而有别于创业客体的价值观念。当然，在研究创业的价值观念时，不能也不应回避雇员的价值观念，因为凡是人都有自己特定的价值原则和价值判断，不过，创业过程实际上是用创业者的价值观同化雇员价值观的复杂思想过程，或者说是主体价值观和客体价值观之间的求同过程，因此，又可以将创业价值观规定为创业中占主导地位的创业主体的价值观念。

创业系统存在于一定的社会环境中，创业要正常进行以维持并发展组织系统，就必须了解、适应环境，同环境进行物质、能量、信息、人员的交换。而在了解、适应环境的过程中，创业者一方面必须收集整理环境的信息，力求使自己的认识符合外在环境的本来面目；另一方面又要根据自身的目的和需要去筛选信息，并按自己的价值方式去整理信息和评价信息，从而对环境做出好或坏的价值判断，创业者通过多次创业实践逐步形成对环境好坏的辨识能力和判断标准，而这种辨识能力和判断标准即是创业价值观的一种表现。任何时代的创业或现代任何一类创业，创业者首先要考虑的对象不是自身的组织系统而是系统所面临的组织环境。只有对环境有尽可能详尽的了解并对之进行了一番"审时度势"的价值判断之后，才可能进行别的思考。比如海外创业投资，第一步要了解、研究的就是该国的投资环境，通过各种渠道掌握有关该国政治制度、法律制度、经济资源、人力状况、市场环境的情况，并根据自身利益进行分析和选择。这种对投资环境的分析和选择，就渗透着外国资本家的价值观念。如果觉得投资无利可图或利润不大，或者有利可图但要冒很大的风险，或者虽一时有利可图但对该国政局稳定等因素无信心，都可能会放弃投资计划。

创业价值观还表现在组织目标的选择确立方面。当对环境有所了解并确认了它对组织有无意义之后，接下来创业者便要根据组织的需要和环境的可能确立组织行为的目标。任何一类组织目标的确立既不是任意选定的，也不是自发产生的，而必须依赖可能和需要两个条件。一是目的要有实现的可能性。如某种目的尽管很有意义但在现实中缺乏根据、无论如何都不可能实现，那么这种目的就是空洞无边的幻想，注定不能实现；二是目的要符合创业者或组织系统的需要。如果不适合需要，尽管在现实中有实现的根据，创业者因其对自身需要无关甚至有害，也是不会将其确立为目标的。可见，在确立创业目的的过程中，也有两种观念在同时起作用：分析目的有无可能、能否转化为现实，要依据事实观念；而确认目的有无意义、哪种目的符合组织的主观需要，要依据价值观念。总之，组织目的既然不是环境强加给组织系统的，而是组织的创业者在分析环境的多种可能性之后进行价值选择的结果；那么，在同一环境中，不同的组织因有不同的价值观念从而产生不同的组织目的，就是很自然的现象。

创业价值观不仅表现为对环境的体认和创业目的的选择，还表现为对组织内部创业客体的态度和创业现状的倾向。具体说来，这种态度或倾向又包括人才观、时间观、道义观等。

所谓人才观，是指创业者按照一定的人才价值标准来选择、使用人才。高明而有作为的创业者，唯贤是举，择才而用，千方百计罗织英才并且用其所长、不求其全。创业者这样做的原因，不仅是他们深深懂得人才对创业成败的关键作用，而且他们本人就是人才，有一种惺惺相惜的人才价值观在自发起作用。

所谓时间观，是创业者对时间功用价值的估价。现代创业者不仅要认识到时间的机会价值，还要认识到单位时间的效率价值，从而表现出对时间的爱惜和对时机的准确把握。

所谓道义观，亦称道德观，是创业者对道德的总看法。

在创业活动中，不同的创业者有其不同的道德观点，存在着不同的道德评价标准。根据一定的道德观念和道德标准，创业者不仅从观念上对别的组织成员进行着道德评价和引导，而且常常将这些标准转化为一定的道德规范或组织条例，强制人们遵守。道德价值观在创业中的作用主要表现为三点：一是对组织行为进行善恶评价，引导组织成员为实现组织目标自觉地多做贡献；二是转化为组织成员的行为规范，以纪律、制度、奖惩等方式强制人们执行；三是调节组织成员之间的利益关系，沟通他们之间的感情，以形成团体凝聚力。

创业价值观最后表现为对创业结果的评价和对组织未来的期望。创业过程的终结，必形成一定形式的创业结果（如产品、服务效果等）。结果是否符合预定的组织目的，创业者必须对之进行评价。一般说来，凡结果符合原先的目的，便做出肯定性评价；而不符合原先的目的，则做出否定性评价，不过在实际创业过程中，参与评价的人存在价值观念上的差异，而创业结果一般又不可能与预期片的完全符合，所以评价创业结果并不像上面说的那样简单，必然充满不同意见和争议。评价创业结果的过程是不同价值观念相互斗争的复杂过程，如何使不同看法统一起来，需要做相当多的工作。当某一创业过程结束而对未来创业进行设想的时候，因人们价值观念的差异和理想期望不同，人们对创业前景的设想和所期待的东西也必然不一致。这种不一致即人们常说的目光有远近之分、境界有高下之别。创业既然是一个不断深化的循环过程，这种价值观念对于预测未来、掌握创业的主动权比其他观念更具影响力，更需要引起创业者的高度重视。

通过以上分析不难看出，所谓创业价值观，绝不仅限于人们常说的某种观念（比如效益观，或者"企业文化""团体精神"等），而是贯穿在创业各方面和全过程的各类创业意图、创业目的、创业态度、创业倾向、创业评价和创业理想的总和。由于人们的出身经历、文化素质、道德修养、社会阶层地位、职责权限、利益关系、理想情趣各不相同，决定了他们的价值观念是存在差异的，要想使创业有效地进行，就必须设法将这些不同的价值观念大致统一起来。而要做到这一点，仅从个人的价值观念去思考显然是不够的，而应寻找一个组织都可以接受的价值标准，这个标准就是人们常说的效益观念。

3. 创业效益观

效益一词是我国学者的一个创造，要揭示这个概念的内涵，有必要比较它同效率、效果的关系。

效益一词源于效率。效率最早是一个物理学概念，它是指功能转换的比率。比如热效率，指的是所消耗的热能和转换成有用的热功的比率，转换的比率越大，就意味着效率越高；反之，比率越小，效率越低。

由效率引申出的概念是经济学中的经济效率或经济效果。经济一词含义丰富，而其中一个含义即投入小、产出多。所以，经济或经济效率的意思与物理当中的效率很相近，指的是生产的使用价值和所耗费的劳力、物资之比率，所耗少而产出多就说明经济效果大，而耗费大产出少则意味着经济效果差。

无论是物理学所说的效率还是经济学上所说的效果，都是人们对物质转换过程中功用价值的客观描述。某台热机的功率是多大，某项生产活动的经济效果如何，是一个客观存在的事实。因此，效率或效果是自然科学或经济科学的概念，与人们对它的主观评价无关，效率的大小或效果的好坏绝不以人们的好恶为转移。

而效益则不同。效益既包括客观存在的效率（如行政工作效率）或经济效果；还包括人们按一定价值观对效率或效果的主观评价某种效率如果对人有用，即是效益；如果无用或有害，就叫无效益或负效益。可见，效益既不等同于效果，不是一个纯粹的科学概念；但又离不开效果，不是一个纯价值概念。效益概念包括着人们对客观结果的事实判断和价值判断，可谓集"真""善""美"于一身。

创业作为一种特殊的社会实践，其最终目的是追求创业的效益。而要提高创业效益，就应对效益观进行专门的研究。

正确的创业效益观首先应关注效率问题。创业作为一种特殊实践，其目的之一就是通过合理的计划、恰当的组织、有效的指挥和及时的调控等方式，实现创业目标。

创业有无效益，首先要看所创业的实践活动的客观效用如何、效率怎样，或者说是否"经济""划算"。如果经济划算，投入少、产出多，就叫有效或提高了效率；如果投入多、产出少，就意味着不经济不划算，或叫无效劳动、"赔本买卖"。显然，无效谈不上效益，效益是以效率为前提的。如果脱离效率谈效益，我们的价值判断就失去了事实标准而流于主观。

但是效率又不等于效益，效益是符合组织目的和社会目的的效用。因此，正确的创业效益观还包括对创业效率的肯定性评价，即对这种客观效率进行有益或无益的认定。那么，究竟什么样的效率才称得上效益？因为抽象地说，凡是人们实践创造的结果，对人总是有益的。但具体分析便可以发现，因为人与人有不同的目的需要，存在着不同的价值标准，对同一客观效果必然会出现评价上的差异，在一部分人看来是有益的效率，另一部分人则可能认为无益甚或有害；反之亦然。这样，确立正确的评价标准就显得十分必要。

首先，评价某一创业实践活动效率有益或无益，不能以对个人或少部分人是否有益为标准，而应以对组织中的多数成员是否有益为标准。如果某一创业实践活动效率仅对少数人有利而对多数人有害，这就叫有效率而无效益。反之，只有对多数人有益的效率才可称为有效益。

其次，评价某一创业实践活动的效率是否有益，不能单从经济效益着眼，还应考虑它的社会效益、道德效益和精神效益。所谓经济效益，是指对人们物质生活的有益性，它所满足的是人们的物质欲望。但人们除了这种基本的需要外，还有社会的、伦理的、精神的各种高层需要。如果某项创业使人们物欲横流，道德沦丧、精神生活极度空虚，也不能被认为是社会效益。这即是说，判断一个组织的创业实践活动是否有益，不仅要看它的效果是否有益于人们的生理健康，还要看它是否有利于人们的心理健康；不仅要考察人们的物质财富是否增加，还要看人们的道德水平、文化修养、社会责任感是否提高。

再次，判断创业的效益不能只着眼于眼前利益，还应考虑到未来利益。这是因为，地球上的资源有限而非无限，人们对其开发利用不能只顾眼前而不顾子孙后代。掠夺式地开发和短期行为的创业方式，所得的只是眼前的高效益，而对于将来的社会和人类的发展却是一种犯罪。创业者如果缺乏这种效益观，即使他可能轰轰烈烈于一时，并受到一部分人的拥戴、但随着时光的流逝和交往范围的扩大，必将受到历史的裁判和民众的唾弃。

最后，创业的最终目的是为了人，创业实践活动是否有效益，最终还要看是否有利于人的完善和发展。马克思主义认为，一切实践活动都是发展和完善人类自身的手段，人是一切活动的最终目的。因此，凡有利于人的全面发展的创业实践活动就具有最大的效益。反之，一切压制人、摧残人，不利于人的发展的创业实践活动，尽管它具有别的功用价值或政治效益，却不具有最高的社会价值或人道效益。因此，有责任感的创业者应以人为目的，不允许将人当作谋求某种其他效益的单纯的工具。这就要求创业者必须确立崭新的效益观。

可见，创业效益观是一种极其复杂又至关重要的创业观念，它涉及创业中"真""善""美"的统一问题。因此，创业者必须以人为目的、以人为中心，正确处理人与人的关系，提高人的创造性和积极性。

第二节　创业决策能力教育

创业意识不仅表现为前文讨论的心理、观念和理论，在创业实践过程中还集中表现为创业决策。心理、观念和理论侧重探讨的是创业过程中从客观到主观的认识评价活动，创业决策则侧重表现为从主观到客观的各类创业意识的综合应用活动。创业决策作为一种特殊的创业意识，主要不是创业者对创业实践的主观感受、心理体验、价值判断和理性抽象，而是围绕创业目的展开的预测、决策、计划、控制等一系列更具体的思维过程，显然，要深刻把握创业意识的丰富内涵和功能，仅仅研究心理、观念和理论等问题是远远不够的。只有进一步掌握创业决策过程及其功能，学生才可能真正将抽象的理论和观念转化为可操作的思想工具。

一、创业预测

决策作为创业的重要职能和创业过程的起点，是由一系列复杂的超前思维活动构成的。它首先表现为创业预测。只有在预测未来的基础上，创业者才可能确定创业的目的，制定、选择和计划实现某一目的的行动方案，从而使创业成为可能。研究预测是考察决策思维的起点。

所谓预测，是人们运用在以往实践基础上形成的经验、理论、方法对事物发展未来趋势的分析、论证、推测和预料。创业预测则是创业者运用自己过去的工作经验和理论，通过收集有关信息，推测、预料创业系统在未来将面临哪些问题，其发展前景如何，有哪些可能发生的情况，以及其中哪一种可能最大，从而为决策提供依据。

预测作为人类的一种超前思维，是随同认识活动一起产生的。"凡事预则立，不预则废"。随着人类实践能力和认识水平的提高，预测在近代有了质的飞跃，近代科学之所以有高速的发展，是同科学幻想和科学预测直接有关的。门捷列夫利用元素周期表规律对新元素进行预测，马克思、恩格斯对未来社会主义社会必然出现的理论，列宁关于社会主义可以首先在一国胜利的论断，毛泽东关于抗日战争是持久战的论述，都是科学的预测。

预测作为人类认识世界的一种特殊形式，不仅与其他认识活动一起产生和发展，而且具有与其他认识活动不同的特点。

首先，预测具有可靠性。预测同一般的认识活动的不同之处在于，其他大量认识是人脑对客观事物的现场反映；而预测不是对现存事物的反映，而是对事物未来的种种发展趋势做出推断和猜测，是由已知到未知。任何事物的发展都要经历有可能到现实的过程，现存的事物中都蕴含着未来事物的根据或胚芽。如果人们不是从主观愿望或可能出发而是从现实根据出发，同时又不违背人们在为数众多的实践中所形成的逻辑规则，而按严格逻辑程序对潜在的根据进行科学推导，那么，人们就一定可以从已知推导出未知、从今天预知明天。可见，科学的预测是合乎辩证唯物主义认识论的，具有科学上的可靠性，创业预测是以现实为根据，数据可靠、方法正确的科学预测，其推断的结果大致是可靠的。

其次，预测具有超前性。预测不同于别的认识活动，还表现为它不是事后思维和当下思维，而是超前思维所谓当下思维，是指人脑对当时刺激自己感官的客观对象的直接反映。所谓事后思维，是对已发生的感觉知觉进行回忆、联想和事后理性加工，包括去象、理性认识及反思等间接反映。这两类思维都是从客观到主观，都以客观事物作为思维的基础。而预测在形式上刚好相反，它既不是对现存事物的现场直观，也不是对过去事物的回忆、整理和反思，而是根据已有的认识去分析现实中客观存在的根据二推断事物将来发展的各种可能，以建构现实中尚未出现的未来事物的轮廓，为人们的认识活动和实践活动提供先导。预测的超前性，充分反映了人类意识的能动性，使人类认识与动物的心理严格区别开来。预见的准确度和预见期的长短，又将人类不同时期的认识能力区别开来，预见的超前性并不违背唯物主义的反映论原则，也不意味着预见者可以脱离实践、仅由主观去预言未来。在创业中，预见必须以现实为出发点，预见者用以预见的理论、逻辑，预见时所必须搜集的信息，都是实践的产物或是对现实的反映。

再次，预测具有试探性。预测既然是对本来多种可能性的分析推测，就不可能做到准确无误、十分具体，而只能是大致的估计，并带有试探性质。因为在创业实践中，创业预测主体不可能对未来的发展做出确凿无疑的认识，只能预测到总的趋向。同时预测的客体处在经常的变化之中，尤其是人参与的社会，其变化的随机性更大，不可能使预测准确无误。因此，创业者为了在创业中居于主动，一方面不能不对未来进行预测，另一方面又受主客观的双重限制，不可能对未来预测得完全准确，只能"摸着石头过河"，依靠预测对未来作试探性的认识因为创业预测带有试探性就断言预测完全不可靠的观点固然不可取；同理，要求创业预测百分之百地可靠，也是不符合科学的。

最后，预测还具有概率性和不精确性。所谓概率性，是指正确的预测与预测方案总数的比率所谓不精确性，是指预测正确的程度不可能是百分之百，或者说只能预测事物发展的总趋势或大致的轮廓。而不能正确估计到它发生的准确时间。发生的每一步骤和每一细节，预测的概率和精确度是随着人类认识能力的提高而增大的，但无论如何，既然是预测，就必然具有不精确性，其概率不可能是1。预测这一特点决定了它永远不可能像人类其他认识那样，最终可以用自然科学的精确眼光对之进行定量描述。

预测作为人类认识的一种特殊方式，不仅具有上述各类特点，而且在人们的认识特别是创业活动中发挥着独特的功能、在创业决策过程中，创业预测的作用主要表现为以下几点。

第一，分析创业环境的变化趋势，为创业者确定下一步的创业目标提供背景。创业实践活动是存在于一定的社会环境之中的，社会环境虽有相对稳定的一面，但同时又处在经常的变化当中。这种变化在创业领域更为明显。创业者在制定新的决策以确立下一步工作目标时，不能只从自身的主观需要出发，而应考虑外部环境提供了多大可能，这样，决策的第一步就要了解环境、预测环境变化的各类趋势，使决策能适应变化了的环境条件，以便提出可行的创业目标。每一个创业组织所处的环境都有所不同，如果不调研分析自身环境的变化，决策所需信息的客观性就很难保证。

第二，分析组织系统的结构功能变化趋势，为创业者制定和选择行动方案提供组织依据。创业系统既有稳定的一面，同样也处在经常的变动之中。为了确定工作的目标，决策者既要了解、预测外部环境，还要了解、预测内部动向。例如在即将开展的项目中，雇员怎样想，有多大的积极性？需要多少资源、人力和资金？组织有无能力达到新的目的？等等。因此，只预测外部环境是不够的，还应预测组织系统的未来状况。如果只有对外部环境的了解而无对系统内部的了解，这种预测是片面的。只有充分了解内外因素，才能进行参照比较，从而进行决策。

第三，无论是对外部环境还是对创业系统内部未来发展趋势的预测，都需要全面占有材料、广泛搜集信息，对事物发展的多种可能性做出详尽的分析。首先，根据取得的信息，分析有无实现目标的可能性，如无可能，坚决放弃；其次，分析可能实现的目标有几个，并比较其利弊之大小和实现这些目标需要哪些条件，为决策者择优提供资料；最后，对有利的、成功把握大的可能性，还应进一步区分实现目标所需的时间，为决策者制订创业计划提供依据。

创业预测是一项十分艰巨的认识活动，创业预测的方法很多，有凭经验的预测和凭理论的预测，有定性的预测和定量的预测。当内外环境变动不大，预测的目标时间又很短时，凭创业者的经验就可以进行预测。而如果内外环境变化明显，预测目标时间过程较长，就不能仅仅凭个人经验而应集中各方面力量的智慧，严格按科学方法进行。

二、创业决策

预测作为创业决策过程的起点，其功能在于为创业者提供一幅创业系统未来发展的模糊前景，指出种种可以估计到的可能性。在此基础上，创业者根据可能和需要制定和选择对策的活动过程，即狭义的创业决策。创业预测要解决的是创业的前景，向创业者展现创业组织将面临的种种问题。而创业决策则是针对某一与创业有关的问题制定和选择对策方案，并以此制定以后创业活动的方向和行动原则。

决策也是一种超前思维，同预测相比较，它有着如下几个鲜明的特点。

首先，决策具有鲜明的目的性。人的认识活动都有目的性，但不同认识的目的性的明晰程度又有区别。预测的目的是猜想未来工作中的可能性，为决策服务。由于未来充满种种可能性，因而预测只能是模糊的、不具体的，决策则不可能是模糊的。创业决策是针对与工作组织系统未来发展关系最紧密、意义最重大的某种可能的对策性思维活动。因此，决策的目的不是模糊的而是具体的，不是多元的而是单一的。所以，创业决策具有鲜明的目的性。如果进入决策阶段，创业者还未确定具体的组织目的，或者说对决策的目的还不清楚，而处在模棱两可的思维状态，决策将是无法正常有效地进行的。

其次，决策具有选择性。要使预测可靠，一条重要的原则是必须广泛收集信息、全面占有材料，尽量避免以创业者的个人好恶选取材料。决策必须进行选择。一方面，为了将来开展有成效的活动，创业者首先必须在预测提供的种种可能性中进行目的选择，即选择某一种与组织系统未来发展关系最大的可能性进行深入考察。没有这次选择就提不出问题，也无法确定组织目的。另一方面，为解决某个问题，实现某一目的，创业者还必须通过深入研究，制定各种对策方案，并在此基础上进行择优。没有择优就等于取消了决策，抹杀了创业决策存在的意义。

最后，决策具有思维的明晰性和行动的可行性。决策思维不同于预测思维之处，在于前者是一种模糊性的思维状态，不可能是很明晰的。决策与计划相比，它只是为达到某一目的的行动方案，不如计划具体详细，但与预测相比又显得具体明确。预测是对组织环境和系统组织发展未来多种趋势的总体推测和预估，因此只能是大致的，没有必要对每种可能的细节做出十分具体明确的说明。决策是选取某一种可能性并设计如何解决某一问题、实现某一目标，因此停留在预测的模糊思维水平上是不行的，必须进一步使之具体化，尽可能考虑到创业活动的每一步骤和基本方法。决策思维是较预测思维具体的思维，不仅要选择确立某一目标，还要设想、研究如何实现这一目标的多种办法或方案。这样的决策才能用于制订计划、指导创业实践。

决策是一个发现问题、分析问题、确立目标、研究对策的复杂思维过程。所谓发现问题，是在预测的基础上，找出哪类或哪个问题与系统组织的未来发展关系密切；所谓分析问题，是对某问题产生的原因和导致的后果进行分析和研究；所谓确定目标，是通过解释问题找到"实然"和"应然"之间的差距，确定创业组织今后向什么方向努力；所谓研究对策，是根据今后的工作目的研制多种实施方案，并在比较论证的基础上进行最佳选择在发现问题时，需要创业者不被表面现象所迷惑，能准确敏锐地找出与创业目标关系最密切、实现的可能性最大的信息。分析问题则要求追本溯源，预想后果，切忌就事论事，确立目标必须比较利弊得失、分析有无可能和可能性的大小。至于制定各种对策和最后选择最佳方案，则需要以仔细的调查研究为基础。

创业决策可分为个人决策和集体决策、经验决策和科学决策、确定性决策和不确定性决策以及风险决策等不同类型。

所谓个人决策，并不是只有一个人参加决策活动，而是指决策方案的选择权控制在一人的手中，由一个人做出最后决定。集体决策是由两人以上的集体共同讨论、协商各类备选方案，最后以多数人的一致意见决定某一方案。集体决策是一种民主决策，而个人决策可能不是民主决策，如果决策者个人不广泛吸取专家们的意见、决策方案由个人制定，这就是个人专断，当然谈不上民主决策；而如果是在智囊团独立研究的基础上再由一人做出最后决断，也是一种民主决策，个人决策和集体决策各有优劣。个人决策的优点是决策程序简短快速、机动灵活，适用于环境变化太快或环境相当稳定的两种情况，缺点是受个人的主观局限，稳妥性不够。集体决策的优点刚好是对个人决策短缺的补充，因为人员较多考虑问题自然就会更全面，对创业中重大问题的决策最好采用创业组织核心层集体决策而不是进行个人决策。集体决策的缺陷是决策周期长、环节多、个人责任不明确，容易导致议而不决、互相推诿、延误时机的不良后果。无论个人决策还是集体决策，就选择决定某一工作方案而言，都只由少数人来承担，决策者只能是少数而不可能是多数，否则便无法决策。

经验决策和科学决策是两种比较典型的决策思维模式，经验决策是创业者主要依赖于经验对多种方案进行比较判断和选择，具有直观性和非定量性等特点。科学决策是创业者以创业相关理论为基础，运用逻辑的思维方法，对各种方案进行系统全面的科学论证，严格按科学的程序办事。随着时代的发展，经验决策的主导地位正在逐步下降，科学决策越来越广泛地被采用科学决策必须以掌握事物发展的客观规律为前提，以严格的思维逻辑为基础，并借助于数学模型进行定量判断，但是，无论科学如何进步，人类总有未知的领域、未发现的规律。即使掌握规律，有时也不能达到定量把握的高度因此，在创业中不能全凭科学决策，而仍须借助经验决策。特别是对于情况多变的学生工作，科学决策是难以解决全部问题的。这时，充分发挥创业者的经验、直觉、灵感、知识和胆略的作用，对于做好决策意义重大。

根据创业主体掌握决策信息的多少和实现创业目标的难易程度，创业决策还可划分为确定性决策、不确定性决策和风险决策。所谓确定性决策是指信息占有充分、因果关系明朗、对工作目标有十足把握的决策，这种决策很稳妥、无风险。如果信息占有，极不充分，因果关系不明朗，对工作目标结果把握不大但又不得不进行决策，就是不确定性决策。这种决策所冒风险极大，在创业中很少使用。介于上述两种决策之间的决策模式就是风险决策。这里的所谓风险，即指决策主体不可能准确地预测到未来各种可能发生的情况。所谓风险决策就是分析各种可能性，拟出各关键变量的概率曲线，了解选择多类行动方案所冒风险的性质和大小，然后根据风险的大小和所冒风险的价值做出最后决策。风险作为一种客观存在，决策者是无法完全回避的。对待风险可以采取以下四种对策：一是风险太大，加以回避，转而选择风险较小的方案；二是风险太大，收益也很大，值得一试，不惜铤而走险；三是转移风险；四是尽量减少风险。当风险既无法避免又无法转移时，决策者应尽量设法不找减少风险的措施，在选择方案时应考虑某方案有无减少风险的可能。选择何种对策，不仅取决于决策者对风险的概率测算，还取决于决策者的胆略、魄力和权限。比如如果某个决策方案成功的可能占60%，有的人敢于冒40%失败的风险选择它，而有的人则不愿冒此风险。这往往与不同创业者的性格有关。

通过对各种决策属性的分析不难看出：创业决策过程不仅是决策者认识客观可能性的认知过程，同时也是根据效益原则优选最佳决策方案的价值判断过程。决策思维既要尽量做到主观符合客观，要对各种可能做出准确的事实判断；又要使客观可能符合主观需要，选择投入少、效益大、风险小的创业方案。

三、创业的计划控制

计划作为广义决策的一个环节，是决策方案的具体化和秩序化。通俗地说，计划就是决策者为实施具体决策方案而对组织成员的各种活动所做的统一部署和具体安排。其作用在于使决策落到实处，将决策转化为可实施、可操作的行为依据，并以此对组织成员的行为进行定向控制。在创业实践中决策和计划是两种基本职能。事实上，决策和计划是两个既有联系又有区别的范畴。一方面，决策中包含计划的因素，制订任何一种决策方案都离不开对如何实现组织未来目标的谋划和安排。如果没有一定程度的计划，决策就只停留在抽象的目标设定上，势必不成其为决策；另一方面，计划本身就是被选定的决策方案，或者说计划是被具体化了的决策方案。当创业处于决策阶段时，需要通过多种决策方案或较抽象的行动计划来表现决策者的想法。而当某一方案被选定并具体化后，就成为计划。决策是计划的根据和前提，或者说是偏重定性的计划；而计划则是决策的结果和升华，或者说是细密周详的定量化决策。

但是，计划与决策相比，又有质的区别。笔者认为计划的思维特征大致可以包括以下几点。

第一，具体性。决策思维与预测思维相比较虽有一定的具体性，但仍显得较抽象。决策方案对未来目标的设定和实现目标的方法步骤只能是大致的轮廓，计划则不同，计划是决策的实施方案，它不允许方案停留在一般的设想层面上，而必须对组织活动的全过程做出明确具体的规定。因此，计划所要求的不仅是关于组织未来目的和任务的说明，重要的还在于编制出实现这一目标所应采用的战略、策略、方法、步骤和时限。如果说被选中的决策方案仅仅勾画出组织未来活动的框架，那么计划则是在此框架内添加材料，使之成为可使用、可操作的行动模型。倘若计划停留在抽象的层面而不具体，就无法指导创业组织成员的行为。

第二，程序性。计划既然是组织成员完成创业目标的指南和依据，它就必须具有可操作的程序性。所谓程序性，是指事物进行过程中各类活动先后发生的顺序。计划的程序是指计划为组织成员和组织系统预先规定的各类工作顺序及其转换、前后衔接的原则。任何组织为实现某一工作目标，必须对组织行为在时间上加以合理分割并使之紧密衔接。如果不做阶段分割或分割不合理，或虽然分割合理但前后衔接不上，就将导致创业实践活动出现混乱局面。计划的一项重要任务，就是编制出合理可行、省工省时的工作程序。

对先做什么、后做什么、各项工作花多少时间、投入多少人力物力及前后阶段的工作如何衔接过渡等细节，尽可能做出明确详尽的规定。

第三，可控性。计划的可控性主要包括目标控制、预算控制、资源控制、时间控制和计划监督五项内容。所谓目标控制，就是根据计划确立的创业总目标层层确立各子系统的具体目标，制定创业组织各部门的分计划，使各部门处于具体计划的控制之下，从而保证总计划的落实和总目标的实现。预算控制是一种传统的常用的计划控制方法，是以数字形式将计划分解为各个部分，并通过制定与计划有关的预算表，限制执行计划中偏离计划的行为。资源既包括各类物质资源，也包括人力资源。资源控制就是按计划配给创业组织各部门必需的资源，防止资源分配不公造成的资源浪费和组织混乱。时间控制即对创业组织各部门的工作时间预先作出规定，并根据跟踪情况加以调整，使各部门协同工作、各阶段紧密衔接，从而保证计划在规定的时期内完成。计划监督是计划控制的重要方面，其主要做法是增大创业具体计划的公开性和透明度，树立计划的权威性，引导整个组织人人按计划执行，人人以计划相互督促，使计划转化为一种自觉的组织意识。

计划作为指导具体创业实践活动的依据，具有定向、指导、控制、调整以至创新等多种功能。所谓定向，是指计划为创业实践确定了明确的工作方向，规定了一定的任务；所谓指导，是指计划为创业活动规定了基本的操作原则和工作程序；所谓控制，是指计划对组织系统各要素的活动幅度、活动节奏以至时机时限起着限制作用；所谓调节，是指通过计划的相应变化或部分修改，对组织各部门的关系、系统的总体结构加以调适，以协同系统和谐有序地运作。

综上所述，创业意识在指导创业实践的过程中，分别表现为预测、决策、计划三种思维形态。预测是对创业实践多种发展趋势的大致估计；决策是通过深入的比较分析，逻辑论证并根据组织需要对多种可能性进行的判断和优选；计划则是将决策方案进一步具体化、程序化，使之成为可操作、可应用的活动规则及工作指令，以便引导组织成员参与活动，这个过程既是思维由抽象而具体的升华进程，也是自主观而客观、从精神变物质的过程。

第三节　创新创业教育工作方法探索

方法是主体实现目的的手段，或是主体能动作用于对象性客体的各种工具的总称，无论是认识世界或是改造世界，人们都必须借助一定的物质手段或精神工具，离不开相应的方法。没有方法或方法不当，人们就寸步难行、一事无成。创业教育工作作为高校教育工作领域特有的一种对象性活动，自然也依赖一定的方法，这即是工作方法。不过，究竟什么是创业教育所需要的工作方法，不同方法之间有何联系与区别，以及如何正确选择和恰当运用众多的创业教育工作方法，是一个十分复杂的方法论问题，需要进行深入分析与探讨。

时代的进步和科学技术日新月异的发展，一些前人未知的领域和前人没有采用或无法采用的方法逐步被人认识，并运用于创业教育工作实践。正是这些伴随新兴科学技术产生的创业教育工作方法逐步被人类认识和运用，创业教育工作活动才跃升到一个新的水平，并日臻完善和富有时代特征。因此，研究现代条件下创业教育中的技术方法意义重大。本节将在对方法进行概括分析的基础上，进一步分析创业教育者应当熟悉和掌握的工作方法。

一、创业教育工作方法及其系统结构

创业教育工作作为一种特殊的教育实践活动，必然有其经常使用的工作方法。但是在如何认识和界定创业教育所需的工作方法的问题上，需要进行认真的探讨。

首先必须指出，创业教育工作方法不是创业教育工作活动中人们所采用的一切方法，而只是创业教育者在开展创业教育活动中涉及工作的方法，特别是创业教育工作中如何做好教学工作的方法。创业教育工作作为一种实践活动，是创业教育工作主体和创业教育工作客体的互动过程。在工作过程中，创业教育者和大学生都在活动，二者都有自己作用的对象，同时也都借助于一定的方法。那么，是否可以认为创业教育工作活动过程中人们所采用的方法就是创业教育工作方法呢？笔者认为这种观点是不正确的。因为，大学生在创业教育工作过程中虽然也在活动，但他们是在教师的引导下参与创业教育工作的。创业教育者的工作才是创业教育工作的重点，是引导大学生树立"三观"、提高创业能力的特殊实践活动。因此，只有创业教育者的行为方式才具有教育的属性，其方法才是严格意义上的创业教育工作方法。如果将创业教育工作过程中所有成员所使用的方法都看成创业教育工作方法，就会模糊创业教育者同大学生的关系。

创业教育工作方法既然是创业教育者进行创业教育工作所采用的各种工具和手段，说明创业教育工作方法是多种而不是一种。那么，创业教育工作方法究竟包括哪些种类？这些不同的方法彼此之间又有何关系？这就涉及方法的系统问题。因此，需要从哲学角度分析、研究、探讨创业教育工作的方法系统。

创业教育工作方法作为一个系统，是由多层次、多侧面的不同方法按照一定结构有机组成的。从方法的总体特征来分类，创业教育工作方法可以划分为创业教育者的认识方法和实践方法；按创业教育工作方法的普遍性程度，又可划分为哲学方法、技术方法和专业工作方法。关于创业教育工作的认识方法和实践方法，前文已有论述，本章重点介绍创业教育工作的哲学方法、一般方法和技术方法及其关系，揭示创业教育工作方法系统的一般特征。

所谓哲学方法，是指创业教育者运用某种哲学观点来研究、观察和指导创业教育工作活动的方法，它包括创业教育者如何理解创业教育工作的社会本质和一般规律，如何确定创业教育工作的最终目标和进行价值判断，怎样评价教师和大学生的能力以及两者的基本关系，怎样在宏观上把握组织和环境、团体和社会之间的关系，等等。总之，凡是涉及创业教育工作的根本路线、战略决策、基本原则和用人宗旨等重大问题，便需借助哲学方法，有关基本信仰的一系列思想价值的问题，也离不开哲学方法。这种方法具有最大的普遍性也最抽象，初看起来似乎不能直接解决创业教育工作中任何具体问题，因而常常被人们所忽视，似乎哲学与学生工作无关。实际上，创业教育者是摆脱不了哲学的，哲学左右着创业教育者的思维方式和行动路线，自觉或不自觉地影响着各种创业教育工作活动，甚至决定着创业教育工作的成败，为创业教育者提供了必不可少的方法论原则。

与哲学方法相关但又有所不同的另一类创业教育工作方法是一般方法。同哲学方法相比，这类方法没有哲学方法那么广的普遍性和形式上的抽象性，显得比较具体、容易操作，但与更具体的各门技术方法相比，它又具有相当大的普遍性，可以称之为一般方法比如行政工作法、物质刺激法、行为控制法等方法就属于一般方法。因为各类创业教育工作都离不开行政命令、利益激励和行为控制，这类方法普遍适用于各类创业教育工作一再如进行决策的常规原则、用计划控制监督创业教育工作全过程的目标监管方法等，也因其在一定范围内具有通用性而成为一般方法。

创业教育者特别是基层创业教育者常用的创业教育工作方法是具体的技术方法。这里的"技术"不是指工程技术，不是人们常说的各种技术工具，而是指作为个体的学生工作人员进行创业教育工作的具体方法和技巧。技术方法是最具体、最易操作的方法，也是最直观、最丰富的工作手段。这类方法为创业教育者提供了明确的创业教育工作工具和具体的创业教育工作手段。

创业教育工作方法之所以是一个系统，正是由于创业教育者所采用的不是一种方法或一类方法。一方面，上述方法分属于创业教育工作的不同层次，各有自己的特点和功能，彼此不能取代。另一方面，上述方法又相互制约、相互影响、互为补充，综合运用于创业教育工作。哲学方法属于最高层次的方法，侧重于宏观决策和总体控制，多为高层创业教育者（如学校分管学生工作的领导）所采用；属于中间层的一般方法，因其通用性和一定范围的规范性，被部门创业教育者和中层创业教育者所采用。至于技术方法，因其具体而实用性强，主要是基层创业教育者采用的创业教育工作手段。当然这并不是说，高层创业教育工作人员只需要懂得哲学方法就够了，可以对一般创业教育工作方法和必要的技术方法一无所知；也不是说中层创业教育工作人员可以抛开哲学方法或基层创业教育了作人员无须掌握必要的一般方法和学会哲学方法；而是说不同层次的创业教育工作人员首先应当学会与自身工作关系最密切的主要方法，而且应该掌握其他方法，不能主次不分或平均使用力量，否则一样方法都掌握不好也使用不好。从创业教育工作主体群体来看，因为创业教育工作方法是一个系统，各类方法单独使用都不能发挥最佳的组织创业教育工作效用，只有三种方法兼用、互相配合，才能在大学生创业教育工作中发挥作用。这就要求各级创业教育者树立系统观念，既能熟练掌握某一种创业教育工作方法，又做到互通信息、上下配合；既注意克服方法上的单一化倾向，又杜绝不同方法的混淆和错位。

二、现代技术方法的类别和特征

现代技术方法是在现代创业教育工作中应用的各种现代数学方法、定量化方法和先进技术手段的统一体。广泛应用现代技术方法，是社会发展的客观要求，也是学生工作现代化、科学化、与时俱进的必然趋势。

随着社会发展和科学技术的进步，社会分工日趋精细，各部门之间的联系日益密切，影响学生工作的因素更加复杂多变，因而学生工作相关的信息量和工作量激增，对创业教育工作的要求也就越来越高。在这样的新情况下，除认真总结各种行之有效的传统学生工作方法外，还必须广泛应用适合于现代社会的技术方法，以便能更准确地描述和分析问题，深入研究各种因素多方面的数量关系，及时处理大量的创业教育工作信息，并对拟订的计划方案和政策规定进行科学论证。同时，由于现代数学、信息科学和系统科学等学科的产生及电子计算机的广泛运用，也为现代技术方法在包括学生工作在内的各领域中广泛运用提供了必要的条件。

现代技术方法是按照现代社会发展规律和适应现代科学技术进步的客观要求，运用现代自然科学和社会科学的最新成果，对各种工作对象进行有效控制的一系列新技术和新方法。它是在继承和发展一般方法的基础上运用现代科学技术成果，经过不断探索、科学试验、精心优选逐渐形成的。同传统方法相比，创业教育工作现代技术方法具有以下三个明显的特征。

首先，系统性和择优性。一般说来，每一种现代技术方法都有内在的系统性，它包括明确的目标、一定的约束条件、达到目标的程序和方法及信息反馈等，从而为科学地解决问题提供一定的模式或模型，使复杂的工作实现科学化。例如在创业教育工作实践中，引进并建立数学模型进行求解的过程也是优化的过程。又如在一定的约束条件下，对多元学生工作目标选择最佳的组合方案，或在一定的目标要求下，对各种约束条件进行选择和组合，都存在择优的过程。

其次，现代技术方法使创业教育工作数据化，并能把创业教育工作的定性分析与定量分析密切结合起来。现代技术方法区别于传统工作方法的一个重要标志，就是使学生工作活动从定性分析发展为定量分析，从依靠经验判断转变为数理决策，因为建立数学模型，进行定量分析，可使创业教育工作任务进一步科学化，从而大大提高了创业教育工作系统的运转速度和工作效率。

最后，现代技术方法具有较大的通用性和关联性。现代技术方法应用的范围较广，在解决创业教育工作系统中复杂的实际问题时，各种方法可以相互补充，发挥多方法配套使用的整体功能。

现代技术方法的种类很多，这就要求创业教育者要针对不同的对象准确地选择合适的方法，避免方法的混用或错位。同时，各类技术方法又存在着相互联系、相互制约的关系。如果在创业教育工作中孤立地应用一种或几种方法，虽然也能收到某些成效，但有很大的局限性。为此，创业教育者在工作中，应努力使各种方法和技术相互补充，发挥各种方法的综合功能。在当代学生工作中，尤其是创业教育工作中，使用得比较多的方法包括系统方法、数学方法和预测方法。

三、系统方法

所谓系统方法，就是按照事物本身的系统性把对象放在系统的形式中加以考察和处理的一种方法。这种方法要求从系统的观点出发，始终从整体与部分、系统与环境的相互联系、相互作用、相互制约的关系中综合地、精确地考察对象，以达到最佳的处理问题的目的，其显著特点是整体性、综合性、动态性、开放性、环境适应性、最优化。

所谓整体性是指管理系统要素之间的相互关系以及要素与系统之间的关系都要以系统整体为主体进行协调，局部服从整体，使整体效果最优。在它的指导下，服务管理要从整体着眼、部分着手、统筹考虑、各方协调，达到整体的最优化。整体性是系统方法的基本出发点。它把整体作为研究对象，认为世界上各种对象、事件、过程都不是杂乱无章的偶然堆积，而是一个合乎规律的由多种要素组成的有机整体。这一整体的性质和规律只存在于组织各要素的相互联系、相互作用之中；而不是各组成部分孤立的特征和活动的代数和。因此，这种方法反对传统工作事先把对象分成不同部分、分别加以研究然后综合起来，而是一开始就把对象作为整体来对待，以便从整体与部分的相互依赖、相互结合、相互制约的关系中揭示系统的特征和运动规律。从系统管理目标上分析，任何系统的局部目标和整体目标之间都存在着复杂的联系和交叉效应。大多数情况下，两者是一致的，有时，系统局部认为有利的事，从整体上来看并不一定有利，甚至有害，因此，当局部目标和整体目标发生矛盾时，局部利益必须服从整体利益，体现系统管理目标的整体性。从系统管理功能上分析，系统的整体功能不等于要素功能的简单相加，而是往往大于各部分功能的总和，即"1+1＞2"。这种总体功能的产生是一种质变，它的功能大大超过各个部分功能的总和。因此，系统要素的功能必须服从系统整体的功能，体现系统管理功能的整体性。否则，就要削弱整体功能，从而失去了系统功能的作用。

综合性是系统方法的第二个特点。所谓综合性是指任何一个系统都是由许多要素为特定目的组合而成的综合体，在进行系统管理时，要把系统的所有要素联系起来，综合考察其中的共同性和规律性。它从两个方面对创业教育者提出要求：一是创业教育工作目标的综合，即要求组织系统各个部分必须围绕系统总目标开展工作，或者说要求一个组织的最高领导必须用组织总目标统摄各部分的分目标；二是创业教育工作过程各个部分功能的综合，即要求创业教育者对任何现象的研究，都必须从它的成分、结构、功能、相互联系和历史发展等方面综合地、系统地考察，以保证创业教育工作按组织总目标运行，同时系统综合性原理还提示学生工作关注两个问题：第一是系统可以分解，由于系统都是由许多要素综合起来形成的，因此，任何复杂的系统都是可以分解的；第二是综合可以创造新事物，现有的事物或要素通过特定的综合可能生成新的事物和系统，"量的综合导致质的飞跃" 正是基于这一规律。

动态性是系统方法的第三个特点。所谓系统动态性，是指系统作为现实生活中的一个有机体，其稳定状态是相对的，运动状态则是绝对的。因此，根据状态属性对系统的划分，静态系统是相对的，也是动态系统的极限状态，系统不仅作为一个功能实体而存在，而且作为一种运动而存在。在动态性的指导下，可以预见创业教育工作系统的发展趋势，树立超前的管理意识，减少偏差，掌握主动，使系统向期望的目标顺利发展。创业教育工作系统动态性主要体现在系统管理要素的动态性和系统管理功能的动态性两种形态。创业教育工作系统要素的动态性表现在两个方面。一方面，创业教育工作系统要素之间存在着纷繁复杂的联系，这种联系就是一种运动。系统要完成功能输出，需要内部要素相互作用、相互影响，形成一定的输出模式，这个过程本身是动态的。另一方面，创业教育工作系统管理要素与环境的相互作用是一种运动。由于现实生活中封闭系统是相对的，开放系统则是多数，因此，系统与环境之间会存在信息、能量或者物质的交换活动，这个相互作用过程也是动态的。创业教育工作系统管理功能的动态性上要表现为创业教育工作系统的功能是时间的函数，是随系统要素状态的变化、环境状态的变化、各要素之间联系及要素与环境间联系的变化而变化。

开放性是系统方法的第四个特点。所谓系统开放性是指在非理想状态下，不存在一个与外部环境完全没有物质、能量、信息交换的系统。即所有的系统都是开放性的，在创业教育工作中，任何试图把系统封闭起来与外界隔绝的做法，都只会导致失败。系统管理的开放性源于系统本身的耗散结构。任何有机系统都是一个耗散结构系统，只有与外界不断交流物质、能量和信息，才能维持其生命。并且只有当系统从外部获得的能量大于系统内部消耗散失的能量时，系统才能不断发展壮大，所以对外开放是系统的生命。在系统开放性理念的指导下，学生管理者应当充分估计外部对系统的种种影响，努力通过开放扩大系统从外部吸入的物质、能量和信息，做好创业教育工作。

环境适应性是系统方法的第五个特点。所谓系统的环境适应性是指系统不是孤立存在的，它会与环境发生各种联系，只有能够适应环境的系统才是有生命力的。同时，系统对环境的适应并不都是被动的，也有改善环境的能动行为，如构成社会系统的人类具有改造环境的能力，没有条件可以创造条件，没有良好的环境可以改造环境。这种能动地适应和改造环境的可能性，受到一定时期人类掌握科学技术、知识和社会经济发展水平等因素的限制。在系统的环境适应性理念的指导下，创业教育者进行创业教育工作决策时既要清醒地认识系统本身的局限性，又要把握一切能动地改变环境的机会，实事求是地做出科学的判断和决策，设计出有利于学生素质提升的工作方案。

最优化是指运用系统方法进行创业教育工作所能达到的最佳效益。根据需要和可能，系统方法可以为系统定量地确定出最优目标，并运用最新技术手段和处理方法把整个系统分成不同等级和不同层次结构，在动态中协调整体与部分的关系，以使部分的功能和目标服从系统总体的最佳目标，达到总体最佳。

从以上六个特点的分析中可以看到，系统方法是一种立足整体、统筹全局、使整体与部分辩证地统一起来的科学方法，它将分析和综合在现代科学技术的基础上有机地结合起来，并运用数学语言定量地、精确地描述对象的运动状态和规律，为运用数理逻辑和计算机软件来解决创业教育工作中的复杂系统问题开辟了道路。

在创业教育了作过程中，运用系统方法应遵循以下几个基本步骤。

首先，确立目标，搜集信息。目标是运用系统方法所要达到的目的，根据具体情况，目标可以是明确的、定量的，也可以是粗略的、定性的。确定目标既要从单项目标入手，注重单项目标的可行性和最优化，又要将各单项目标放在总目标的现象中进行观察，把落脚点立在整体系统的目标上。为了达到系统方法追求的目标，还要按确定的目标搜集信息。收集信息主要包括三项内容：一是进行实地调查，直接掌握情况；二是广泛收集材料，并按目标要求对有关情况进行筛选；三是对筛选过的情况作单项分析，包括定性和定量分析，得出一些性能指标和参数。这些指标和参数，或称信息数据，是系统分析的基本根据。

其次，建立模型，拟制方案。这是系统方法的主要部分。建立模型，就是将搜集得来的有关信息因素按一定关系结构组合成一定的模型，用以反映系统活动所要耗费的人力、物力、时间和系统诸因素在系统活动中的作用方式。模型建立后，再以系统活动的各种效益为指标进行综合性比较、评价，然后选择拟定最佳方案。系统模型可能是定性的，也可能是定量的，也可能是定性与定量相结合的。

最后，对方案进行评估检验。建立模型拟制方案之后，还要对方案进行检验评估，分析方案的可靠程度或风险程度，这是因为任何事物都受到随机性干扰，随机干扰是人们在现有知识水平上尚无法认识或无法确定的事件，例如自由垂直下落的物体在千秒之内所经过的距离 $S=1/2gt^2$（g 为重力加速度），本来是确定性模型。但下落物体要受到空气阻力，而且有随机性的气候（风）干扰，由运动方程计算的下落距离只能有百分之几十的可靠程度。这就要求对方案必须进行评估检验，以确定方案的把握度和风险度（两者之和为100%）。如果超过了风险标准，就修改目标，重新制定方案，直到实现最优方案。

现代社会活动规模大、因素多、关系复杂，如果照抄过去那种条块分割、分兵进击的传统方法进行学生工作，势必造成人力、物力、财力和时间上的巨大浪费。

系统方法改变了创业教育工作主体的思想方法，给整个创业教育工作方法论带来了深刻的革命性变化。系统方法可以使创业教育者对创业教育工作的研究方式从以个体为中心过渡到以系统为中心，从单值地过渡到多值的，从线性地过渡到非线性的，从单一测度过渡到多测度的，从主要研究横面关系过渡到综合研究纵横面关系。这些变化，不仅改变了创业教育工作的图景，改变了学生工作的知识体系，同时引起了创业教育上作主体世界观和方法论的深刻质变。

四、教学方法

数学本身不是目的，而是一种工具和手段，这在应用数学方面表现得特别具体而清楚，因为应用数学就是为设法解决各种具体科学课题而产生的数学工具，是为某一具体科学提供适当而有效的数学方法的学科。

数学方法有以下几个主要特点。

第一，抽象性。现实对象是复杂具体的，每一事物无不是质和量的统一体。这样的现实对象如果不经过科学抽象，人们便无法在思想中对其加以把握。而数学把量及其关系从现实对象中抽取出来，就摆脱了现实对象的各种具体的复杂形态，从而大大简化了研究对象，使我们可以在纯粹量的关系上来研究对象，以揭示对象的数量关系和过程。

第二，精确性。数学具有逻辑的严密性和结论的确定性。数学推导是严格按照一定的规则进行的，只要前提正确，那么由数学的内在逻辑所推出的结果本身具有毋庸置疑的确定性。爱因斯坦说："数学方法受到科学家的特殊重视，一个理由是它的命题是绝对可靠和无可争辩的。还有另一个理由，那就是数学给予精密自然科学以某些程度的可靠性，没有数学，这些科学就达不到这种可靠性。"运用数学方法，对客观事物中各种质的量以及量的关系、量的变化进行推导和演算，能够使现象及其过程得到精确的定量描述，所以，数学方法也是决策最优化的可靠工具，利用数学模型对几种可能的方案进行推导和演算，就能从数量上进行精确的比较，帮助人们选择最优的方案。

第三，普遍性。数学对象的普遍性决定了数学方法的普遍性。数量及其关系是各种事物所具有的共同特征。任何事物既存在质的方面，又存在量的方面，没有质的事物固然不存在，没有量的事物也不存在。既然任何事物都是质和量的统一，那么从可能性来说，任何领域都可以应用数学和数学分析，大学生创业教育工作也不例外。

数学作为数量结构科学，数学方法的普遍性还反映了异质同构现象的存在，就是说，不同质的事物和系统可以存在着同样的数量关系，而同样的数量关系又可以反映不同的物质存在形态和不同的物质运动过程。

数学方法可以应用于各门科学，这是就原则和理论来说的，要把这种原则和理论上的可能性变为现实，需要人类不断的探索。科学和社会发展的历史表明，进行质的定性分析相对来说比较容易，而进行定量分析就比较困难。近代科学产生以后，数学方法首先在力学和物理学中得到了广泛的应用，而后是化学。目前，数学方法在社会科学某些领域中也开始得到应用，比如运筹学（优选法、统筹学、规划论、对策论等），数学在一些社会科学（特别是经济学）中正在显示出它的作用。

随着现代科学的不断进步，数学方法也开始应用于大学生创业教育工作。在数学方法的参与下，部分创业教育工作就可以是用数学模式程序来表示计划、组织、控制、决策等合乎逻辑的程序，求出最优的答案，从而达到目标。

此外，计算机还为数学方法应用于大学生创业教育工作开辟了新天地。它不仅可以协助创业教育者对大学生创业教育工作活动的全过程进行宏观的调控，提高大学生创业教育工作跨度，而且适应高速发展的现代社会的需要，使大学生创业教育工作高速化、精确化。当然，随着大学生创业教育工作的发展，人们对现代创业教育工作各个层次的认识越来越深入，反映到创业教育工作的认识手段和方法上，就比以往任何时候更加需要多种方法协同发展。

五、预测方法

所谓预测是指对于客观事物未来发展状况进行分析、估计、设想和推断，预测并不神秘，事实上，人们时时处处都在做出预测判断，例如出门需注意天气的变化，预定乘车路线等。总之，要实施一个有目的的行动，都必然会有一个对未来的考虑过程，这个过程就包含预测。日常生活中的预测一般比较简单，较易执行，但对创业教育工作活动来说，预测的内容就复杂多了。

科学的预测，应通过对客观事物的历史和现状进行科学分析和调查研究，由过去和现在推测未来，由已知推测未知，从而揭示和预见事物未来的发展趋势和变化规律，科学的预测不是随意猜测，而是在正确理论的指导下，对客观事物进行深入分析、并运用现代先进的预测技术，进行系统的研究。

第一种方法，专家评估法。即组织有关领域的专家运用专业方面的经验和理论，研究预测对象的性质，对过去和现代发生的问题进行综合分析，借以对学生工作未来的发展远景进行判断。专家评估法主要包括个人判断、专家会议和德尔菲法（即专家意见法）

等。个人判断一般指专家权威凭个人经验和知识才能做出预测。专家会议即依靠专家集体智慧做出预测，德尔菲法是由美国兰德公司首先采用的一种方法，又称专家调查法，这是采用书面的形式征询各个专家的意见、背靠背地反复多次汇总与征询意见，最后得出一个比较一致的预测意见。

第二种方法，预兆预测法。这是通过调查研究前超现象推断后继现象的一种预测方法，它是因果联系最敏捷的发现形式。预兆预测法的关键，是准确掌握后继现象与前超现象之间的种种联系，特别要注意两者的内在联系，排除偶然性。有时只知道两者相随发生，并不知道其内在联系，这种预测便是不可靠的。只有密切注意两种现象相随的再现率，并通过思考以发现两者之间的本质联系，才能确定引起后继现象的前超现象，从而对将来的发展趋势做出正确的预测。

第三种方法，时间序列预测法。时间序列也叫时间数列，是将某种统计指标的数值按时间先后顺序排列而形成的数列。时间序列预测法，就是通过编制和分析时间序列，根据时间序列所反映出来的发展过程、方向和趋势，进行类推或延伸，借以预测下一时期或以后若干时期可能达到的水平。时间序列预测的内容包括收集整理某种社会现象从过去到现在的历史资料，编成时间序列，按各种可能发生作用的因素分类（长期趋势、季节变动、循环变动、不规则变动），分析时间序列，从中寻找该社会现象随时间变化而变化的规律，得出一定的数学模式，并以模式去预测该社会现象的未来情况。

第四种方法，回归分析法。即研究引起未来状态变化的各种客观因素的相互作用，找出各种客观因素与未来状态之间统计关系的方法。这是一种依据事物间的因果性原理，用数学工具建立的预测方法。在随机事件中，某些变量之间存在着一定的依赖关系，一个变量的变化引起另一个变量的变化。当人们能够准确地发现这些变量之间的数量关系时，就表现为函数关系；难以准确地确定其数量关系时，就只能通过对大量数据的分析，找到某种相关性关系。为了定量地把握事物的因果规律，需要通过回归分析的中介，使相关关系转化为函数关系。回归分析，就是根据大量统计数据来近似地确定变量间的函数关系，即定量确定相关因素间的规律和方法，它可以用来预测未来。

第五种方法，类推法。类推法至少是在两个事物中进行的，一个作为模型出现，另一个作为被预测事物出现，前者称为类推模型，后者称为类推物。类推法的本质是把类推物与类推模型进行逐项比较，如果发现两事物间的基本特征相似，并且有相同的矛盾性质，就可用类推模型来预测类推物。

预测的程序一般有以下几个步骤。

首先，确定预测目标和任务。预测目标指预测所要达到的目标，实际上就是确定未来事物质的规定性和量的规定性，或者是二者的统一。预测总是为一定的目标和任务服务的创业教育了作的目标和任务决定了预测的目标和任务。目标清楚，任务明确，才能进行有效的预测。

其次，输入预测信息。预测结果的准确性取决于未输入信息的可靠程度和预测的方法的科学性。预测所需的资料有纵向资料，也有横向的资料。对于已占有的资料要进行周密的分析检验，检验其可靠性，并通过分析去粗取精，去伪存真。还要检查统计资料的正确性与完整性，不够正确的要作适当的调整，不够完整的要填缺补齐。

再次，预测处理推断，预测处理推断，是指根据预测资料，运用一定的逻辑推理方法，对事物未来发展趋势进行预计和判断。这是预测的关键环节。在实际工作中，可应用的预测方法很多，具体选择什么方法应依据预测目的和预测对象的特点、资料占有情况、预测经费以及预测方法的适用范围等条件来决定。

最后，输出预测结果它包括鉴定预测结果和修 IE 预测结果两个内容。预测毕竟是对未来事件的设想和推断，由于收到资料不足、方法不当及人们认识的局限性等因素的影响，故而容易产生预测误差。误差越大，可靠性就越小。因此必须对预测结果进行鉴定，并对误差大小做出估计分析误差的目的，在于观察预测结果与实际情况偏离的程度，并找出发生偏离的原因。输出预测结果是预测程序中最后的一个步骤，它既是通过修正侦测结果，使之更符合客观实际情况的过程，又是检查预测系统工作情况的过程。

科学预测方法在大学生创业教育工作中具有关键性的作用。从决策程序来看，不论是确定决策目标阶段，还是优选决策和追踪决策阶段，都是离不开预测的。看不准未来的发展趋势，就不能确定决策目标；没有预测作为依据，决策就是冒险的、不可靠的；如果没有预测的可靠根据，就有可能造成再次失误。从预测科学的角度来说，没有预测的决策违背了"时机原则"，是根据不足的决策，亦即时机不成熟的决策。当然，最好的科学预测也绝不会是绝对可靠的，它只能是一种有科学根据的最大概率；但对于决策来说，这已经很好了。

加强预测能力是提高创业教育者应变能力的重要一环。随着科学技术的迅猛发展，特别是现代化通信工具、信息技术、计算机的应用，使创业教育者面对一个瞬息万变的世界，需要对各种不同的事物开展预测，提高应变能力，对于各种不同的可能性做出不同的预测判断。另外，加强预测也是提高工作效率和经济效益的迫切需要。

六、心理调适激励方法

创业教育是一个全方位的工作，因此要求创业教育者在运用"技术"方法的同时，还必须洞察大学生的心理活动和思想情绪，学会运用心理沟通和思想激励等心理方法。

1. 心理沟通与心理调节

在创业教育工作中，人是起主导作用的因素。充分调动大学生的积极性和创造性是创业教育工作的一个重要内容，而要解决这个问题有时便需借助心理学。在创业教育工作中运用心理学方法，就是从改变大学生的精神状态入手来调动大学生的积极性和创造性，使每名参与创业学习的大学生都能在活动中得到一定的心理上的满足，进而实现创业教育工作的目标。

这里所说的心理沟通与心理调节，就是在创业教育工作中创业教育者经常运用的两种工作方法。其中心理沟通侧重于对大学生的心理疏导，而心理调节侧重于启发大学生学会心理的自我调控。

（1）心理沟通在创业教育工作活动中的作用

正确的心理沟通有助于师生之间交流思想、彼此了解，消除分歧和误解，做到互相信赖、统一思想，以加强群体意识，发挥整体效应。心理沟通在创业教育工作活动中有如下几个方面的作用。

第一，心理沟通是实现创业教育工作目标的保证。创业教育工作中许多活动都是以沟通为基础的，例如实践教学环方过程的指挥和协调，都必须借助于心理沟通来实现。

第二，心理沟通是加强思想工作的重要手段。为了使学生在创业实践中树立正确的"三观"创业教育者必须通过各种沟通形式，向广大学生宣传正确的理念，使之在学生中产生心理共鸣，达到理解和认识，从而使创业教育者的思想转化为每个大学生的实际认识。

第三，加强心理沟通有助于提高工作效率。要提高创业教育工作效率，创业教育者自身的品德、责任心和工作作风等主观因素很重要，同时，还需要保证沟通渠道顺畅因此，只有加强创业教育者与大学生的心理沟通，建立多形式、高效率的沟通渠道，才能使信息通畅，实现提高创业教育工作效率的目标。

心理沟通非常重要，创业教育者要提高沟通水平，首先要提高自身业务水平。具体来说要做好如下工作：提高创业教育者的思维水平，保证心理沟通的效果；提高想象力，设身处地为大学生着想，以便引起共鸣，使大学生积极接受沟通的内容；提高记忆力，保障传输和接受各种信息及时、准确；养成良好的沟通习惯，集中注意力，稳定情绪，端正态度，确保与大学生的沟通顺利进行。

（2）心理调节在创业教育工作中的作用

所谓心理调节，简单地说，就是人与人之间在心理上的协调、沟通、交流、转换与平衡等。创业教育工作活动中的心理调节，是指通过调整、调解、疏通等手段，缓解心理压力，消除心理障碍，使之树立信心、相互配合，朝着预定的方向前进，从而顺利地完成任务。具体地说，心理调节在创业教育工作活动中有如下两方面的作用。

第一，凝聚指向作用。要实现创业教育工作的预定目标，创业教育者必须做到心理相容、凝聚成团。良好的心理调节是使人们活动的动机，指向共同目标的心理保障，可以使各个方面的人员在心理上贯通一气、彼此配合，以使整个组织有计划、有步骤地为实现特定的目标而努力工作。

第二，节约增效作用。良好的心理调节可以减少创业教育工作组织成员因心理失衡和彼此间心理防范造成的各种内耗，从而用较少的人、财、物和时间办更多的事，避免各种无形的浪费。良好的心理调节还可以提高创业教育工作的质量，达到不增人而增效的目的。

客观世界千变万化，充满着矛盾和冲突。心理平衡也只是相对的、暂时的。环境总是在发展变化，身处其中的人必须不断地调整心理状态才能达到新的平衡。心理平衡是一个动态的平衡，随着环境的不断变化，心理平衡也不断地被打破。心理平衡被破坏是否会引起心理障碍，关键在于能否及时调整心理活动，及时建立新的平衡，以适应环境的变化，维护心理健康。

实践证明，心理平衡是可以通过调节来实现的，这是因为人的心理活动、情绪和行为方式都受大脑皮层神经活动的支配，而大脑皮层的兴奋和抑制是可以调节和转换的，特别是通过有意识的锻炼，可以使大脑皮层的活动趋向健全。心理活动常常是由外界环境刺激而引起的，外界环境条件变广，心理活动必然也会随之改变。根据心理学理论，宣泄、转移、升华等都是调节心理平衡的有效途径，但遇到具体问题的时候，创业教育者可以根据具体情况指导大学生进行心理调节，选择调节方法。具体可以按照如下几种情况选择调节方法。

第一，在创业的征途上，并不都是一帆风顺的，每个人在前进的道路上，都会遇到困难、阻力所造成的挫折。在大学生面对挫折时，创业教育者应该帮助、开导受挫大学生，教育他们树立正确的挫折观。首先，可以告诉大学生在感情上要承受挫折，正视现实，事情已经这样，就不会成为别的样子，要勇于面对现实，平心静气地接受已发生的事情。其次，要让大学生相信"失败是成功之母"，从失败和挫折中总结经验教训，才会使人变得聪明起来。在事业上要想做出一点成就，必须要有不怕失败和挫折的顽强拼搏精神。最后，用"退一步"的方法来减轻大学生的心理压力。在犯了错误之后如果能这样想，心理压力就会减轻。只有这样，学生将来面对创业实践中的挫折才不会不知所措。

第二，大学生由于各人兴趣、爱好、性格不同，在教学环节、尤其是在创业模拟环节，彼此之间不可避免地会发生矛盾和冲突。在这种情况下，创业教育者应该教育大学生注意克制，树立正确处理矛盾的方法。首先要教会学生理智、克制和忍让，要有意识地强行克制自己，促使冲突气氛转变。争吵时，只要一方做出让步，另一方激烈的情绪就会很快平复。因矛盾、冲突带来的烦恼、紧张情绪也会随之缓解。其次，要努力想办法使当郭学生离开现场，使其慢慢恢复平静，然后冷静思考，找出解决问题的办法，消除矛盾、处理冲突，最后，要提倡宽容，以求得心理相容，即要大学生学会心理置换，设身处地为别人着想，求得和别人心灵相通，增加相互理解和谅解，这样，很多矛盾都会在大度相容的心境下得到很好的解决。

第三，当大学生遭到失败、挫折后，情绪往往十分激动，如果任其发展下去，势必酿成不可收拾的局面。这种情况下，创业教育者应积极做好大学生的思想工作，晓以利弊，使之树立从长远处着眼、不要被一时的挫折所打败的思想观念，还要教给大学生一些方法、使学生学会解脱。首先，引导学生向教师或朋友倾吐出来，痛痛快快地宣泄，这样，学生就会感到卸掉了一个沉重的包袱，心里就会觉得轻松许多，同时可以从朋友的劝告中得到支持与安慰。其次，自然分心，在情绪剧烈波动时，不要让学生沉湎烦恼痛苦的好情，而要分散学生的注意力，有意识地做些使心情平衡而愉快的事，使怒气和烦恼逐渐消失。

2. 精神激励

创业教育工作中的心理调适方法不仅包括上述的心理沟通和心理调节，还包括多种激励手段。所谓"激励"，是指创业教育者借用各种手段去激发学生的学习热情，具体而言，是指创业教育者运用一切有效的手段，去改变大学生的心理状态，激活他们潜在的主动性和创造性，引导学生自觉地投入到学习和学生活动中，以完成预定的目标。激励的手段和方法多种多样，但依据激励手段的性质来分类，激励大致可以划分为物质刺激（物质激励）和精神激励两个大类，虽然物质刺激能够满足人的物质需要以激起人的热情，在现代社会中使用得很多，但单纯的物质刺激存在明显的局限性，因为人不仅有物质生活还有精神生活，不仅需要满足其物质欲望，还需要满足其更高的、更丰富的精神追求。同时由于创业教育工作属于学校教育范畴，因此创业教育工作中应把精神激励作为主要方法和手段。

实行精神激励的第一种方法是增强学习兴趣。兴趣是个人对客体的选择性态度的学习过程，总是伴随着一种积极的情感体验。当人对某一事物或行动感兴趣的时候，就会感到喜爱和满意，集中精力于感兴趣的对象。而对学习感兴趣就会热爱学习，在学习中充分发挥主动性和创造性。概括起来，增强学习兴趣可以从三个方面入手：一是改善学习条件，在不影响教学效果的前提下，对教学内容进行必要的重新组合，尽量使学习内容丰富些；二是增强对学习意义的理解，使学生了解自己学习创业知识的社会意义，看到自己的学习成果及其社会价值，培养学生的学习兴趣。三是尽可能根据个人特点安排学习，力求学习安排适合其性格、知识、愿望、特点，并调整不适当的学习安排。

实行精神激励的第二种方法是精神表彰，通过表彰对积极行为起强化作用，对消极行为起弱化作用。要做好表彰工作需要注意如下几方面的问题：第一，通过调查研究准确掌握精神表彰对象，弄清楚哪些人应该表扬，哪些人不应该受表扬，保证表扬的严肃性；第二，精神表扬要及时，及时表扬才能发挥表扬的最大功效，增强大学生对表扬的重视；第三，精神表彰要注意场合，要弄清楚哪些事情应该公开表扬，哪些在一定范围内表扬，哪些在若干人面前表扬或单独夸奖几句；第四，精神表彰要具体，被精神表彰的人要具体、事要具体，越具体越生动，越有感召力；第五，精神表彰要讲究语言艺术，要热情、诚恳，有感染力，同时要掌握分寸。

除上述几方面外，整个学习集体的精神状态对每个大学生的行为也有很大的影响。和谐的精神状态可以使大学生获得安全感、归属感、自豪感和集体荣誉感，乐于参与集体组织开展的活动，并为活动圆满成功积极努力。

因此，创业教育者要善于用精神激励方法制造一种良好的气氛，使每一个大学生都生活、学习得愉快、舒畅，达到学习集体内相互激励的目的工

第四节 创业者创新思维能力提升策略

国家在提出推动创新创业理念的时候，是把创新创业作为关联概念提出的。然而，在以往的创业教育实践中，往往忽视创新能力的培养，使得创业者创新能力不足，进而影响创业实践活动的可持续发展。因此，本节将简单介绍提升创业者创新能力的对策。

一、创业者创造创新能力概述

在学术界，创造、创新两个词具有不同的含义。因此，必须首先分析创造、创新的区别。英文的"创造"一词是由拉丁语"creare"一词派生而来的。"creare"的大意是创造、创建、生产、造成，它与另一个拉丁词"cresere"（成长）的词义相近。在《旧约全书》的《创世记》中有"上帝在一切不存在的情况下创造了天和地"。因此，从词源上分析，创造的含义是在原先一无所有的情况下，创造出新东西。创造特别强调独创性。然而，任何创造都不是无中生有、而是在前人创造的基础上有所突破，所以要论创造二字的含义，中国语言的创造更贴切实际。根据《词源》的解释，"创造"是由两个字组合而成的，"创"的主要意思是"破坏"和"开创"，"造"的主要含义是"建构"和"成为"。所以"创"和"造"组合在一起，就是突破旧的事物，创建新的事物。

创造是各式各样的，时时处处都可以有创造。如科学上有发现，艺术上有创作，方法上有创新，技术上有发明。"唯创必新"是创造的根本特点。

美国创造心理学家I.泰勒曾提出划分"创造五层次"的著名观点。具体内容如下：

① 表露式的创造：意指即兴而发、但却具有某种创意的行为表现。例如戏剧小品式的即兴表演、诗人触景生情时的有感而发等，其创造水平或程度一般即属于这一层次。儿童涂鸦式的画作有时很有创意，其水平亦属此层次。

② 技术性的创造：意指运用一定科技原理和思维技巧以解决某些实际问题而进行的创造。如"把素材按新的形态组合产生出新事物"，或"某种旧的结合解体，新的结合重新产生"。

③ 发明式的创造：意指在已有的事物基础上，产生出与以往曾有过的事物全然不同的新事物的创造。例如爱迪生发明的电灯，贝尔发明的电话，等等。

④ 革新式的创造：意指不仅在旧事物基础上产生了新事物，而且是在否定旧事物或旧观念的前提下造出新事物或提出新观念的"革旧出新"的创造。技术史上出现各种新丁，具以代替旧工具，科学史上发现新定律以替代旧定律等。

⑤ 突现式的创造：意指那种与原有事物无直接联系，看似"从无到有"地突然产生出新观念的创造。我们可以说，各学科领域荣获诺贝尔奖的重大科学发现，均应属于这一层次的创造。

第一个明确地阐述创新概念的是美籍奥地利经济学家熊彼特。他在 1912 年发表的《经济发展理论》一书中，提出创新是经济生活内部生产要素和生产条件的新组合，并指出创新有五种存在形式：引入一种新产品或一种产品的新质量，采用新的技术或新的生产方法，开辟新的市场，获得原材料或半成品的新的供应来源，实现企业新的组织形式。

在熊彼特的创新概念中，技术创新是其关注的重点，制度创新也只关注于企业内部组织结构。因此，熊彼特提出的创新只是创造的一部分。中国现代创造学研究是从陶行知创造教育研究开始的。1918 年，陶行知在《试验主义教育方法》等论文中，提出了改革教育的创造教育思想。20 世纪 80 年代初期，学术界开始在创造工程、创造技法引进等方面开展研究。20 世纪 90 年代，国家开始推动创新工作。20 世纪 90 年代中后期，技术创新概念替代原来使用的技术革新。而后，创新概念被技术、经济领域以外的领域使用，与熊彼特最初提出的概念的外延已经区别很大。因此，共青团组织开展"引航"工作时，需要提高的主要是创造力，而后实现创新。

分析创新的类型就需要从创新实践的主体出发来探讨问题。根据创新工作主体之间的不同关系，创新可以分为自主创新、模仿创新和合作创新。

自主创新是指创新者依靠自己的知识和能力，在工作上取得突破，提出或使用某种工作方法或开展某项活动。自主创新又可分为原始创新和一般自主创新。尽管全球化正在推进，国内外高校交流的机会逐步增多，但是高等教育工作还没有成为统一的主体，在创业教育工作中，具体的高校或校内部门仍然是主体的主要形式。每所高等院校的利益是相对独立的，每所高等院校内部的群体和个人的利益也是独立的，新的创业教育经验的扩散和普及一般都会有一段时间延续性，而且往往遭遇到因学校情况不同导致的"水土不服"。因此，创业教育工作创新在现有社会的条件下，不一定是原始创新，即原创出具有自主知识产权的工作方法、理念创新，还包括一般自主创新。它的成果可能在全国范围内不属于原创，但是在一种类型的高校（例如"985""211"，普通一、二、三类本科）范围内是首先出现的。从严格意义上来说，一般自主创新不具有原创性，但是它在现有社会发展阶段，对于一所具体高等院校来说是有意义的，它可以根据本校情况，提出适合自身类型的首创性方法。创业教育工作中的原始创新具有根本性和原创性，最能代表一个地区的创业教育理论与实践研究水平。大批的原始创新成果的出现往往可以带来一个地区的创业教育理论与实践水平的飞跃式发展。

模仿创新是创新者在所引进的原始创新或一般自主创新成果的基础上进行的一种创新。它不是简单的模仿，它需要对引进的新方法和理念进行消化和吸收，并在此基础上进行再创造，改进或重组原有方法，以达到突破性的效率和效果。模仿创新可以迅速提高创业教育工作效果，实现创业教育工作进步的捷径，不但节约了时间，而且节约了先期理论研究的人力和物力资源。因此模仿创新是层级较低的高校采用最多的创业教育工作创新方式。但是要想成为同层级高校创业教育工作领域真正的领先者，模仿创新就具有局限性。

合作创新，是指创业教育者与校内外各层次主体之间以各种组合方式的联合开展的工作创新。在全球化和知识经济的时代条件下，合作创新的必要性和优势越来越明显。随着全球交往和生产的国际化，教育工作领域的研究实践水平不断提高，高等教育涉及的问题越来越复杂，单一主体很难应对这种局面。为了实现做好创业教育工作、提高大学生创业能力的共同目标，不同的创业教育主体往往采取合作创新的战略。合作创新实现了资源共享、优势互补，节约了时间和投入，减少了失误和风险。在开展合作创新时，首先需要明确合作目标、合作期限和合作规则，划清各自的权利义务，这样才能避免主体之间的利益矛盾，使合作顺利进行，达到预期效果。

通过上面的分析，不难发现创新对创业教育工作意义重大。如何提高创业者的创新能力就成为一项重要工作。笔者认为要实现这样一个目标，创业教育者首先要破除传统观点中关于创造认识的几个误区。

第一，在传统的观点中有一种观点认为创造是一种天赋，无法教授。这种观点的最大作用就是可能使人认为创造力开发是没有意义的。中外种种成功的例子证明了这种观点的局限性。但是，这种观点的支持者仍然会从一些在人类历史上做出卓越贡献的创造型天才，尤其是那些在自己擅长的领域中作用突出的成功者的例子中找到佐证，莫扎特、爱因斯坦或米开朗琪罗都成为他们的好例子，进而说明对人类历史产生重大影响的天才们是没法制造的。应该注意的是数学能力、艺术表达能力乃至运动天赋都有各种有用的级别，即使在缺少天才的时候也是如此。就像一组人参加百米比赛，发令枪响后，比赛开始，必然有的人跑得最快，有的人跑得最慢。他们在比赛中的表现依赖于天生的奔跑能力。现在，假设有人发明了自行车，并让所有赛跑者进行训练。比赛改为自行车比赛再次开始，每个人都比以前运动得更快，但是，有的人仍然最快，有的人仍然最慢如果我们不为提高人类的创造力做任何努力，显然个体的创造能力只能依靠天赋。但如果我们为被训练者提供有效和系统的训练方法，就可以提高创新能力的总体水平。有的人仍然比其他人好，但每个人都可以学会创造技能，提高自己创造性解决问题的能力。"天赋"和"训练"之间根本不存在矛盾。每位教练员或教师都会强调这一点。事实上，学习创造学理论与方法和学习其他知识之间没有什么区别。一方面，教学可以将人们培训成有创造能力的人，另一方面，受教育者已有的天赋可以通过训练来提高。因此可以认为"创造无法学会"的观点现在已经站不住脚了。创造力具有"可教性"和"不可教性"，天赋是无法训练的，但训练可以激发潜能。也许创业者学习创造学理论不可能训练出天才，但是很多有用的创造并不是天才的功劳，要提高全体创业教育工作者和被教育者的能力，学习创造学理论工作必不可少。

第二，在传统的观点中另一种观点认为创造来自于传统观点格格不入的思想，有许多创造是在打破旧有的观点、观念基础上实现的。而且，这一观点也很容易在生活中找到佐证，因为，在学校里许多成绩优秀学生似乎属于循规蹈矩派，而在实际工作中有所创造的人往往在学校读书时成绩不佳。有创造性贡献的人必然拥有与传统观点有差异的观点，但是没有前人的积累，有创造价值的观点又从哪里来呢？难道是从天上掉下来的吗？没有旧有的事物作基础，任何新事物都无法产生，创造本身就是一个辩证否定的过程。批判地继承绝不等于全面打倒，与传统观点差异更不等同于与传统观点格格不入。

第三，在传统的观点中还有一种观点认为有创造力的人往往在右脑/左脑的使用习惯和开发上有一种明显的倾向性。于是，就产生了左脑或右脑主动性的观点。这种观点进而认为惯用右手的人的左脑是大脑中"受过教育的"部分，识别和处理语言、信号，按我们已知的事物应该存在的方式来看待事物，右脑是未受教育的"无知"的部分。因此，在与绘画、音乐之类有关的事中，右脑单纯无知地看待事物，你可以看出事物本来的、真实的面目，而不是按你臆想的来画。右脑可以允许你有更完整的视图，而不是一点一点地构造事物。于是，在提到创造性思维时，这种观点认为，创造只发生在右脑；为广具有创造性，我们所需要做的就是停止左脑思考，开始使用右脑。事实上，所有这些事都有其价值，但当我们涉及关于改变概念和认知的创造时，我们别无选择，只能也使用左脑，因为这是概念和认知形成和存放的地方。通过 PET（Positive Emission Tomography，正电子发射断层成像）扫描，有可能看出在任何给定的时刻，大脑的哪一部分在工作。在胶片上捕获到的放射线的闪光表明了大脑的活动。可以很清楚地看到，当一个人在进行创造性的思考时，左右脑会同时处于兴奋状态。这正是人们所期望的。

在获得正确的认识基础上，创业教育者需要做好如下工作：提高创造性思维能力、掌握创新创业实践相关的工作方法，这样才能创造性地解决创业教育工作中面临的问题。

创造并不是孤立的、凭空的，它要依赖于大量信息的积累，更受到人的思维习惯和方法的影响。要提高创造性思维能力，不仅要掌握那些带有创造性思维特点的思维形式，还要掌握基础性的思维形式。具体地说，要注重创造性思维能力的提升。首先，努力养成突破传统观念直接解决问题的习惯。其次，努力保障逻辑思维的严密性。最后，要善于变换思维角度。

由于创业实践工作方法前文已有论述，下面将结合上述的原则对创造性思维的能力特点及提升对策进行分析。

二、善于突破传统观念

在创新实践中，常常会遇到一些比较复杂的问题。人们似乎认为对于复杂问题的解决必然是一件复杂的事。产生这种观点的重要原因之一是传统观念的影响。要解决这类问题，就要通过突破传统观念来简化问题，使问题得到解决。在具体的工作中，创新创业者可以借助以下三种思维方法突破传统观念。

第一，利用直觉思维直接突破传统观念。直觉思维法是一种未经有意识的逻辑思维而直接获得某种知识的思维方法。直觉思维是一种潜意识思维，也是突破传统观念的有效手段。人们有时对某一问题的理解、某种认识的产生，并非经过严格的逻辑推理，而是由突然领悟而获得的。直觉是人们在认识过程中，头脑中的某些信息在无意识的状态下经过加工而突然沟通时所产生的认识的飞跃，表现为人们对某一问题的突然领悟，某一创造性观念和思想的突然降临（灵感），以及对某种难题的突然解决。

直觉思维是一种从材料直接达到思维结果的认识活动，是一种思考问题的特殊方法与状态。人们在思考问题时，借助直觉启示而对问题得到突如其来的领悟或理解被称为顿悟。顿悟属于潜意识思维，它的特征表现为功能上的创造性、时间上的突发性、过程上的瞬时性和状态上的亢奋性。在现实生活中，人们往往遇到这种情况：某个问题已经研究很久了，成天苦苦思索，仍然没有解决问题的思路。而在某个外界因素的突然刺激下，思考者头脑中突然出现了一种闪电式的高效率状态，顿时大彻大悟，一通皆通，问题便迎刃而解了。顿悟并非是某些科学家、艺术家、文学家所特有的，每个正常人的大脑都具有这种功能，差别仅在于顿悟出现次数的多少和功能的强弱，而不在其有无。顿悟并不是虚无缥缈的，它不会凭空发生，它只是垂青于那些知识渊博、刻苦钻研、经验丰富的人。勇于实践，积累广博而扎实的知识是灵感顿悟产生的基础。产生灵感顿悟的最基本条件是对问题和资料进行长时间的顽强的思考，直至达到思想的饱和，同时必须对问题抱有浓厚的兴趣，对问题的解决怀有强烈的愿望，使头脑下意识地考虑这一问题。

启迪是顿悟的关键诱因，它连接各种思维信息，是开启新思路的契机。当主体的灵感孕育达到一触即发的"饱和"状态时，只要有某一相关因素偶然启迪，顷刻就豁然开朗因此要留心观察周围的事物或现象，以便及时起到开窍作用。灵感顿悟来去倏忽，稍纵即逝，很难追忆，要掌握、珍惜最佳时机，善于捕捉闪过脑际的有独创之见的思想灵感顿悟大多是在思维长期紧张而暂时松弛时得到的，思考者要养成良好的学习、工作方法和习惯，注意张弛结合。要促进思考者产生顿悟，要创造相对安定的环境，否则不相关的信息太多，根本无法进入研究、探索的境界，也不可能造成灵感顿悟产生的境域，二创造性思维的灵感、顿悟好像是刹那间从天而降，其实人的潜意识活动在一定范围内得到显意识功能的合作，经历了一个孕育的过程，当孕育成熟时即突然沟通，涌现于意识，终于灵感顿发。正因为它有一个客观的发生过程，所以灵感顿悟并非是神秘莫测、不可捉摸的。在人的灵感产生以前反复思考，思想活动高度集中，已经把思维从显意识扩大到潜意识。思维在潜意识里加上偶然和显意识沟通，得到答案，就表现为灵感。周恩来总理用八个字，很好地概括了灵感产生的认识论基础，这就是"长期积累，偶尔得之"直觉、灵感的产生，都是创造经过长期观察、实验、勤学、苦想的结果。没有这个基础，灵感是不会飞进人的大脑的。创新创业工作中的灵感、想象往往是模糊的，如果不重视这种模糊的思维，就可能让灵感白白溜掉。

必须指出的是，直觉思维不会凭空而来，而是与专业知识背景紧密相连的，因此，直觉、顿悟乃至于在梦中产生的想法，都必须以一定的理论知识背景为基础，那种认为直觉、顿悟可以解决一切的想法是十分不切合实际的。

第二，利用想象突破传统观念，人的创造性思维来自丰富的想象，创造想象是创造活动的先导和基础。好的创造成果无不起源于新颖、独特的创造想象。人们在思考问题时，除了运用概念进行判断、推理外，还依赖于想象。广义的想象包括联想、猜测、幻想等想象把概念与形象、具体与抽象、现实与未来、科学与幻想巧妙结合起来，但值得注意的是：想象的东西在没有为实践证实之前，始终是想象而不是真理，要把想象变成现实，既要有一定的条件，也要有一定的过程，想象是带有某种程度的猜测性的，它至多是一种预测而已，而猜测或预测不一定都能实现。因此，我们在倡导想象、提倡培养自己丰富的想象力的同时，必须对想象保持清醒和不同程度的怀疑态度。

想象本身是以人类旧有的经验为基础，通过对这些经验的有意识重组，进而创造出来一个崭新形象的心理过程。人们在分析和解决问题时，可以通过一系列具有逻辑上因果关系的想象活动，来改善特定的思维空间，从而选择解决问题的手段和思维方法。

联想是想象的核心。联想是通过事物之间的关联、比较，扩展人脑的思维活动，从而获得更多创造设想的思维方法。联想可以通过对若干对象赋予一种巧妙的关系，从而获得新的形象。运用联想，可以使风马牛不相及的事物联系起来。联想是培养创造性心智机能的一种有效的方法，是通向新知识彼岸的桥梁。它可以在已知领域内建立联系，也可能从已知领域出发，向未知领域延伸，获得新的发现。不少成功的发明创造往往是通过联想获得的。联想不是一般的思考，而是思考的深化，是由此及彼、由表及里的思考一个人如果不学会联想，学一点就只知道一点，那他的知识不仅是零碎的、孤立的，而且是很有限的。如果善于运用联想，便会由一点扩展开去，使这点活化起来，举一反三，触类旁通，产生认识的飞跃，出现创造的灵感，开出智慧的花朵。联想能够克服两个概念在意义上的差距，把它们联结起来，从而发现某些事物的相同因素或某种联系，揭示出事物的本质。联想不是想入非非，而是在已有知识、经验的基础上产生的，对输入到头脑中的各种信息进行编码、加工与换取、输出的活动，其中包含着积极的创造性想象的成分。联想能力是人脑特有的一种能力。不过，并不是每个人都能因联想而有所发明创造，要使联想导向创造，必须懂得联想的类别和规则。

按人脑反映事物之间的关系不同，可把联想分为接近联想、类似联想、对比联想、因果联想和自由联想等。接近联想，是由在空间和时间上接近的事物形成的联系，而由一种事物想到另一种事物。例如由江河想到桥梁，由天安门想到天安门广场和人民大会堂，是对在空间上接近的事物的联想，叫作空间联想。又如由日落联想到黄昏，由"八一"南昌起义想到"秋收起义""广州起义"，是对时间上相接近的事物的联想，叫时间联想。类比联想也叫相似联想，是基于具有相似特征的事物之间形成的联系，而由一事物想到另一事物。例如由春天想到新生，由冬天想到冷酷，由攀登高峰想到向科学现代化进军。文学作品中的比喻，仿生学中的类比，都是借助于类比联想。对比联想由具有相反特征的事物之间的联系引起，由一种事物想到另一种事物。例如由寒冷想到温暖，由黑暗想到光明，由物体"高温膨胀"想到"深冷收缩"。因果联想是基于事物之间的因果关系，由一种事物想到另一种事物。例如由加压想到变形，由高质量想到高销售等。自由联想是对事物不受限制的联想。例如由宇宙飞船在太空航行想到建立空中城市，想到在其他星球上安家落户。

为了训练思维的流畅性，还可以运用急骤式联想法。这种方法要求人们像暴风骤雨那样，在规定的短时间内迅速地说出或写出一些观念来，不要迟疑不决，也不要考虑答得对不对、质量如何。评价是在训练结束后进行的。例如要求说出砖头的各种用途，学生可以答出：砌房子、筑路、磨刀、填东西、敲捶物品……又如哪些是圆形的东西？学生回答：皮球、纽扣、缺口、茶杯、锅盖、圆桌、车轮……答得愈快、愈多，表示流畅性愈高。

猜想是想象的重要形式。猜想是指人们发挥思维的能动性，对事物发展进程和未来关系进行预测、设想的一种思维方法。猜想法基于既有经验、又不受既有经验束缚的跳跃性。科学史上新的认识成果往往首先来自科学家的某种大胆假说和猜想。创业者在创新创业实践中要敢于大胆假设、小心求证，最后得到验证，才能获得真理性认识。

猜想的方式是多种多样的，它可以运用事物的相似、相反、相近关系作联想组合；可以用试错的方法将毫无关联的、不相同的知识要素组合起来；也可以运用创造性想象来补充缺少的事实，设想可能存在的联系。总之，在猜想这一过程中，人们可以尽情地猜测、假设、试错、修改，突破原有的知识圈，在既有的感性材料上起飞，把尽可能多的反映物质世界的思路、方案、模式建造起来，然后再加以对比，进行研究和论证，逐步淘汰错误的猜想，形成真理。

第六章
多元协同的大学生创新创业教育

第一节　高校创新创业人才的多元协同培养

高校创新创业人才"多元协同"培养中主要包括学校与学校外部的协同培养，也有学校内部的协同培养，是外部与内部协同培养的协调一致。本节通过对高校创新创业人才多元协同培养机制的基础理论、意义及其中所存在的问题进行了深入的研究分析，并针对问题给出有效的解决措施。

高校要想培养出优秀的创新创业人才，就必须结合时代发展的规律进行教育理念的创新，不断促进教育改革，优化培养模式。协同培养是以人才为主要核心，通过与其他高校、企业、政府等外部机构相互配合，实现多因素和多环节的协同配合，因此达到校内外的共同合作、协同培养，对教学资源进行有效的整合，发展成具有开放性的教育体系。

一、"多元协同"的基础理论

创新创业人才的培养需要突破原有的教育理念，使教育的平台更加广阔，更加丰富，更具有创新性。学校仅凭单一的教育模式，很难适应当前世界环境的发展变化，我国创新型国家的建设、创新型经济的发展有着更高的要求，需要加强与各界的合作，突破地域的限制，在协作上实现更高层次的融合建设，协同机制能够使创新型人才突破限制，呈现出新的形势，对协同机制的理论与驱动原理有更高的理解与掌握，对于创造创新创业人才的协同培养机制有着重要的影响。

二、"多元协同"的概念与意义

（一）概念

多元协同教育理念的核心在于人才创新的培养，人才培养的质量是高效教育的关键因素。竞争力的形成与发展，关系到如何培养创新型的人才，我国的人力资源不仅仅需要的是理论研究的方向指导，重点是怎么样落实可行的教育理念。创新型人才的培养需要通过与协同机制的相结合，为创新人才的培养提供有效的支撑与帮助。

（二）意义

创新创业教育是高校在社会竞争中立足的关键，同时也是我国创新型国家建设、创新型经济发展的核心。在理论层面来说，协同培养能够丰富创新创业人才的协同机制研究。主要在于传统的教育理念进行转变，使被动创业演变为主动创业，因此培养出具有创新创业知识技能的人才。在实践的层面来说，对创新创业人才进行多元的协同培养，代表着高校的教育理念不再是传统的单一的教育模式，而是通过建设开放型的教育理念进行创业教育，突破学校与外部企业、政府等机构间的界限，实现资源共享、共同合作的教育方式，从而促进学校与外部机构的协同培养。

三、高校创新创业人才多元协同培养机制的特点

（一）培养目标的一致性

创新人才协同培养的各个因素都具有关键性的作用。由于协同培养具有共同的教育目标，从而构建了一个交易体系，通过体系间的每个因素的相互配合、相互协作使每个因素都能够发挥出自身的作用，从而达到多元协作的目标。协同培养需要每个因素之间相互联系，共同促进发展，在创新创业人才的培养上，始终坚持一致的教育目标，汇聚培养合力。

（二）教育系统的开放性

创新创业人才的培养是一个多种因素共同发挥作用的过程，比如像高校中各种资源、企业机构的各种平台、政府的政策等，这些因素本来是独立地、封闭地发挥自身的作用。协同培养是需要各个领域之间摆脱封闭、独立的局面，以合作共赢为主要出发点，致力于消除隔阂，突破各个要素间的隔断，实现资源的高效共享，形成优势互补、共同

发展的协同机制体系，从而达到获得经济效益最大化的目标，使各个因素都能够发挥出自身的价值。

（三）教育效果的叠加性

创新创业人才的培养是需要多元领域的共同参与和协作。通过协同的机制作用，政府的政策导向、高效的教育模式、企业的技术等各因素的优势得到发挥，使各个因素在原有的结构、功能以及方式上产生新的质变，增强每个资源的使用效率与效益，激发了每个要素间的价值，在相互作用的同时产生效应，从而实现协同培养的目标。

四、高校创新创业人才多元协同培养机制中存在的问题

（一）教育体系还不够完善

当前，我国高校的创新创业人才培模式通过开展创业课程等活动进行，还处于经验发展不足的探索阶段，没有建立完善的协同教育体系。在创业创新人才培养的基础上，只能依靠高校进行教育，缺少企业机构、非营利组织的参与，使创新创业人才的发展趋势呈现出单一化的现象。然而，在高校培养创新创业人才的过程中，采用协同体系，加强各个主体间的相互协作与沟通，能够使资源达到有效共享，使协同教育的作用能够最大的发挥。

（二）创新创业教育没有健全

当前，我国的创新创业教育还处于探索的阶段，在高校中没有专门的学科教育，也没有可以授予学位的项目。纵观全局，创新创业教育体系正在尝试与正规的教育体系相结合，其主要表现在：其一，创新创业教育的目标还不明确，我国高校的创新创业教育对象一般在于学生，并没有进行针对性的教育，并且对于学生而言没有明显的突出性，使得创新创业教育在目标上不够清晰，没有层次的区分，不具有较强的针对性；其二，创新创业教育课程体系的建设还未完善，一般都以选修课程的形式展现出来，虽然在一定程度上提高了创新创业的重要性，但是教育体系还不够完善；其三，创新创业的教师队伍有待扩建，创新创业的教师队伍建设相对于创业教育来说，起步较晚。除了重视对专职教师的培养，企业机构的领导者和优质的技术人员也是不能够忽视的教育人员。另外，高效与企业、政府以及其他机构的合作要更加重视，协同发展是当前教育中必不可少的因素。

（三）校内外资源没有整合

在知识经济不断发展的背景下，高校处于开放创新的情况当中，与社会各个领域的

机构组织联系密切，高校的社会服务职能也受到重视。当前，协同创新已经被广泛使用，逐步替代了独立创新模式，成了创新理论的新的趋势，资源整合方面也得到了有效的共享。高校在教学、科研、人才培养等方面有着明显的优势。企业在资金、技术等方面也得到了明显的提高。高校需要加强与其他主体间的协同合作，深入激发自身潜能，也是需要高校通过协同机制来进行的，有效地整合校内外资源的创新，能够加强对创新创业人才的培养。

五、高校创新创业人才多元协同培养机制的创新

（一）建立完善的教育体系

高校应当注重对创新创业人才的培养，加强理论指导教育。主要包括：其一，加强对师资队伍的建设，加大对教师的培训力度，指派专业的教师到企业机构培养实践能力，从而提高教师的创新创业能力；其二，建立完善的课程教育体系，课堂是培养人才的重要途径。高校要对学生开展创新创业知识活动，增强学生的创新创业意识，对有创业想法的学生开展具有针对性的教育，同时，高校还要与创新机构进行有效的合作，强化课程的教学内容；其三，改进创新教育的教学方式，要依照培养的要求制订教学计划，丰富全体师生的创新创业知识，在专业课程体系中加入技术创业的内容。

（二）健全创新创业教育

创新创业人才培养是一个复杂的过程，需要多方面主体的参与，具有较强的开放性。高校应当顺应时代的发展，制定有效的培养方案，对教育体系进行及时的调整。要深入行业、企业、政府当中，进行深度的访谈与调查，了解机构组织的需求，将需求引入创新创业教育当中。另外，还可以使学生到企业中实习，更加近距离地了解企业发展的需要。

（三）对校内外资源进行有效的整合

高校应当建立具有开放性的大学教育制度。加强与外部企业机构的联系，重点关注校内外的交流沟通，主动与外部机构进行协同教育，积极开拓教学空间，为创新创业教育体系创造优良的环境。另外，设立创新创业学院，建立科学合理的教育管理体系，突破学院、学科、专业间的教学模式，使协同机制的创新创业体系得到落实。

创新是人类社会进步的核心动力和源泉，是一个国家、民族得以进步和延续的灵魂所在。创新与创业有着紧密的联系，正是由于创业家将各种要素组织起来进行再生产，并创新性地改变组合方式，才推动了经济增长。对于高校创新创业人才培养协同机制的

研究，在理论方面有待进一步深化，研究方法有待进一步创新，研究内容有待进一步丰富，研究水平有待进一步提高。

第二节　高校创新创业人才多元协同培养机制

高校创新创业人才多元培养机制主要在于内外结合协同培养人才。从外部角度分析，必须凌驾于不同的社会主体之上，突破它们的壁垒，促进整个网络系统的协调与配合，达到人才培养的目的。在学校内部，不同的要素与部门共同合作，让资源配置与行动共同得到优化。本节对此问题进行探析，分析实施中出现的问题，并提出了相关解决措施。

社会经济在快速发展中取得更大的进步，与创新创业人才是紧密相连的。近年来，高校在创新创业人才培养方面做了一系列的改革，并且取得了一定成效，但是仍然难以跟上当下发展的步伐。创新创业人才的培养带有一定的难度，要想高质量地完成这项复杂的社会工作，必须多方面地协调发展与合作。就结合发展现状来看，很明显存在着脱节现象，因此如何解决高校创新创业人才培养的问题是高校迫切要解决的问题。

一、多元协同培养机制的基本内涵与现实意义

多元协调培养机制是创新创业人才培养中各相关因素相互影响，相互作用与制约的结果。它包含了学校内部与外部，是统一的整体，不同社会主体之间的协同培养，学校内部为创新创业人才培养提供全方位的支持，从硬件与软件共同出发，相互补充，共同协作，达到资源的优化配置，最终获得进步。

多方协同与培养是创新创业人才实现的关键所在。创新创业人才有着独特的视角与思维，能够发现新问题、解决新问题，发现新事物、接受新事物，带有开创性。同时对于他们的培养需要更自由广阔的空间，高校作为单一的主体是没有办法完成这一使命的，必须融入更多的因素需求，才能有非常好的成效。需要多元主体的参与，类似于政府的大力支持，各单位的共同参与等，做到内外结合，这样才能从根本上解决创新创业人才的培养问题，有利于资源效能的放大与优化，从而带动整个社会的进步，满足社会发展的创业创新人才的需求。

二、多元协同培养体制的构建

无论是哪一种协同培养，都必须明确到每一个细节与要素，相互作用与配合，相互

协调与促进，在支持中完善系统的结构，保证整个创新创业人才培养的有序进行，最终达到人才培养的目的。

（一）外部协同培养机制体系

不断地完善多主体的参与，这是与政府、企业、学校、各行各业相关的体系，跨界，必须达到战略统一。高校必须设置专业机构，解决社会发展的需要，要有前瞻性，掌握当下社会的发展趋势，这样才能做到与产业的需求相对应。同时对于人才的培养，高校是关键成员之一，必须参与整个方案的制订，结合相关专业让学生了解专业发展与前景，从实际出发，收集相关单位对人才的反馈信息。以创新创业人才为目的，重新构建课程体系，在课程的设计上必须更加具有特色，与企业、课外教师相结合，共同合作与发展。以创新创业人才为导向，对评价模式进行调整，构建多元主体参与的质量评价系统。

资源缺乏在整个创新创业人才培养中是非常关键的问题。多元主体的共同协作，从政府出发必须制定相关政策给予支持，充分利用财政资源，鼓励学校与企业进行合作共同培养人才。利用学校的教育资源与人才优势，搭建政校企培养人才的平台。带动合作企业的转型与进步，完善技术的创新，改善服务，为学校提供更加专业的人才信息反馈。不同的主体拥有着不同的利益追求，这样才能维持长期的合作。在整个合作中，必须注重三者利益的平衡，政府政策与财政的支持，企业实践基地，高校的教学优势，聘请专业的技术型人才教师，提升整个教师队伍的能力与素质，参与创新创业教育以及相关企业的实践活动，明确相关产业的发展趋势，共同协作，这就是多元协同培养机制的重要体现。

（二）内部协同培养机制体系

国内一些院校的教学在教学模式上相对传统，不能满足当下社会对人才的需求。办学资源相对分散，学科与专业之间清晰分隔，教学方式封闭，长期如此不利于向创新创业模式进行转化，最终导致整个人才培养系统没有一个统筹的规划，人才培养的质量与效益都受到了一定的影响。因此高校必须提高警惕，注重内部协同培养机制体系的建立，将资源集中并进行优化配置，培养出优秀的人才，满足当下社会发展的需求。

首先，从课堂出发，必须注重人才培养的协同发展，每节课之间要形成衔接，从传统的相对割裂模式走向融合。确立创新创业人才培养的理念，明确人才培养的目标。可以进行跨学科专业的设置，进行不同方式的人才培养，可以从类别与专业进行分化，从学生的兴趣出发加强引导，让学生自主选择自己喜欢的专业，这样学习起来更有激情。对于课程的设置要更加多元化，这样可以为学生提供更多的知识选择。鼓励双学位多专业技术人才的发展，可以成立相关实验班进行培养，将学科充分综合起来，从整体上带动学生的发展。

其次，教育与科研必须做到融合。在大学中，科研带有教育性，培养创新创业人才必须充分利用科研的教育性。通过相关科研活动，提高教育水平与创新创业人才的培养能力。教师与学生都会从中受益，掌握专业的知识，推动彼此的共同进步。教师获得了更前沿的专业知识，学生也开阔了思维，提高了科研素质，所以将科研与教学相结合有利于创新创业人才的培养。积极地鼓励学生参加科研活动，举行科研竞赛让学生从中获得乐趣，这样才能推动整个创新创业项目的发展。学校必须充分发挥自身的主观能动性，注重学科与专业一体化的发展。学校的各个部门都要发挥自身的作用，全身心投入到创新创业的项目中去，了解整个项目的发展，了解社会的发展需求，从而在人才培养上实现更大的进步。

高校创新创业人才机制是社会快速发展的产物。传统的教学模式已经无法满足当下社会发展的需求，所以高校创新创业与多元协同人才培养机制的融合，赋予了整个教学改革新的内涵，带来了发展机遇。推动多元协同人才机制的发展，必须内部与外部相结合，从多元主体出发，平衡利益，政策与财政支持，教学软件与硬件相结合，才能从根本上推动整个高校创新创业人才项目的进步。

第三节　地方行业高校创新创业人才"多元协同"培养机制

伴随着国务院《关于深化高等学校创新创业教育改革的实施意见》的出台，高校在创新创业人才培养方面进行了一系列尝试，取得了一些成效，但仍然无法满足社会对创新创业人才的需求。创新创业人才培养是一项系统工程，需政府、高校、行业、企业等多方协同培养。在此背景下，高校应该做些什么？如何去做？这是高校面对时代要求必须回答的问题。

在长期服务行业发展过程中，地方行业特色高校在行业内积淀了良好的人脉和较高声誉，其贡献和价值不仅赢得了行业内企事业单位的赞许，同时，也得到了社会的广泛认同，相比其他高校，在行业科技创新和人才培养方面，比较优势明显。因此，地方行业特色高校在产学研协同育人方面，应基于行业科技创新前沿，持续为行业发展提供人才培养支撑。但实践中，由于我国高校创新创业教育起步较晚，在培养机制上，政府、高校、行业与企业等组织尚未形成合力，存在较为严重的脱节现象。因此，如何有效整合各种资源，构建创新创业人才"多元协同"培养机制，就成为当前地方行业特色高校创新创业人才培养亟待回答的问题。

一、创新创业人才培养过程中存在的问题

近年来，尽管政府相继出台了《关于大力推进大众创业万众创新若干政策措施的意见》《关于深化高等学校创新创业教育改革的实施意见》等一系列政策，鼓励校企合作、产学融合提升大学生创新创业能力，但由于受多种因素的影响，实际执行过程中仍然存在着校企两张皮问题，在培养机制上，政府、高校、行业与企业尚未形成合力，存在较为严重的脱节现象。

（一）重视创新创业课程设置，忽视课程质量提升

虽然绝大多数高校开设了创新创业相关课程，但在培养过程中依然片面强调记忆功能，流于知识的传授。存在重视教师"一言堂"传授，忽视师生互动创新；重视知识的传授和积累，忽视知识的创造与实践的现象。学生自主探索的能动性和创造力难以充分发挥，教学效果和质量难以保证。

（二）重视"政校行企"合作协议签订，忽视"多元协同"深度融合

目前，很多高校虽然与政府、行业、企业之间存在合作关系，但实际执行效果并不理想。具体表现在：有些只注重合作协议的签订，停留于表面的一纸协议，忽视协议的履行；有些虽有合作，但仅停留于学生参观、毕业实习等层面，合作的深度和广度不尽如人意。同时，政校行企之间"四元协同"参与度不高，校内外资源整合不够，亟须顶层设计和系统规划。

（三）重视单一导师制，忽视多导师协同培养

学生创新创业能力的培养，指导老师无疑是重要的外部因素之一。目前，虽然一些高校鼓励"双栖型"师资队伍建设，并尝试导师组集体培养模式改革，但在执行过程中，导师组形同虚设，其结果依然是单一导师制。单一导师制难以发挥学科交叉，孕育创新创业思维的作用，与创新创业人才培养的要求差距较大，多导师协同育人机制是解决这一问题的有效途径。

（四）创业实践资源平台建设滞后，创业孵化落地支撑乏力

由于受经费短缺困扰，我国许多地方高校长期以来对创业实践教学基地、创业类实践竞赛、大学生创业园等建设投入不足，致使创业实践资源平台建设滞后，其后果是制约了学生创业团队入驻地方创业孵化器等活动的开展，创业孵化落地支撑乏力。

二、地方行业高校创新创业人才"政校行企"协同培养优势

地方行业特色高校在长期服务行业发展过程中形成了鲜明的行业背景优势。目前，为满足创新创业人才培养的需求，理应将传统优势转化为产学研协同育人优势。其优势主要体现在两方面。

（一）行业内传统优势学科突出，为"政校行企"协同培养提供科技支撑

地方行业特色高校在其行业领域和某一特定层面具有综合性高校无法比拟的科技和人才资源优势，行业内高水平的专家学者及较强的科技创新实力，赢得了行业内企事业单位的赞许和社会的广泛认同。鲜明的行业特色背景和良好的声誉，使得地方行业特色高校相比其他高校，在"政校行企"协同育人方面比较优势明显。

（二）行业内校友资源丰富，为"政校行企"协同培养提供人脉支撑

在长期办学过程中，地方行业特色高校培养的各类人才广泛就职于行业内各个单位，其中部分校友已担任各级领导岗位，他们了解行业发展状况，掌握更多社会资源和信息，成了学校与行业内各单位保持联系的纽带，同时也成为学校创新创业人才"政校行企"协同育人的重要人脉资源。这些都是其他综合性高校短期内难以企及的比较优势。

三、地方行业高校大学生创新创业人才培养模式构建

为了提升大学生的创新创业能力，充分发挥地方行业特色高校在创新创业人才"多元协同"育人方面的比较优势，构建多元协同的"1+2+3+4"培养模式。

（一）"1+2+3+4"培养模式的含义

"1+2+3+4"培养模式是指集政校行企多方资源，围绕一个培养目标（以培养创新创业人才为目标），体现两个能力层面（专业实践能力、创新创业能力），组建三个中心（教育中心、指导中心、孵化中心），实现四元协同（校、政、行、企），旨在激发学生创新思维，提高创业能力的一种产学融合培养模式。通过引入校企、校行、校政融合机制，实现培养目标、培养方案、培养过程以及培养评价的全程渗透和多元协同，突出"创新创业能力"培养特色。

（二）"1+2+3+4"培养模式的实施路径

"1+2+3+4"培养模式的特点是针对地方行业特色高校创新创业人才培养过程中

存在的不足，引入"政校行企"协同机制，即通过政府、学校、行业、企业四元协同方式对培养模式的四大要素（即培养目标、培养方案、培养过程以及培养评价）进行全程渗透和融合，突出"创新创业能力"培养特色。具体实施路径如下。

1. 开设校企双线交织的创新创业课程体系，解决知识结构优化问题

创新创业人才培养是一个系统工程，需要多方共同参与，具有较强的开放性。面对互联网、大数据、人工智能等信息技术发展及供给侧结构改革等经济新常态的挑战，高校应主动适应社会发展变化需要，及时优化培养方案，调整课程体系。一是采用"请进来"和"走出去"的方式，一方面定期邀请行业专家为师生作本行业发展趋势报告，让师生了解专业发展的前沿动态；另一方面，深入行业、企业、政府相关部门进行广泛调研、深度访谈，了解用人单位的最新需求，引入企业优质资源共建"创新创业导论""商业模式概论""项目管理""创业案例分析"等课程。将跨专业课程以"互联网＋专业类课程"的模式作为创新创业与专业结合的拓展方向嵌入课程体系，全面培养学生的专业基础与创新创业拓展能力。二是校企联合编写由企业专家参与的符合创新创业人才培养的校企一体化教材或产学结合实训指导书，部分实践类课程可直接安排学生到企业学习，有些课程也可聘请政府、行业、企业人员做兼职教师来校独立或与校内教师共同授课，深度参与教学过程实施。

2. 实施"合作导师"制，建立创客导师库，解决创新创业教育师资短缺问题

师资队伍建设是实现人才培养目标的核心。"合作导师"制集校内外多位导师于一组，满足创新创业人才培养对高水平、职业化、实践指导能力强的师资队伍的要求。一方面，选聘企业家、企业高管担任校外导师，形成"企业讲师团"，并通过建立"企业教师工作站"及合作企业在学校设立办公室的形式，使得"企业讲师团"驻校从事相关培训、开设专题讲座成为常态。同时，企业和行业协会可定期不定期在校园举办各种创新创业竞赛，为实践性教学注入新的活力。另一方面，安排学生到校企合作基地顶岗实习，由校内外导师联合指导，校内外导师定期开碰头会，共同研讨实训中遇到的各种问题，并结合实际情况动态调整实训计划。此外，学校可通过政府部门和行业协会广纳人才，成立创客教育导师库，从国内外引入一批热爱创新创业并乐于与学生分享创客经历的超级创客加入导师库成为兼职导师，兼职导师的授课方式不必拘泥于传统面对面的授课模式，可以考虑在线微课、直播等突破地域空间限制的丰富多样的创新性教学模式。通过"合作导师"制和"创客教育导师库"的建立，解决创新创业人才培养的智力支持问题。

3. 注重校企文化融合，点燃大学生创新创业激情

校园文化以学校独特的办学理念、地域文化、历史传统的积淀为特征，企业文化以

企业经营和服务理念、制度文化、创新精神、战略目标为特征。无论是校园文化还是企业文化，其"内核"和"灵魂"是精神文化，物质、行为、制度文化是"载体"和外在表现。两种文化的兼容，主要是将企业的文化精髓融入学校的办学理念和定位中，防止忽视开拓进取精神层面的融合而热衷于物质、制度、行为文化的对接。一方面，邀请企业家进校园以专题讲座和创新创业沙龙形式现身说法，向学生讲解校园文化如何与企业文化如竞争意识、敬业精神、效率意识有机融合。通过校企文化融合，将企业家的创新创业精神和优秀企业的核心价值观渗透到学校的校风、学风中，倡导开拓进取的精神。另一方面，学校可成立创新创业社团、在微信公众号上设立专栏等形式，多维度地营造敢为人先、勇于探索、宽容失败的氛围和环境。通过"校、政、行、企"多方协同，借助与政府、行业、企业联合举办各种创新创业大赛的机会，培育创新创业校园文化，点燃大学生创新创业激情。

4. 完善创业孵化服务体系，解决创业实践资源平台问题

脱离实践的创业教育必将是失败的，必须把创业实践作为创新创业教育的核心内容之一。一是模仿企业创业过程与经营环节进行仿真实践，在校内建立创新创业综合实训指导中心，从由各级政府创新创业指导部门、超级创客、优秀企业家等组成的导师库中抽取相关导师，形成专家顾问委员会，采用合作形式指导学生的创新创业活动。二是在校外建设大学生创业园，整合校内外各种资源，构建包括政府层面、高校层面、社会层面三大子体系在内的大学生创业孵化体系和中心，引导学生创业团队入驻地方创业孵化器等创新创业实践平台，实现与具有创业孵化属性的众创空间内外互联互动。三是进一步完善"项目挖掘＋团队遴选＋过程辅导＋引资推动＋入驻经营＋政策服务＋孵化落地＋管理咨询"的创业管理机制。

四、"1＋2＋3＋4"多元协同培养模式运行保障措施

（一）强化组织管理顶层设计

从某种意义上看，无论是内部还是外部的协同培养，大学内部的制度壁垒对多元协同培养的制约更大（别敦荣、胡颖，2012）。因此，首先，高校应建立开放包容的现代大学制度。学校应密切与社会联系，注重内外互联互动，主动谋求外部合作，积极拓展办学空间，整合各方资源，为创新创业教育创造良好的生态环境。其次，设立创新创业学院。以创新创业学院的设立为契机，构建科学有效的组织管理体系，打破院系、学科、专业之间传统的建制模式，由创新创业学院具体实施创新创业人才培养工作。

（二）完善沟通协调机制

创新创业人才"1+2+3+4"多元协同培养模式的推进，需要政府、行业、企业多方参与，因此，学校应建立良好的沟通机制，进一步加强与地方政府、行业协会、相关企业的互联互动。其一，强化与政府部门沟通。协同培养过程中，对于一些可能超出大学职能范围的关系，可以请示政府出面进行引导，或者由政府利用资源优势搭建协同创新中心、大学科技园等合作育人平台。其二，强化与行业部门沟通。行业部门既了解行业企业的需求又统领行业企业，因此，可以通过与行业部门的沟通，择优选取具有代表性的行业企业作为创新创业教育实践平台。其三，强化与企业的沟通。通过与企业的沟通，提高彼此的信任度，借鉴企业经营与创业过程，并根据互补性、战略契合性进行模拟仿真，在校内建立创新创业实训中心。

（三）拓宽融资渠道

创新创业实践教育尤其是创业实践与孵化离不开资金的支持。因此，高校应拓宽创业融资渠道，充分利用各方资源筹措资金，为创新创业教育提供经费保障。一是学校设立创新创业基金，为大学生创新创业提供初始资金支持。二是学校可多方位、多手段推介大学生创业项目，吸引更多诸如天使投资、风险投资等企业关注并提供资金支持创新创业教育。三是利用好政府鼓励大学生创新创业的各项优惠政策，通过财政资金引导社会资本向大学生创业项目投资，多渠道筹措资金，资助大学生创新创业。

（四）建立弹性学分制

根据创新创业人才培养要求，创新考试及学分制制度，借鉴国内外先进经验，实现"创业学分制"和"弹性学分制"。一方面放宽学生修业年限，允许具备创新创业潜质的学生申请休学创业，学校应当保留处于创业期的学生的学籍。另一方面建立创新创业学分积累与转换制度。对休学创业后回校继续学习的学生，其之前以及创业过程中取得的创新创业学分可累计计算，对其毕业实习、毕业论文可采用"转换制"进行考核。具体做法包括：（1）用"创业证明"替代"毕业实习证明"。创业证明须由工商部门或者创业团队出具，凭此不仅可申请创新创业学分，而且可免于毕业实习；（2）用创业期间完成的"研究报告、策划方案等"替代"毕业论文"。研究报告及策划方案主要是指创立企业的可行性研究报告、招标投标方案以及生产产品的市场推广计划或调研报告等，凭此可申请获取毕业论文学分。

（五）建立科学的考评制度并严格执行

应构建有利于学生创新创业能力培养的评价体系并严格执行。一是强化导师遴选和动态管理。一方面制定科学合理的导师遴选制度，把好合作导师"进口"关，使胜任能力和责任心"双强"的优秀导师脱颖而出，并吸收进入导师组。另一方面严格考评制度，实施"退出"机制，把好合作导师"出口"关。制定考评奖惩制度，明确导师的岗位职责，并定期考核，对难以胜任创新创业教育、未能履行岗位职责的导师实施淘汰制，保障导师队伍的动态管理。二是实行学业成绩考核和评价方式的多元化。强化考查学生的创新精神和实践应用能力，改变单一的学业成绩考核方式，注重对学生在创业过程中的评价，不以创业成功与否作为最终的评价结果，主要以学生在创业实践中的体验作为其考核、评价重要基点，并设置权重在学生评奖评优环节予以适当体现。

（六）落实激励机制

一是加大对创新创业教育专项经费投入，并采取多方措施，提高创新创业专项资金使用效益。二是鼓励胜任能力和责任心"双强"的专业教师结对指导学生创业团队。学校应认定老师工作量，并在聘期考核、职称晋升、评优评奖环节作为重要业绩予以考虑，从制度的设置上鼓励专业教师参与创新创业教育，并贯彻落实到位。三是对开展创新创业教育成效显著的二级院部予以表彰，并在后续课题研究的立项、相关专项经费的核拨等方面予以适当倾斜。

第四节　多元智能视角下专业教育与
创新创业教育的协同方法

党的十八大以来，科技创新摆在了国家发展全局的核心位置。在"创新驱动发展战略"的引导下，教育部进一步提升创新创业教育的战略定位，从 2012 年 2 月开始，教育部推行实施"本科教学工程"国家级大学生创新创业训练计划，旨在"促进高等学校转变教育思想观念，改革人才培养模式，强化创新创业能力训练，增强高校学生的创新能力和在创新基础上的创业能力"。由此全国各高校的大学生创新创业教育（以下简称大创教育）受到了高度的重视，并取得了快速发展。

高校在大力推进大创教育的过程中，也出现了一些缺失，主要体现在以下三个方面：一是专业教育模式仍沿着过去的惯性继续前行，没有顺应形势变化进行改革，或者改革的力度不能满足形势的要求；二是一些大创教育研究者忽视了传统专业教育对创新能力培养的作用；三是部分大创教育实践者另起炉灶，脱离专业教育开展大创教育。由此在专业教育和大创教育之间，存在一定的脱节，未能实现有效的协同，影响了两方面的教育教学效果。

出现这些问题的原因是复杂的，解决这些问题也需要综合治理。本节基于多元智能理论的教育学启示，分析了专业教育的多元化教学模式、大创教育的多维度训练模式，提出了专业教育和大创教育协同的路径和方法，并在教育教学活动中进行了实践。

一、多元智能理论的教育学启示

加德纳的多元智能理论在当前美国教育教学改革中产生了广泛的积极影响，已经成为许多西方国家 20 世纪 90 年代以来教育教学改革的重要指导思想。在我国的基础教育中，多元智能理论得到了高度的重视，近年来进行了大量的应用研究，取得了丰富的成果，但是在高等教育界则研究得较少。实际上，多元智能理论对高等教育的改革，也具有积极的启示作用。

（一）多元智能理论的基本内涵

加德纳的多元智能理论，主要有以下四个方面的含义。

第一，每一个体的智力都具有自己的特点和独特的表现形式。在加德纳的多元智能理论看来，作为个体，每个人都同时拥有相对独立的八种智力，而这八种智力在每个人身上以不同方式、不同程度的组合使得每个人的智力各具特点，同样具有较高智力的人，可能是一名作家，一名数学家，也可能是一名运动员。

第二，智力强调的是个体解决实际问题的能力和生产、创造出社会需要的有效产品的能力，智力应该强调两个方面的能力，一个方面的能力是解决实际问题的能力，另一个方面的能力是生产及创造出社会需要的有效产品的能力。

第三，个体智力的发展方向和程度受到环境、教育的影响和制约，尽管各种环境和教育条件下的人们身上都存在着八种智力，但不同环境和教育条件下人们智力的发展方向和程度有着明显的区别。

第四，多元智能理论重视的是多维地看待智力问题的方法，承认智力是由同样重要的多种能力而不是由一两种核心能力构成，承认各种智力是多维度地、相对独立地表现出来而不是以整合的方式表现出来。

（二）多元智能理论的教育学启示

在加德纳提出多元智能理论之后，各国学者主要是教育家从不同的角度对其进行了延伸研究，其中也包括一些分歧和争议。一般来说，能够获得普遍认同的多元智能理论的教育学启示包括以下三个方面。

（1）人的智能是多元的

人的智能是多元的，或者说人的能力是多维度的。虽然不同维度的能力之间存在耦合关系，很难将不同的能力截然分开，不同的学者可能有不同的维度分类方法，但是可以将人的能力分成不同的维度进行研究。

（2）能力既是先天性的又是后天性的

同一个个体的不同维度的能力存在差异，不同个体某一个维度的能力也存在差异。这种差异，既有先天的因素，又有后天的因素。先天因素具有决定性的影响，后天因素可以一定程度上加以改变。

由于个体在不同维度的能力存在差异，因此需要因材施教，以充分发挥不同学生的能力特长，提高教育的效果；由于不同维度的能力都是可以后天培养的，因此在教育活动中，要注重多维度提升学生的能力。

（3）能力的后天性成长是非线性的

能力的训练成长曲线具有普遍意义，大量的研究结果表明，对任何能力进行指标量化测量，都能够得到形状相似的训练成长曲线。虽然不同的能力训练可能得到的曲线并不完全相同，形状可能更为复杂，会出现多个拐点，但是基本趋势是相同的。

能力成长曲线具有两方面的指导意义。一是特殊专门人才的选拔方面，由于能力的极限值训练之前或训练初期是不可知的，但是极限值与初值、初始上升速度正相关，可以根据初值、初始上升速度来预测、估计极限值，以此作为某一方面特殊专门人才的选拔依据。二是在教育科学方面，首先是确认能力可以通过训练得到成长，其次是能力训练存在效率问题，必须根据能力需求进行适当训练，充分利用能力训练初期成长较快的特点，兼顾能力成长值与训练效率之间的平衡。

二、多元智能视角下的专业教育改革

专业教育的基本任务有两个，一是传授学生必要的专业知识，二是培养学生专业知识的应用能力。这两个任务是相互耦合的，传授知识的过程中培养了学生的能力，培养能力的过程中也让学生获得了知识，一般无法将两个任务的完成过程截然分开。专业知识的应用能力，即是利用专业知识分析问题、解决问题的能力，按加德纳的观点，就是"智能"，按一般创新能力的定义，就是创新能力。

根据我们对学生的问卷调查，学生在第一课堂学习所花的时间（包括课外完成作业时间），占学生实际有效学习时间的比例平均高达 90%，因此第一课堂（即专业教育教学活动），应发挥创新创业能力培养的主渠道作用。我院各专业课程的理论教学环节与实践教学环节，学时比例平均约为 3.2:1，因此在专业课教育教学活动中，理论课教学应发挥创新能力培养的主导作用。

为提高学生的创新能力，并在提升创新能力的基础上培养学生的创业能力，应主要立足于专业教育的改革，特别是专业教育中理论课教学的改革。通过改革专业教育的教学模式，提升专业教育对创新能力的培养效果。

从多元智能理论的角度看，要想提高学生的能力，必须因材施教。但是针对每一个具体学生来因材施教，对于现有教育是不现实的。首先，教师的人数达不到，不可能每一个教师仅针对某个或某几个学生进行教学活动；其次，教师的能力达不到，很难要求所有专业课教师都是心理学、教育学方面的专家，或者具备因材施教所需的教育科学方面的知识和能力。但是可以将专业教育的教学活动分成几种不同的模式，让学生根据自己的特长从不同的教学模式中获取知识或提升能力，同时通过不同的教学模式，从不同的维度训练、提升学生的能力，以此达到因材施教的效果。常用的教学模式有以下几种。

（一）课堂教学模式

教师讲、学生听的课堂教学模式，是经典的教学模式，也是最为有效的教学模式，过去和现在都是主流的教学模式，在可预见的将来仍然会是主流教学模式。首先，这种教学模式，学生主要利用语言感知能力来获取知识，虽然不同学生个体的语言感知能力存在差异，但是在人的各种能力中，语言感知能力是相对比较强的，因此这种教学模式对所有学生都存在相对较好的教学效果。其次，这种教学模式比较容易实现，基本上有黑板、粉笔或类似电子产品就可开展教学活动。最后，是适用范围广，绝大多数教学内容都可以采用这种教学方式。

（二）多媒体教学模式

多媒体教学模式，是针对特定的教学内容，以模型、三维动画等方式呈现教学内容的教学模式。这种教学模式，学生主要利用音乐、空间智能来获取知识，可以作为一种独立的教学模式，也可以不作为一种独立的教学模式，而是作为课堂教学模式的辅助手段。多媒体教学模式存在一定的适用范围，有些教学内容不适合采用，或者采用的意义不大。

（三）互动教学模式

互动教学模式，学生主要利用人际关系智能来获取知识。从对象上来说有师生之间的互动和学生之间的互动，从互动的时间来分有课上、课下的互动，从互动的空间来分有真实空间的互动和网络空间的互动。互动教学模式可以发挥并提升学生的沟通交流能力。

（四）实践教学模式

实践教学模式也是目前广泛采用的教学模式，学生主要利用身体运动智能来获取知识。实践教学模式从空间上来说，也分为计算机仿真实验（含网络虚拟实验）和真实实验两种方式。两种方式涉及的智能类别可能有所区别，但是都对获取知识、提升能力具有重要的作用。

上述各种教学模式，通常不是单独存在的，不是单独起作用，需要相互协同。专业教育的改革，就是要针对具体的教学内容，设计不同的教学模式之间的整合与互动，从而最大限度地让学生发挥自己的能力特长来获取知识，同时通过不同的教学模式对学生相应的能力进行训练。知识的学习过程和知识的应用过程，通常是融合在一起的，比如学生做一道习题，在增强对知识的理解、记忆的同时，也训练了对知识的应用能力，训练了利用知识分析问题、解决问题的能力。任何一种教学模式都有其长处也有其不足，针对具体课程或具体教学内容注重某种适宜的教学模式是可取的，但是整个专业教育如果偏重任何一种教学模式，都会造成"营养不良"，不利于发挥学生多元智能的特长，不利于训练学生的多元智能。只有不同教育教学模式的合理整合和互动，才能实现多元智能的利用和训练的最优化，才能通过专业教育有效地提升大学生的创新创业能力。

三、多元智能视角下大创教育的实施

近年来我国各高校掀起的大创教育热潮，大多以两种形式开展大学生的创新创业教育，一种是开设专门的创新创业课程，另一种是开展各种课外创新创业学习活动。无论是从创新创业课程与专业课程的学时数比较来看，还是从学生在第一课堂和第二课堂所能花费的学习时间比例来看，大创教育都应该以专业教育为基础，作为专业教育的必要补充，并对专业教育进行有意义的延伸。

（一）创新创业教育的内涵

如前所述，专业教育本身就是以培养学生分析问题、解决问题的能力作为主要任务，从这个意义上说，专业教育本身就是创新创业教育，并且是创新创业教育的主渠道。我国学界对创新创业教育赋予了特定的含义，以区分传统的专业教育，主要是为了强调创新创业教育的特点。

创新教育就是通过教学活动来培养学生的创新能力，增强学生创造新的、有用的思维产品的能力。对创新教育的理解，既要考虑创新教育的历史和已经形成的理念，又要考虑到创新教育已有的积累和将来的发展。创新教育既是一种反映时代需要的新的教育理念，也是一系列"为创新而教"的教育教学活动。从整个社会层面来看，凡是以培养人的创新思维、创新素质和创新能力为主要目的的教育都可以被称为创新教育。

创业教育是培养人的创业意识、创业思维、创业技能等各种创业素质，并最终使被教育者具有一定的创业能力的教育。创业教育并不等于创建企业的教育。创业首先不能仅仅被当作一种纯粹的、以营利为目的的商业活动，而是渗透于人们生活中的一种思维方式和行为模式。创业活动要求大学生具备自主、自信、勤奋、坚毅、果敢、诚信等品格与创新精神，要求大学培养未来创业者与领导者的成就动机、开拓精神、分析问题与解决问题的能力。创业教育的宗旨在于培养学生的创业技能与开拓精神，以适应经济全球化的挑战，并将创业作为未来职业的一种选择，转变就业观念。创业教育不仅传授关于创业的知识与能力，更重要的是，要让学生学会像企业家一样去思考。也就是说，创业教育有两层目标：第一层目标，创业教育的主要任务是培养大学生的进取、开拓精神，使所有大学生成为高素质创新人才，这种精神是做任何事都必须具备的，所以即便没有创业意向的学生，也应该积极接受创业教育；第二层目标，培养学生形成创业所必需的领导力，包括商业谈判技巧、市场评估与预测、启动资金募集方式、新创企业申办、新创企业的风险防范和战略管理等，并使学生具备关于金融、财务、人事、市场、法规等方面的基本知识，从而推动大学生自主创业。

创新创业教育作为我国提出的一种新的教育理念，并不是创新教育与创业教育的简单叠加，而是在理念和内容上实现了对创新教育或创业教育的超越。在理解创新创业教育时，有的研究者将创新与创业割裂开来，偏离了创新创业教育的内涵。创新创业教育不是两个概念的交集，而是一个新的完整的概念。创新创业教育的核心是培养大学生创新精神、创业意识和创业能力，引导高等学校不断更新教育观念、改革人才培养模式、教育内容和教学方法，将人才培养、科学研究、社会服务紧密结合，实现从注重知识传授向更加重视能力和素质培养的转变，提高人才培养质量。在创新创业教育中，创新与创业相互作用、相互影响、贯穿始终，共同构成了创新创业教育的核心。

（二）大创教育应密切联系专业教育

跨专业成才在历史和现实当中都是存在的，但毕竟是小概率事件，这些小概率事件的社会影响和社会价值有可能非常大。高等教育显然不能追求小概率事件，应以培养本专业高素质的建设人才为目标，因此高校的大创课程和大创活动，应以专业教育为导向，紧密围绕专业教育开展。

1. 大创教育应面向专业所需的能力

从多元智能的角度看，不同的专业需要的能力存在差异，大创教育应基于专业特点开设课程、开展活动，通过大创课程和活动，强化训练专业发展所需的专项能力。由于能力的耦合性，很难严格界定专业所需的专项能力，也很难明确区分一般性能力和专项能力，通常只能了解专业所强调的能力维度和一般训练方法。大创教育可以发挥灵活的特点，开展丰富多彩的教育教学活动，在训练学生创新创业一般性能力的基础上，着重强化专业所需的专项能力。

2. 大创教育应密切结合专业内容

由于电子设计类、计算机类、机器人类的竞赛比较容易开展，并且关联的专业又非常广泛，目前有影响的创新创业竞赛基本上都为这几类竞赛。在竞赛效应的驱动下，一些学生甚至是创新创业教育者的意识中形成一种误区，好像创新创业教育的主要内容，就是进行着几种竞赛方面的培训。我们从教育部 2016 年发布的高校排名前 10 名高校中随机选取 3 所高校，对其网上公布的 2017 年大学生创新创业训练项目进行分类，3 所高校的项目中，电子设计、计算机、机器人等类的项目占全部项目的比例分别为 52.3%、56.4%、58.9%，而专业相关的创新创业项目占比则相对较小。

这些竞赛通常不要求掌握原理、算法，比如机器人设计大赛的竞赛规则明确要求不能涉及算法。竞赛内容与多数参赛学生所学的专业关联度不大，既不用掌握原理又不用设计算法，仅需要会实现，这类竞赛当然有其存在的价值和意义，但是作为面向大学生创业教育的方向显然不合适。大学生创新创业训练项目应该结合专业知识设计选题，其他大创教育教学活动也应该密切结合专业实际，利用不同形式的大创教育教学活动，培养学生的专业兴趣，将专业科研创新能力和创新创业能力的培养相融合。

（三）大创教育应作为专业教育的延伸

在现有的专业教育体系中，受学时数的制约，确实在对学生的创新创业能力培养方面存在一些薄弱环节，特别是在创业教育方面。大创教育应设法补齐专业教育的短板，成为专业教育的延伸。主要包括以下几个方面。

1. 开设具有专业特色的创业基础课程

2012 年 8 月，教育部办公厅印发《普通本科学校创业教育教学基本要求（试行）》

的通知，指出"高等学校应创造条件，面向全体学生单独开设创业基础必修课"，同步还印发了《"创业基础"教学大纲（试行）》。开设创业基础课程时，要以教育部的教学大纲为基础，融入专业元素，增加专业相关案例，通过创业基础教育教学活动，弥补专业课教育在创业教育方面的不足。根据教育部的文件精神，近年来我们陆续开出了具有专业特点的"大学生创新基础"和"大学生创业基础"课程，作为实现专业教育与大创教育耦合的一个路径。

2. 与企业协作开展协同创新活动

与专业相关的企业协作，聘请企业家或企业科技人员作为创新创业指导教师，以企业的真实课题作为大学生创新创业训练项目的课题，加强大学生与企业家、企业科技人员之间的互动协作，开展大学生与企业之间的协同创新教育教学活动，增强学生的专业兴趣，着重培养学生的"岗位创业"意识。

3. 开展多元化的课外创新创业活动

实施"大学生创新创业训练项目"，应注重以专业科研前沿相关的研究内容作为训练项目的课题，结合开设创新思维选修课程、举办各种形式的讲座，增强学生的创新意识。开展与专业相关的创新竞赛，开设创客空间，举办创客沙龙，等等，利用丰富多彩的课外创新创业活动，多元化训练学生专业相关的创新创业能力。

学生在专业课程上所花的时间，占可用学习时间的绝对多数，专业教育要发挥创新能力培养的主渠道作用，要将创新创业教育融入专业教育的全过程。在专业教育中进行多种教学模式的整合，让具有不同能力特长的学生能够从不同的教学模式中获取知识，同时利用不同的教学模式训练学生不同的能力。大创教育要融入专业元素，结合专业科研内容开展创新创业活动，利用丰富多彩的课外创新创业活动，补齐专业教育在创新创业教育方面的短板，延伸、发展专业相关的创新创业教育，利用多元的活动从多维度强化学生的能力。

自 2013 年以来，我院按照上述模式进行专业教育改革、开展大创教育，取得了良好的效果。我院 2017—2018 学年，立项的院级大创项目共 90 项，其中 71 项是专业相关的课题，占比约 79%。2016 级、2017 级参与大创项目的学生，占全年级学生人数的比例达 90% 以上，基本上接近全员参与。大量的专业相关的大创项目和大创教育活动，密切了师生在专业方面的交流，起到了与专业教育相辅相成的作用。几年来的教育实践表明，专业教育与大创教育协同的模式，受到了学生的广泛认同，大创教育与专业教育的协同，达到了"1+1>2"的教育教学效果。

第五节 协同创新视角下的高校创新创业项目

在政府政策推动与高校支持的"大众创新,万众创业"新浪潮下,大学生参加创新创业项目已成为培养自身创新意识、提高创新能力的主要实践形式,同时其对高校创新教育建设、区域经济发展以及产业结构优化升级具有重要意义。本节针对创新创业项目实践中所遇到的市场信息不对称、创业项目资源整合能力较低、创业人才缺乏多元视角等问题,从协同创新的视角来看,高校需在企业合作、组织机构与学科交流三个维度考虑对策,通过信息、资源、人才等多元协同的方式推动创新创业项目的持续发展。

近几年来,高校创新创业教育作为国家创新驱动战略中创新人才培养的关键环节,受到了政府政策的高度支持,并在产学研协同创新理论研究中摸索出了一条以创新创业项目为核心的创新实践培养之路。高校希望通过鼓励大学生参与创新创业项目,激发学生的创新意识、培养并提高学生的创新能力,加速高校科技成果转化,进一步激发市场活力与社会创造力,推动区域经济发展。因此,积极参与创新创业项目,提高创新创业项目质量是国家提高科技创新与产业发展能力、实现充分就业和经济持续发展的重要保障。

一、协同创新视角下对于创新创业项目的问题分析

由于政府政策的全面支持贯彻以及高校主导的创新创业教育的推进,高校创新创业项目的主要实践人群集中在大学的本科生、研究生,主要通过创新学科竞赛的方式参与创新创业项目,并在政策扶持与高校助推下进入市场实践创业。从总体上看,我国高校参加创新创业项目的主要形式是技术创新与商业模式创新。2017 年"互联网＋"大学生创新创业数据显示,技术创新占比 18%,商业模式占比 82%,可见现阶段大学生参与创新创业项目的总体趋势偏向于商业模式创新。

协同创新的本质是在利益一致性与目标共同性的前提下创新主体通过机制性互动将各种创新资源协同整合从而产生系统涌现出,带来价值增加与价值创造的协作行为。从协同创新的视角下,在政府政策对创新主体与创新项目全面扶持的宏观环境中,可以从企业、高校与学生这三个维度中找到问题的根源。

(1)企业与高校之间缺乏共同目标协同性,市场信息不对称。目前我国学者对于产学研协同创新的一系列研究显示,企业作为将技术快速产业化与商业化、以盈利为导向的产学研协同创新中的重要组成部分,其具备的资源在于拥有丰富的资金储备、研发设

备、市场信息与营销经验，也应该是创新创业项目走向市场的重要桥梁之一。

从企业方面看，企业需要引进高新技术以拓展市场，增加营收，在互联网经济高速发展的背景下，更加迫切需要缩短科技成果转化周期并增加技术迭代的频率；从高校方面看，创新创业项目是科技成果转化的市场表现，也是培养学生将科技成果与市场需求融合的综合能力，因此高校除了需要从企业中获得利益之外，还需要获得丰富的市场信息与动态的市场发展趋势，将其投入对于学生的创新创业教育与创新创业项目扶持之中。

因此，在企业与高校合作缺乏共同目标协同性的情况下，企业将缺乏市场性的科研成果直接送到生产线，大大增加了转化成本，同时高校的创新创业教育难以得到全面的市场信息，导致学校孵化的创新创业项目存在与市场需求联系不紧密、脱离市场等一系列问题。技术创新类项目缺乏具有市场导向的需求分析，研发产品难以赢得消费者；商业模式创新无法通过市场信息分析竞争要素，在市场上难以获得竞争力。企业与学校双方市场信息不对称，致使学校不能够高效地联动企业，不能实现将企业所具有的市场实践与高校的专业知识教育有效对接，无法实现高校中创新创业项目的实践性与市场性。

（2）高校与学生之间缺乏内部机制协同性，创业项目资源整合能力较低。大学生作为创新主体尚且缺乏市场敏锐性、社会实践性与资源整合能力，所以高校是将创新主体向潜在创业者转变的引路者，肩负着培养具有新时代特色的创新型复合人才的使命。从目前高校组织大学生参与的创新创业项目看，存在组织松散低效这一问题，主要表现在高校的院系之间、职能部门之间缺少内部机制的协同性。

由于高校的院系之间存在着潜在的利益博弈，在创新学科竞赛中都作为独立的利益主体进行专业领域的研发，却忽略了创新创业项目本身复合多元的特性。技术创新类项目缺乏系统的市场需求分析、营销战略管理以及推动项目持续运营的盈利模式，商业模式创新类项目缺乏技术壁垒、完整稳定的程序后台，这正是院系独立研发运行项目时产生的问题。

而在高校职能部门的运营中，多头管理的模式是高校内部组织缺乏机制协同性的突出反映。大学生的创新创业教育属于高校教务部门管理，创新创业科研竞赛由校共青团委员会负责，而科技成果转化、大学科技园区的服务管理由高校学生处负责。因此，多头管理的高校创新创业项目管理模式造成了高校内部组织的混乱与松散，无法形成"聚合力"，提供真正切实有效的创新资源。

（3）学生与学生之间缺乏价值需求协同性，创业人才缺乏多元视角。学生作为创新创业项目的主体，其主观能动性极大程度上决定了项目的成败。在院系独立利益主体博弈的背景下，为了创新创业项目更好地推进，学生产生了学科间知识相互借鉴的协同需求，在此基础上，能够认可跨学科、跨知识层面的价值，拥有合作的共识，做到价值需求的协同，才能满足独立学科之间的合作交流，使创业团队变得多元。

但是现实中学生与学生之间正是缺乏这种价值需求协同性，一是因为缺少交流平台，高校中大学生的交流平台以社团、学生会为主，是以兴趣与职能作为交流介质，而以创新驱动的交流平台仅限于高校组织的创新创业教育活动，学生之间缺乏互动了解能力的机会。二是知识体系差异造成的创新思维差异，现阶段技术创新类项目以光电、能动、机械等理工科专业为主导，而商业模式创新类项目是以管理、经济等商科专业为主，所以在不同知识体系下的学生思维模式存在差异，在交流互动中存在差异性，造成不便。三是学科间的认可度较低，大多数学生仍是处于以自我为中心导向阶段，在创业团队中的认可、尊重与融合仍是一个值得摸索的过程。因此，创业团队中难免会出现单一优势学科突出而创业模式不完善的局面，创业人才缺乏多元性的背景下也很难产生具有可持续发展能力的创新创业项目。

二、多元协同创新对有效推进创新创业项目的对策

（1）战略协同，高校深化企业合作。战略协同意味着企业与高校在价值取向协同的基础上实现双方共同利益最大化，由于企业需要引进高新技术、高校需要企业的市场信息、资源渠道的帮助，双方需要通过战略协同的方式，构建交流网络，提高信息协同的效率，加速优势资源的互动，从而推动创新创业项目发展。

科技园作为企业与高校紧密交流与合作的平台应该降低准入标准，开放对象不应该仅限于已成立公司的初创型企业，还应该面向具有一定潜力的创新创业项目。创新创业项目入驻科技园区，使企业融入科技成果转化研究过程，减少转化成本，同时高校可以实现对学生与项目从校园到社会市场的实践培养，在此过程中，项目本身可以在信息协同网络中不断更新产品，探索可以引领市场需求的商业模式，实现创新创业项目的落地。

高校创新创业项目的借鉴方向不能局限于校友创业、高校合作的制造业、服务业、文化创意类等企业，还应该为创新创业项目寻求多元视角。通过与投资、咨询类企业合作，可以得到更多的项目盈利潜质、创新前景与未来发展方向方面的指导，从而焕发创新创业项目新活力。

（2）组织协同，高校组织机构的系统整合。组织协同是指高校院系的交流合作平台与职能部门协同机制的建立。组织协同是高校内部协调整合的必由之路，是加强高校资源整合能力，做好创新创业项目后勤保障服务，提高高校整体创新水平的重要基石。

在院系交流平台的建立上，高校应树立协同创新的意识，鼓励院系交流分享学科优势资源，主动提倡优势互补的内部合作，努力促成跨学科、跨院系的协作创新要素整合，

提高创新创业项目的综合质量。高校职能部门同样需要建立内部资源共享与协作机制，为创新创业项目的各个阶段提供服务与支持，在具体的实施阶段之初，高校可以提供科技成果转化的市场前景、应用场景等方面的指导；项目中期为学生提供申请发明专利和实用新型专利的快捷通道；项目末期帮助创新创业项目进行孵化，保障项目的持续运营。通过高校内部组织协同构建的合作交流平台，能够高效整合资源共同为创新创业项目提供服务与支持。

（3）知识协同，高校提供学科交流促进人才培养。知识协同是不同学科间知识体系、思维方式的相互渗透与融合，从而产生创新性知识的阶段。在鼓励院系间合作的大背景下，应该关注学科交流，关注学生的多元培养。交叉学科的创新人才培养是知识协同在创新创业教育中的表现形式，也是培养具有新时代特色的复合人才的重要方向，在交叉学科培养方式中使创新主体拥有跨学科的专业知识以及多元化的思维视角。

学科交流的主要培养目的是希望在创新人才学习多元学科优势知识的背景下，拥有完整的商业逻辑，加速创业团队的内部融合与沟通。在创新创业项目的实践过程中，使技术创新人才在了解市场需求与痛点的同时将市场信息融入技术更新产品升级的战略中，也可以使商业模式创新人才将人性化、智能化的品牌营销策略贯彻至互联网终端的使用性能中，所以学科交流是通过学习多元学科知识，培养创新主体的多元视角探索市场，从而创造出兼具技术与商业模式创新的高质量创新创业项目，推动传统产业结构的优化升级。

第七章
高校大学生创新创业教育的创新性研究

第一节　新媒体时代高校创新创业教育体系

现阶段，各个行业之间的竞争主要是对人才的竞争，为了确保国家和社会能保持良好的发展状态，需要确保有足够的高素质人才。高校是提供人才的主要场所，创新创业教育能够显著提升大学生的个人能力以及个人素质。本书详细分析本科院校创新创业体系存在的不足，提出相应的解决措施。

创新创业教育属于一种全新的教育理念，国家教育部门根据国家的实际情况，通过借鉴国外先进的创业知识和实践，在高校里面推行，主要就是为了提升学生的个人意识和个人能力。因为现阶段高校对创新创业教育还不够成熟，所以经验比较少，需要及时地采取一定的措施，确保有关的政策顺利进行。

一、新媒体背景中高校创新创业教育存在的不足

现阶段，我们国家高度重视创新创业教育，出现了许多的创新创业活动，有关的高校也高度重视相关的教育。不过在进行创新创业活动的时候，有关的教育工作还是存在较多不足，其中的问题如下。

（一）高校不够重视

现阶段在高校里面的创新创业教育大多数是以选修课的形式进行，培训的次数比较少，虽然会举办一些比赛，不过还是没有完善的课程体系，而且没有有效地和有关专业进行联系，所以可以看出高校对此并不重视。

（二）学生创新创业意识比较差

大学生所接受的教育大多数是基础教育，虽然有着一定的热情，但是很难掌握落实的方法，而且由于在高校里面没有相关的指导机构，因此就会降低整体的热情。而且由于大多数的学生都是被动进行就业，对于高校来说，仅仅重视就业率，很少去关注学生的创业，进而很难提供一种良好的氛围，所以学生的创业意识也比较低。

（三）课程设置存在问题，内容比较单调

现阶段大多数的学校都是选择以选修课的形式进行教育，不仅包括线上教育，还包括线下教育，学生可以自主进行选择，但是不能够明确学生是否真正听进去。在进行授课的时候，还是一种被动式的教学，学生很少有机会进行实践，这样就会影响到整体的学习效果，并且会降低学生的学习积极性。

（四）师资力量不足，缺乏管理机构

高校在进行创新创业教育的时候，比较容易出现师资力量较差的情况。现阶段大多数的教师有着较高的学历，不过由于没有接受过相关的创新创业教育，而且没有在有关部门接受过专业的训练，所以具备的知识很难满足创新创业教育对教师的需求。大多数高校的创新创业工作都是由各个部门分别进行管理，没有一个统一的管理机构，这样就会影响到教育工作的进行。

（五）实践平台功能较差

对于高校来说，因为资金不足且场地较小，所以实践平台的建设还是存在较多的问题，大多数众创空间里面的设施不够完善，不能够充分使用，而且在校外也没有能够进行实践的地方。学生创新创业的学习还是仅仅处于理论阶段，很少有机会进行实践，所以很难体现出教育的效果。

二、高校创新创业教育体系的完善措施

（一）建立一个正确的理念

现阶段的创新创业教育还是存在较多不足，受到功利思想的影响，需要增强对创新创业教育的认知。创新创业教育属于素质教育，主要是为了提升学生的个人思维及综合能力，这样能够更好地适应社会竞争，而且能够帮助学生更好地去创新创业。

（二）完善教育体系

高校主要就是应用，会显著改善整体的教育形式，接着就需要进行创新创业教育，通过开展应用型的创新实践工作，进而更好地去为社会提供服务。且能够显著改善传统比较单调的讲课方式，帮助大学生去参加创新创业实践，在进行有关活动的时候，通过创新创业可以显著提升学生的个人能力和整体素质，而且可以提升学生的个人意识，使其充分意识到自己的职责所在。

（三）设置创新创业实践平台

对于高校来说，需要认识到大学生创新实践平台的重要程度，而且需要促进学生去参加到这些创新活动里面。可以选择讲座和创业聚会的形式，这样有着相同兴趣的大学生能够共同进行沟通交流。并且需要增强和企业之间的联系，充分使用假期的时间，帮助学生在这个时期进行实践以及学习，积累有关的经验，使其可以充分掌握企业的运行形式，而且可以更好地去管理企业。

（四）增强创新教育和专业教育的联系

专业教育对创新教育来说是比较重要的，创新教育能够给专业教育提供一定的保障。对于大学生来说，在接受教育的时候，需要持续提升自己的知识和技能，之后在进行实践及创业的时候，能够充分地使用自己积累的知识，这样可以得到更加显著的效果。

（五）增强教师队伍的建设

在建设教师队伍的时候，需要充分明确教师的数量，而且需要确保教师队伍的质量。高校需要及时地引进有着充足知识的教师来进行教学，确保这些教师能够在实践的时候提升自己，而且需要帮助他们去企业里面实践，开展更多的实践活动。最后就是增强和国外有关专家的沟通和联系，持续累积实践经验，这样才能够帮助学生更好的进行创新创业。

我们国家创新创业教育起步比较晚，对于高校来说，在开展创新创业教育的时候还是存在较多问题，所以需要有关的院校增强对新媒体环境的重视，营造一个良好的创业环境，确保教育体系的完整性，持续提升创新意识，确保创业更好地和教学相联系。

第二节　基于校企联合培养模式的高校创新创业教育

校企合作共建实体创业学院是高等教育领域的新兴事物，通过在校内新建专门负责管理创业教育的二级学院，为创新创业教育营造良好氛围并提供资源保障，不仅能够促进创新创业教育与生产劳动过程相结合，也有利于创新创业教育终极追求的实现。

在中国经济发展方式转型升级的背景下，加强校企合作，提高培养质量，已经成为深化高校创新创业教育改革的关键所在。在深化高校创新创业教育改革的过程中，众多高校在借鉴国外创业教育成功经验的基础上，积极探索适合本地区的创业教育模式。其中校企合作共建创业学院所开展的创新创业教育模式，实现了教育活动的学院化，为进一步推进高校创新创业教育的发展，做出了巨大的努力。高校多位于离中心城市群较远的地区，因此，深入分析校企合作共建实体创业学院的表现、发展现状，以及创业学院的建立对高校创新创业教育的优势意义，对于推动校企合作深入发展，进一步深化创新创业教育改革，寻找契合本地区高校发展的创新创业模式，提升创新创业教育质量具有重要的现实意义。

一、校企合作共建实体创业学院的内涵

校企合作在我国的产生与时代变化的背景是分不开的。现代社会从知识社会向能力社会转变，学校传统的教育模式已经不能满足当代社会对人才培养的多元化需求；同时，我国很多企业都意识到，企业的生存和发展不再取决于企业内部的生产设备和生产线，而在于创新能力和创新技术的掌握。在这样的情况下，高校与企业合作便有了良好的契机，高校具有深厚的文化内涵和雄厚的师资队伍，企业借助高校丰富的教育资源提高人力资本，提高企业自身的竞争力。

校企合作教育在本质上是一种合作教育，是高校与相关的行业、企业在共同合作基础上，遵循平等互利原则，在人才培养和技术研发、技术改造及技术创新过程中共同配合和相互协作的教育形式。在校企合作过程中，校企之间资源互补，科研合作，促进高校创新创业教育改革，提升企业转型升级能力。校企合作可以表现在专业设置层面，也可以反映在办学模式与服务对象方面。作为一种新的教学形式，校企合作在我国经过多年的发展，已经在实践中取得了一定的发展。校企合作共建实体创业学院便是其中之一。

校企合作共建实体创业学院，是指学校通过与企业之间的合作，结合双方的实际需求（高校为培养技能型人才，企业需要借助高校丰富的教育资源提高人力资本），以培养创业人才为目标，以专业为依托，配备具有创业能力和能引领创业学院发展的管理人员，挂靠经济、工商、管理等学院，在学校内设置独立、专门的实体创业学院模式。创业学院模式有两种形式：实体创业学院和非实体创业学院。作为校内独立的二级学院，实体创业学院具有实体的教学单位，拥有独立的办公机构和专门的师资队伍，设立符合地方发展的有特色的创业课程，招收本科、硕士学生主修或辅修创业学，并授予学生创

业学学位。与实体创业学院相比，非实体创业学院在招收学生方面不涉及学籍问题，有专门的机构代码和运作团队，"无形学院，有形运作"是非实体创业学院的主要组织模式。

二、校企合作共建实体创业学院的典型模式

（一）美国俄克拉荷马州立大学创业学院模式

推广创业教育是广泛开展创业活动的必要条件，在美国，创业教育已经有几十年的历史，基本形成一个独立的专业学科，从学士、硕士到博士，都有授予创业学学位的情况。以美国俄克拉荷马州立大学创业学院为例，美国俄克拉荷马州立大学创业学院是全美最早的创业学院之一，其围绕"想象—相信—创造"之主旨，基于"每一个学生都具有巨大的创业潜力"的基本信念，承诺通过科研、课堂教学和实践活动来实现作为生活哲学的创业教育。

为了充分挖掘学生的创业潜力，激发学生创新意识，锻炼学生的创业技能，以便学生掌握基本的创业知识，美国俄克拉荷马州立大学创业学院开设了 35 门创新课程。创业课程的设计以理论逻辑为基础，课程既可适用于创立新企业，又可应用于成长型的小企业、家族企业和公共部门的创业，这些创业课程为全校所有专业、所有年级的学生（美国的俄克拉荷马州立大学创业学院构建了从本科到博士的体系化创业教育项目）提供相应的创业教育项目。不仅如此，俄克拉荷马州立大学创业学院为了使创业教育理念渗透到全校的各个学科，并覆盖到每一位在校生的教学环节中，还与不同学院合作，创造性开发了诸如"创业与心理学""创业与教育学""创业与艺术"等 13 个全校性的创业教育项目，该学院还负责筹划组织全校的创业设计大赛等实践活动。美国的俄克拉荷马州立大学通过建立实体的创业学院，学生可以以团队的方式尝试建立企业，锻炼他们的创业实务，积累创业经验。

（二）中国的百色学院中科创业学院模式

地方本科院校将创新创业教育融入地方经济社会发展实际，是高校在深化创新创业教育改革发展的一个新讯号。地方本科院校是本科教育的重要基地，也是我国高等教育的中坚力量。在地方本科院校中开展创新创业教育，是地方院校与地方发展紧密结合的表现，也是地方本科院校转型发展的重要突破口。百色学院中科创业学院创办于 2015 年 5 月，是由百色学院和北京中科招商集团共同设立的，是由地方高校与企业共同创办的、新型的、以实体学院的形式进行创业教育和创业人才培育，全面负责实施以岗位创业为导向的创业教育新体系建设的实体型创业学院。百色学院中科创业学院是一个实体

部门，实体部门的意义在于其明确了创业学院的主体地位；这与一些国内其他高校创立的创业学院不同，如上海交通大学的创业学院是一个非实体部门（上海交通大学的创业学院以"无形学院，有形运作"的模式运行）。不仅如此，该学院还具有健全的创业学院管理机制，并主动与地方创业教育企业和部门进行对接。这对地方本科院校深化创新创业教育改革都具有现实的示范意义。

三、校企合作共建实体创业学院对高校创新创业教育的优势意义

（一）实体创业学院有利于创新创业教育终极追求的实现

作为高等教育的重大改革，转型的共识已在地方本科院校中初步形成，通过开展创新创业教育实现转型发展，是目前国内很多高校的做法。教育的根本价值是促进人的全面自由发展，创新创业教育是培养学生创新意识，锻炼学生创业实践的教育，在本质上是一种以促进学生全面而自由为终极目标的素质教育。校企合作共建实体创业学院，是将创新创业意识培养、创业知识传授、创业技能掌握贯穿于整个教学过程中，让学生能够像企业家一样，具有灵敏思维能力和分辨机遇的能力，产生富有创造力的想法，形成独立思考并勇于突破的能力。通过实体创业学院开展创新创业教育，以大学生在这个培养过程中学习到的以创新创业能力为核心的综合素质的提升，从而促进大学生全面而自由地发展。

在人的全面而自由的发展这一终极追求上，创新创业教育和地方本科院校转型不谋而合。通过创办实体创业学院，高校开展创新创业教育便有了良好的依托。创业学院根据社会的要求（不同环境下社会对人才的需求会产生不同的影响和变化）和人的发展的需要，调整高校人才培养模式，有计划、有组织、有步骤地把新型的创业价值观、优秀的创业文化精神、科学的创业行为规范、正确的创业思维方法、有效的创新创业知识等传递给学生，创造性地提高学生素质，开发其潜能，发展其个性，使这些学生逐渐成为社会真正需要的创新型人才，成为具有创新精神的主体。这些过程，与教育作为一种培养人的活动是一致的，与教育使人获得自由而全面的发展也是一致的。校企合作共建实体创业学院，在推动高校教育教学改革的发展，促进人自由而全面地发展这一内在规律上面是相符的。

（二）实体创业学院有利于为创新创业教育营造良好的氛围

推进高校创新创业教育改革是高等教育综合改革的突破口，高校要实现高等教育综合改革，必须开展创新创业教育。在这样的理念下，我国许多高校对创新创业教育做了有益的、积极的、自发性的探索，如积极开设创新创业类课程，以培养大学生创业意识

和构建创新创业知识结构；为大学生搭建创业孵化基地，以提升创业者创业意识和掌握创业的基本方法；通过校企合作建立创业学院，以提高创业技能和培养具有实践性的创业人才。这些积极的探索在一定程度上促进了高校创新创业教育的发展，也为社会经济发展注入了新的活力，营造了高校与企业协同创新创业与创新创业资源共享的良好氛围。

创新创业教育不同于传统的单一学科的大学教育，不是教出来而是培养出来的。所谓的培养，是在于营造氛围，目的是让学生在良好的氛围中自己前行，在象牙塔中沐浴于创新创业的风气，将创新精神内化为学生的精神气质，培养学生成为富有创新精神的人，最终成为名副其实的创业者。我国高校创业学院的建立，是以满足国家社会发展需求为导向的，创业学院所倡导的创新精神和创业文化在本质上符合我国产业和社会的发展需求。因此，通过校企协同合作建立创业学院，引入企业文化与人力资源，有利于营造校园创新创业文化氛围。

（三）实体创业学院为创新创业教育提供资源保障

我国创新创业教育起步较晚，与西方发达国家相比，还有很多进步空间。据目前的情况来看，高校如何实现校内资源高效整合，通过何种途径丰富及更新校内创新创业资源，如何推进校内外创新创业资源的有机融合，是制约高校创新创业发展的关键问题。依托校企合作专门成立实体创业学院，统筹负责全校创业教育，整合全校创业资源，促进教师创业与学生创业有机融合，引入企业人力与文化资源，将与社会发展相适应的创新创业知识贯穿到高校创新创业教育理论知识的构建中去。

学校要打破传统办学的窠臼，开放式办学，实施创新创业教育，必然要面向社会，积极吸收社会各类资源，助力大学生成为具有创新精神和创业能力的社会所需人才。校企合作共建实体创业学院，能够解决教学特别是实践教学资源不足的问题。创业学院为大学生创业教育开展提供平台保障，也为优化实践教学资源配置提供有效支持。很多创业学院都会面向学生开设创业实务操作和创业项目实践，将创业课程落实到实践教学中，弥补学生创业实践上的不足；校企在自愿互利的前提下协同合作，与不同创业创新型人才联合，使各方面的创新技术力量和资源形成合理的纵深配置。

（四）实体创业学院促进创新创业教育与生产劳动过程相结合

校企合作共建实体创业学院，是学校与企业之间开展的合作教育，也是贯彻教育与生产劳动相结合教育方针的体现。创业学院通过整合校内经济学、管理学、教育学、法学等学科的相关资源，开设创业课程（课程内容与受教育者日后所从事的生产劳动的内容一致），开展创业专题讲座，举办学生创业设计大赛，成立大学生创业基金，建立企业实训基地，系统全面地将创业理论和知识传授与实践活动结合在一起，把学校教育过程与生产劳动过程交替结合在一起，培养学生创新能力和创业实践能力。通过创业学院培养出来的人才，毕业后参与到社会生产中去，为社会发展注入新的活力。

高校与企业开展合作教育成立创业学院，以社会需求培养创新创业人才，以创新理念促进教育体制改革，努力促使创业成果转化为生产力，是新时代教育与生产劳动相结合的体现，也是教育为经济社会发展所作出的贡献。从以经济建设为中心的社会发展角度来考虑，校企合作共建创业学院，培养更多创新创业型人才，促进人的全面自由发展，最终目的都是为促进社会生产力持续健康稳定地发展。培养社会所需人才和促进生产力发展二者之间是相互依托、相互促进、相辅相成的。从社会进行的层面来看，创新在人类社会进步中所发挥的作用是不容忽视且巨大的，创新教育能够将认识和改造客观世界的创新意识升华到实践中，为社会生产做出实质性的改变。

创新创业教育是适应经济社会发展和高等教育自身发展需要的一种与时俱进的教育理念。高校创新创业教育是一个系统工程，2002 年至 2017 年的 15 年间，中国高等学校创新创业教育正在朝着科学化、规范化、制度化的方向发展。校企合作共建创业学院以实体式创新创业教育组织机构形式，为高校开展创新创业教育提供了有力保障。作为国内高校转型发展上创新创业教育层面的新鲜事物，创业学院是融创新创业教育于人才培养全过程的一种新型教育模式，是以创业推动国家经济转型和升级的战略举措，也是深化高等教育教学改革、促进高校毕业生充分就业、解决就业困境的重要举措。

第三节　新常态背景下高校创新创业教育

经济"新常态"是指我国经济经历了多年的高速增长后，恢复到一种平稳发展的状态。十八届五中全会把创新提高到一个至关重要的位置，把创新摆在"新常态"时代发展理念的首位。"新常态"时代具备"速度换挡""结构优化""创新驱动"三大特点，对高校创新创业教育提出了新要求。因而，全面贯彻落实国家新常态下的教育方针、政策，开发新路径推进创新创业教育转型与升级，是高校在"新常态"背景下发展的必然选择。

一、"新常态"背景下高校创新创业教育转型与升级的必要性

（一）"速度换挡"需要创新创业教育转型与升级

推动我国经济持续发展，增强综合国力，不仅需要一大批创新型精英人才，还需要

数以亿计的高素质技术型人才和具备创新创业意识的广大劳动者。虽然目前高校调整了大学生创新创业培养教育教学层次，但实践教学中仍旧沿袭传统本科院校的思路，存在学科趋同、人才培养同质化等问题。"新常态"背景下，高校教育不能停留在注重"高""大""尚名""逐利"的层面，必须切实开展全面、快速的改革，不断创新，才能适应技术的快速发展，为促进社会发展提供合格、优秀的人力资源。

（二）"结构优化"需要创新创业教育转型与升级

目前，我国已成为世界第二大经济体，正在从经济大国向经济强国迈进。经济上要从粗放型经济增长方式走向集约型经济增长方式，实现价值链与产业链升级，必须推动产业结构、区域结构和城乡结构调整，促进制造业与服务相融合，发展技术先进、附加值高、吸纳就业能力强的现代产业体系。所以，高校要不断提升创新人才能力，打通从本科到研究生的应用型人才学历通道，夯实高校高等院校创新创业及职业教育发展的基础，提高高职创新教育水平，积极发展多种形式的技术教育。同时，还要为技术技能型人才搭建"立交桥"，引导有条件、有意愿的高职本科生积极参加继续教育学习，培养其创新创业能力。

（三）"创新驱动"需要创新创业教育转型与升级

"新常态"时期，全球新一轮的科技革命蓄势待发。在世界经济快速增长时期，唯有改革创新者具备竞争优势。中国要实现经济转型和升级，必须依靠技术创新，依靠全社会的创新，以增强内驱力。高校是培养创新型人才的基地，肩负着"新常态"背景下培养创新创业人才的重任。因而，深化产教融合，注重对大学生创新创业职业精神和技术技能的培养，切实提升其素质和创造力，是"新常态"对今后高校教育转型和升级的核心要求。

二、新常态下高校创新创业教育面临的困境

（一）创新创业教育的认知存在偏差

现阶段，部分高校对创新创业教育的认识还存在以下几方面偏差。首先，创新创业教育认知的"工具化"。部分高校将创新创业教育视为提高大学生就业率的工具，将其等同于创业知识与技能的培训，这种对创新创业教育"工具化"的认知理念，严重制约了高校创新创业教育的发展。大学生创新创业能力培养是一个长期的循序渐进的过程，然而，很多高校为创新创业教育能够迅速达到实效，往往忽视创新创业教育意识培养和开发，更多地关注创业技能培训，造成创新创业教育在部分高校沦为学生获取学分或就

业技能培训的工具。其次，部分高校认为创新创业教育是针对少数抱有创业想法的学生进行的技能训练，是培养个别企业家的精英教育，不适用于大众化教育。这些对创新创业教育认知上的偏差影响了创新创业教育的实践效果，阻碍了创新创业教育发展。

（二）创新创业教育实践条件薄弱、实践环节流于形式

首先，部分高校由于受资金、场地等硬件条件的限制，难以构建适应创新创业教育需要的实践平台。学生参与创新创业实践活动的数量以及参与效果并不理想，阻碍了大学生近距离接触创业过程、亲身体验创业活动。

其次，高校创新创业教育实践环节流于形式，实践活动传统，缺乏创新性、灵活性。一方面，创新创业教育以课堂讲授、沙盘模拟、课题讲座等传统"课堂灌输式"教学方法为主，这种以完成教学任务为目的的教学效果较差，难以满足学生的创新创业需求；另一方面，创新创业教育内容偏重创新创业的基本理论、政府各类创新创业政策宣讲以及创新创业案例分享等，缺少体验式的学习环节设计。

（三）创新创业教育管理不顺畅

从高校创新创业的校内管理模式来看，目前，高校暂时没有设立专门进行创新创业教育管理和研究的部门。创新创业教育一般由分管学生工作的校领导管理，由学校招生就业处、学生处、团委、教务处等多个职能部门共同承担，各二级学院负责具体的执行和实践工作。但主管教学的校领导一般较少关注创新创业教育，这种以教学管理部门作为"辅助角色"对创新创业教育管理缺失或不及时，以非教学管理部门作为创新创业教育管理主体过多参与的现象，容易造成多头管理，从而导致创新创业教育管理混乱。

（四）创新创业教育师资队伍薄弱

目前，我国高校创新创业教育师资力量薄弱，制约了创新创业教育的发展，具体表现在以下几方面。首先，现阶段，高校的创新创业师资队伍多数缺乏创业经历，也未受过系统、专业的创业教育培训，教师自身仅仅从理论层面了解创业的系列流程，这种"照本宣科"的状态，难以满足大学生创新创业教育需求。其次，缺乏从事创新创业教育的专职教师。当前，高校创新创业师资队伍中的创新创业教师大部分都是学生工作部门的管理人员、学生辅导员或经济管理专业的专业课兼职教师，教师本身还承担着管理、授课、科研等大量工作任务，投入到创新创业教育中的时间及精力十分有限。最后，缺乏对创新创业教师的配套激励制度。许多高校未从管理层面制定激励教师进行创新创业教育的具体政策和执行方案，也没有为教师提供一个良好的创新创业环境，从而影响了创新创业教师的热情。

三、新常态下高校创新创业教育改革路径探析

（一）转变观念、形成创新创业教育正确认知

高校、教师及学生都应积极转变观念，形成创新创业教育的正确认知。首先，高校层面要将单纯的就业教育转变为提高学生综合素质的创业教育，将创新创业教育纳入人才培养体系，融入人才培养的教学全过程。另外，高校要在学生中加大创新创业教育宣传工作，加深学生对创新创业教育的理解和认识。通过广播电台、互联网、图书报纸等途径，大力宣传大学生独立创新创业的内容与精神，为培养大学生的创业热情，树立正确的创业观念提供保障。其次，高校的教师要充分认识创新创业教育的重要性，不断强化自身的创业教育意识。认识到创新创业教育不是脱离传统专业教育的创新，而是对现行教育模式的深化和提升，是对学生综合素质以及原有能力的提高。最后，大学生应解放思想，将自主创业、岗位创业作为一种理想和追求，积极主动地接受创业教育，培养自身创业精神，学以致用。

（二）加强创新创业教育实践平台建设

首先，整合优势资源，建立全链条、阶梯式的创新创业孵化平台。高校要加强大学生创业园、大学生科技园、企业孵化器等实践基地建设，依靠"苗圃—企业孵化器—加速器"等阶梯式的创新创业实践平台体系，为高校学生提供政策、法律以及技术支持。

其次，通过各种大学生创新创业大赛，培养学生的实践能力。当前，高校要以各种大学生创新创业竞赛为契机，调动学生参与调查、撰写创业企划书的创造性和积极性，设立专项奖励基金，指派教师进行专门指导，通过亲身参与各种类型的比赛，发现自身知识技能的不足，进而在今后的实践中不断提高自身创造力。

最后，在校外实践平台建设方面，高校要积极借助外部力量，通过校企合作的方式，建立创新创业实践基地。高校可以通过引企入校、共建实训基地及研发中心等方式，构建开放性、多元化的校企合作模式。

（三）建立完善的创新创业教育管理体系

建立完善的创新创业教育管理体系是有效开展创新创业的前提。目前，可供借鉴的模式有以下三种。首先，以就业指导中心、学生处、团委等学生管理部门为主体的管理模式，这种创业教育管理模式主要通过组织创业社团活动、开设创业教育讲座等形式开展创新创业教育。其次，以教务处等教学管理部门为主导的创业教育管理模式，这种教

育模式主要是增强学生的创业意识、培育学生的创业精神，教授学生的创业理论知识。最后，高校各部门协调管理的模式，这种管理模式通常设立创业教育中心、创业教育学院等机构，对创新创业教育进行更加规范和系统的管理。

另外，规范的创新创业管理制度，也是大学生创新创业教育有效实施的关键。一方面，创新创业教育的管理制度设计要具体明确，不能流于形式，切要具有可操作性，应包括权利及责任、评价标准、激励及约束政策等内容；另一方面，高校要设立创新创业基金，建立创新创业奖励制度，针对学生实践活动平台、实践时间、内容及学习方式制定完善的管理制度，为创新创业教育有效开展提供保障。

（四）打造多层次、高质量的创新创业师资队伍

首先，高校可以依托现有专业，培养创新创业专业化师资队伍，开展创新创业教育研究；还可以聘请创新创业教育相关研究专家担任学校创业实践活动的兼职教师，或支持专职教师到企业兼职和创业实践，改善校内实践型师资缺乏的现状。

其次，定期邀请企业管理者、创业成功人士到学校为创新创业教师开展知识讲座，提高教师对创新创业教育的认知，充实和完善教师创新创业教育的知识结构，不断提升全体教师的创新创业素养。

最后，为创新创业教师创造形式多样的学习机会，提升创新创业教育师资综合素质。如组织教师参加创新创业教育师资培训学习，参加国内外学术专题研讨会，使教师在交流创业教育经验的同时，可以获得更广博的创新创业知识。

经济发展"新常态"为高校创新创业人才培养提供了有利环境，高校要抓住这一机遇，不断总结创新创业教育过程中的经验和教训，转变现有创新创业教育模式，制定切实可行的创新创业教育规划，形成自身发展特色，为社会培养更多的创新创业人才，为创新型国家建设贡献力量。

第四节　高校创新创业教育师资队伍建设

高素质的创新创业师资是高校实施创新创业教育的关键因素。美国的创新创业教育在师资队伍建设方面形成了一套完善的体制机制，诸如严格的教师准入机制、专业的培训体系、教学科研和创业社会服务平衡的发展路径以及科学人性化的教师评价制度。借鉴美国在创新创业师资队伍建设上的思路和举措，高校应结合校本特色，重构上述四个方面的建设机制，保障创新创业教育科学、深入、可持续地发展。

随着《关于深化高等学校创新创业教育改革的实施意见》（国办发〔2015〕36号）颁布实施，高等学校创新创业教育已经上升到国家实施创新驱动发展的战略层面，受到

了广泛的关注和重视。一流的大学必定拥有素质优良、结构科学、大师辈出的师资队伍。创新创业教育能否结出硕果关键在于是否拥有一支高素质的创新创业教育师资队伍。美国是实施创新创业高等教育最早、最成功的国家，在创新创业师资队伍建设方面形成了一整套完善的体制机制。高校由于历史原因，在师资队伍建设特别是创新创业师资队伍培养和建设上存在诸多问题，故高校可以借鉴美国在创新创业教育师资队伍建设方面的经验和举措，培养和造就一支高素质的创新创业教育核心力量，提升创新创业教育质量。

一、高校创新创业师资存在的问题

高校是我国高等教育的重要组成部分，目前已经占据了我国普通本科的半壁江山。然而，由于历史原因，高校相对于老牌本科院校在办学条件、生源质量、师资队伍、科学研究、社会服务等方面存在很大的差距。在国家实施创新驱动战略和高校间激烈竞争的背景下，创新创业师资队伍成为高校核心竞争力的最集中表现，高校应进一步增强危机感和紧迫感，充分分析师资现状，有针对性地采取有效措施提高创新创业师资队伍的数量和质量。

（一）创新创业师资队伍短缺

从数量上来说，高校大都从专科升格为本科，师资力量本来就薄弱，虽然近年来高校在人才引进上加大了力度，但是总体数量上还是短缺，创新创业课程的师资主要来源于从事思想政治、就业指导、共青团及行政工作的教师。随着国家创新创业教育的全面实施，各种类型的创新创业课程、竞赛、项目越来越多，高校创新创业师资短缺的问题将日渐凸显。从质量上来说，我国的创新创业教育正处于起步阶段，相关学科专业缺少基础理论研究的支撑，创新创业教育师资接受系统的理论教育不够，在创业实践方面的经验和经历更是奇缺。此外，目前高校的创新创业专任教师对学校所开设的专业深度理解和掌握不够，普遍缺乏将专业教育与创新创业教育有机融合的能力。而创新创业教育的本质就是培养学生能熟练运用专业知识和专业技能，洞察市场需求，把握创业机会，开拓创业空间的能力和素质，这与高校的人才培养的内在要求是一致的。上述高校创新创业师资在质量上不能满足大学生创新创业的现实需求，也严重影响了创新创业的教育质量和深入发展。

（二）创新创业师资队伍培训体系不完善

高校大部分没有设立专门的管理机构来全面负责创新创业教育，或者创新创业教育没有作为一门独立学科专业开设，尚未纳入常规教学管理。从事创业教育的专

任教师来源结构单一，数量稀少，难以形成专业的教学团队；他们大多经过短暂的培训后就上岗进行日常教学，相应的培训体系几乎没有；师资队伍中缺乏学科带头人，"老、中、青"的师资梯队没有形成，"传、帮、带"的教学团队氛围有待建立。创新创业教育是一项跨学科的系统工程，高校创新创业教育师资需要除了要具备精深的专业理论和扎实的专业实践外，还要具备管理学、经济学等学科背景，所以针对高校创新创业师资队伍培训需要建立科学完善的培训体系，包括先进的培训理念、完整的培训内容与流程、传统式和体验式相结合的培训方法、多元化的考核评价机制。

（三）创新创业师资教学科研和创业发展路径不清晰

教学和科研是大学教师职业生涯的两项根本性任务，但是对于高校从事创新创业教育的教师来说，本专业的创业实践或创业体验无疑是必要的。创新创业专任教师只有亲自体验创业才能在创业过程中深入熟悉和了解创业机会的洞察及识别、创业计划编制、创业团队组建、创业资金募集、企业选址、产品营销、人力资源管理、财务管理、风险识别与防范等环节；才能将所学的专业理论知识和专业技能应用于实践并创造价值；才能将专业教育与创新创业教育有机衔接、融合。在进行创新创业教学时适时将创新创业理论与实践切换，特别是在学生使用理论解决实际问题遇到困难时，这样的教学方式会收到良好的教学效果。此外，创新创业教师将创业过程中遇到的实际问题凝练提升为研究课题，可以有效促进自身的科研能力和水平，再将科研反哺教学，使自己的教学充分满足创新创业教育和高校人才培养的要求。但是，目前的高校教学科研和创业三者之间的关系还没有理顺，需要制订科学的教学科研和创业平衡发展路径。

（四）创新创业师资评价激励机制不科学

大学教师的评价是对履行职务职责情况的考察和衡量，是对教师工作状况的价值判断，也是晋升和获得终身教职的重要参考依据。客观公正的大学教师评价制度有利于激发教师的工作热情、提升教师的工作绩效、营造积极向上的工作氛围。同样，建立科学合理的创新创业教育评价机制有利于促进创新创业师资队伍建设。当前，高校对创新创业教育教学评价的认识还存在误区，将学生成功创业人数、创新创业竞赛获奖数、创新创业计划训练项目立项数等指标作为主要的评价标准，割裂了创新创业教育和高校人才培养之间的辩证关系，忽略了创新创业教育的核心是养成学生创新创业精神、意识和能力等基本素质。此外，迫于职称晋升压力，很多承担创新创业教育教学的专业教师无暇顾及创新创业教育方面的理论研究和实践，不利于创新创业教育的深层次发展。

二、美国创新创业教育师资队伍建设的思路和经验

美国是世界上实行创新创业教育最早也是最成功的国家，经过 70 多年的发展，美国高校基本形成了各自的创新创业教育理念、创新创业精神和文化，为推动美国经济增长提供了强大的精神支撑和文化保障。美国创新创业教育取得举世瞩目的成就得益于培养了一批专业化程度高、知识结构科学、创业实践经验丰富的师资队伍，在创新创业师资队伍建设上可以为高校创新创业教育提供有益借鉴。

（一）严格的创新创业教师准入机制

大学教师的准入机制在师资队伍建设中发挥着十分重要的作用，只有严格把好人才入口关才能在源头上保证教师的质量，建设好一支高素质的师资队伍。美国没有全国统一的大学教师任职资格标准，但是每一所大学都有一套严格的教师招聘机制。例如有着"世界创新创业模本"称号的美国百森商学院在招聘创新创业教师时对应聘者的学历背景、对创业的经历和相关研究、企业的工作经历、国际化视野、创业教育热情以及教育教学能力有着严格的要求。在招聘助理教授或副教授时，要求必须具有创业教育或相关专业的博士学位，拥有高校的从教和创业相关课题研究的经历。对创业教育有着深入理解、对管理领域有着丰富经验且在教育教学和科研方面有着国际化视野的应聘者给予"优先考虑权"。

此外，百森商学院非常重视推荐制度，会优先考虑那些由本校教职工或社会知名企业家推荐的应聘者。整个招聘由受学校委托的遴选委员会完成，招聘过程要考虑美国门类齐全的法律文件，尤其在种族、国别、性别和年龄方面。招聘流程大体为职位的确定和描述（性质、学科、基本要求、范围、使用语言）；申请材料的接受和审核（开放在线材料接收系统、提供材料上传指导、使用统一标准和要求接收材料、反馈材料情况、完成材料的统整）；首轮约见（选择符合基本要求的人才、安排约见时间、提供约见的要求、按照相关标准和流程进行约见、反馈首轮约见结果、确定职位候选人）；候选人约见（明确职位的要求、根据要求设计系列问题、选择约见方式（电话、视频和校园）、根据相应的约见指南进行约见、进行推荐人核实；完成评聘（确定优先人选、描述人选的要求符合情况、送交评聘委员会审核、通知候选人以确定其是否接受职位）。

（二）专业的教师培训体系

严格的教师准入制度在一定程度上确保了教师的专业素养，但是教师的专业发展是一个漫长而复杂的过程，因此必须建立专业的教师培训制度才能真正实现大学教师的可持续发展。大学教师的培训体系是指在培训活动中参加培训的人员和机构所需要共同遵

守的规范和程度，大体包括组织机构、培训理念、培训内容与流程及保障机制等四个方面的内容。

从组织机构上说，美国的创新创业教育有专门化的管理机构，例如麻省理工学院在管理学院下设了创业中心，斯坦福大学为了优化创新创业教育资源，将数十家与创业有关的校园组织整合成立了斯坦福创业网络。这些专门化的机构负责创新创业教育教学、师资培训、活动开展等一系列工作。

从培训理念上来说，美国高校贯彻分散控制理念，即学校将教师培训的总任务分配给二级学院，各二级学院在遵循学校培训基本理念和方针的基础上根据自身的实际情况完成下发的培训任务。针对创新创业师资培训的学科跨度大、综合素质要求高的特点，分散控制的教师培训体系更有利于整合全校优势的资源提高培训的目标针对性，高效地传递知识和技能信息，有效地降低了成本。

从培训内容上来说，系统全面专业化的师资培训有利于教师更好地实现专业发展，形成有效的职业认知、科学的职业规划和多元的教育技能。美国的很多高校非常重视对创新创业教师的专业化培训，形成了很多可借鉴的方法。例如针对新教师开展的专家指导、专题讲座、网络教学和研究辅导、赴公司和企业考察，以工作坊、专题研讨会、圆桌会谈、学术研讨会等形式开展创新创业的教学、科研和创业实践的交流和讨论活动。针对需要进一步提升学历层次的教师，还可以依托创业学博士项目进行深造。

从保障机制上来说，美国的大学教师培训拥有丰富而多元的经费来源，包括政府部门、基金组织、学校机构以及专业协会等。例如美国国家自然科学委员出资会为工科类专业创新创业教师提供了"工科类专职创业教育教师培训项目"，考夫曼基金的考夫曼快车道项目、雪屋创业项目、校园项目等不但培养了大批具有创新创业精神的青年，为美国的创新创业教育师资储备了大量的人才，还为创新创业师资培训提供了极大的资金支持。充裕的资金支持有力的保障了美国创新创业师资培训的可持续发展。

（三）科学的教学、科研和创业平衡发展路径

教学与科研是大学教师职业生涯中的两项根本性任务，但是对于创新创业教育专任教师来说还包括创业实践。科学地设置教学、科研和创业平衡的发展路径是高等教育管理者和创新创业教师必须面对的现实问题。美国高校通过设立教学辅助岗位、建立教学科研创业平衡机制、设立教学科研创业的缓冲时间等建立了一套平衡发展路径。

为减轻任课教师的教学压力，美国很多高校设立了教学辅助岗位，为专任教师开展科研和创业工作赢得更多的时间和空间，有效地分担了任课教师的教学任务。如斯坦福大学教学中心设立教学助理，其工作职责包括定期与任课教师和其他教学助理进行反馈交流；安排有关教学事宜（教学进程、时间、地点，以及其他教学细节）；辅助任课教

师规划科研和教学的工作安排；完成课后师生交流工作（收集学生的信息、反馈任课教师的答复）；对任课教师的教学情况进行评价以促进教学效果改善。

为了平衡教学科研和创业的关系，美国麻省理工学院历经二十余年的争论出台了"五分之一"法则，即每周内教授们有一天的时间可以专门用于创业等相关实践和服务工作，其余四天的时间用来完成学校安排的任务。该制度是将科研和创业实践视为研究活动的 "自然延续"。

面对教学、科研和社会服务等多重使命，许多教师不堪重负，出现极度的疲劳和心力交瘁的现象，为此，美国一些大学在常规的暑假和寒假之外设置了一段可以让教师自我支配的缓冲时间，有效缓解了由教学、科研和社会服务所带来的多重压力。如麻省理工学院的独立活动学期是设立在1月的短学期，在这段时间内，教师和学生可以灵活支配时间来开展教学和研究工作，从而使整体的教学经历和研究体验更加丰富多元。明尼苏达大学为了创业教育专任教师有相对自由的时间从事创新创业课的开发、创业案例的编写、项目研究等工作，为他们设计了一两个学期学术休假机会。

（四）健全的教师评价和激励机制

客观公正的大学教师评价制度有利于激发教师的工作热情、提升教师的工作绩效、营造积极向上的工作氛围，进而保证学校组织机构的良好运行。美国的高等教育体制相对比较完善，教师评价和激励机制发展得较为成熟，形成了以目标责任制导向的绩效性评价、激励和引导导向的人性化评价为主要形态的评价体系。

目标责任制导向的绩效性评价是将组织的整体目标进行逐级分解为不同级别和水平的分目标，最终成为每一个成员的个体目标，而组织则通过个体目标的完成情况来评价绩效。如田纳西大学的教师评价手册明确要求，每一位教师在每一学年初必须提交一份个人的发展计划草案，对于未来一学年的教学、科研和社会服务等方面的工作进行具体而详细的设定，再经由所在院系的主席或主任和教师委员会讨论，双方在草案的基础上进行修订和调整以签订最终的协议，并将其作为考核教师绩效的主要依据。目标责任制导向的绩效评价非常有利于促进大学教师的专业发展，对于创新创业教师一年要完成的教学工作量、科研工作量以及参与社会服务，特别是为企业服务等情况一目了然。

以激励和引导导向的人性化评价对于大学教师，尤其是初涉职场的新教师至关重要，这对新教师持续性的专业发展很有帮助，因此美国的许多大学在严格贯彻大学教师评价标准的同时，都辅以非常人性化的教师专业发展支持体系。以美国西华盛顿大学伍德林教育学院为例，该校为处于试用期的新教师制定了教师激发与引导办法，包括同行协助、集体活动激发和导师"一对一"指导三种措施。该方法特别有利于创新创业教育新教师的专业成长，使他们更快更好地完成角色转变。

三、高校创新创业教育师资队伍建设的对策

（一）教师要树立正确的创新创业教育意识

要促进创新创业教育的发展，首先，教师要树立正确的创新创业教育意识，转变教育理念，必须摒弃传统的教学观念，要对其基本内涵有一个深层次地了解和定位，做到创新创业教育的一种本质回归。其次，教师在对学生进行教育时，不应该局限于把就业作为学生人生的目标，不能把就业培训作为创新创业教育的基本内涵，而应该将素质教育作为创新创业教育的核心，将素质教育进一步深化，从而培养学生的基本理论知识能力、实践能力、独立思维能力、团队意识能力等综合素质能力，使创新创业教育的成果发挥到最大化。

（二）加大对教师的职业素养培训

加大对教师的职业素养培训，特别是青年教师。采取"走出去、请进来"的办法。一是充分利用和扩大国家留学基金委公派出国、各种合作交流项目等渠道，选派优秀的教师到国外一流大学或科研院所进行访学深造。二是充分利用教育部资助的国内知名大学访学计划，选派优秀的教师到国内一流大学学习深造。三是利用学校聘请的客座教授、专家学者来校讲学之际，积极开展科研交流与合作，带动教师的成长。四是建立校内教授与青年教师之间的传帮带机制，引导青年教师尽快进入教学科研主流。五是充分发挥专业技术职务聘任条件指挥棒的作用，建立优秀教师奖励机制，鼓励教师尽快成长。六是选拔成绩突出、发展潜力大的青年教师作为重点培养对象，通过职业道德教育、学历提升、专业进修、学术交流、实践锻炼等方式，提升青年教师的专业技能和素质，加大对其职业素养的培养力度，更好更快地适应工作需要。

（三）教师要促进创新创业教育和专业知识教育相结合

创新创业教育无论发展成什么模式，都必须以专业知识教育为基础。专业知识教育有利于学生拥有丰富的理论知识储备，这些知识的积累都离不开专业知识教育的培育。学生拥有扎实的专业理论知识，才能为日后的创新创业实践活动打下良好的基础。要想创新创业教育和专业知识教育相结合，首先，专业课教师要转变传统教育观念，专业课教师要认识到创新创业教育的重要性。要认识到二者的结合是新时代教育发展的必然要求。其次，专业课教师要主动学习和研究创新创业教育的相关理论，并不断尝试将二者有效结合。不能在教学中只传授专业知识，要在传授专业知识的过程中融入创新创业教育的观念，教师只有在传统思想上进行改良，才能使教师在教育教学中与时俱进，更有

利于创新创业教育的发展。再次，要对教学课程体系进行改革和优化，要真正使创新创业教育和专业知识相融合，教师必须注重对学生的专业知识、综合素质、创新意识等多方面的培养。最后，学校要完善相关的管理体制，促使其运行科学化，使创新创业教育和专业知识教育充分融合、互相促进，才能充分发挥教师队伍的力量。

（四）加强教师实践能力的培养

作为一个实践能力强的教育模式，创新创业教育只是进行口头、书面形式的传授是远不能达到理想效果的，所以，教师必须加强创新创业教育过程中的实践能力培养，特别是原来只注重讲授专业理论课的教师。其方式有：一是参加学校组织的各种实践教学能力的培训，提高实践技能；二是参加校外组织的各种实践教学能力的培训，通过培训可以学到实践知识和经验，还可以开阔眼界，更好地指导学生；三是网上学习，现在网上资源越来越多，让教师足不出户就能学到自己需要的知识，而且不受时间、地点等条件的限制；四是可以利用在校没课和寒暑假空余时间到企事业单位进行实践学习。

（五）完善"双师双能型"教育培养体系及奖励机制

在高校中，大多数教师都存在知识能力丰富但实践经验不足的状况，这种现象更应该引起院校的高度重视。在实践过程中，高校可以定期或不定期地对教师进行技能培训，并且鼓励教师到相关企事业单位去实践，这样对学生的创新创业教育起到良好的示范作用。院校还可以定期派教师去国内外学习先进的经验和教育成果，并与本院校实际情况相结合，制定并完善"双师双能型"教育培养体系。

"双师双能型"教师在高校中只是其中的一个典型，教师在这个过程中需要耗费大量的时间与心血，工作量比普通教师要多得多。为进一步提高教师的积极性，学校需要进一步完善"双师双能型"教师奖励机制，让他们能够以极大的热情投入到创新创业教育中来，从而提高教育教学质量。另外，通过这种奖励机制，学校可以在假期提供适当的补助，使教师能够在空余时间进一步学习和发展，提高完善自己的能力。学校可以通过适当的考核，针对不同的教师有不同的薪资待遇，进而调动教师的积极性，促进"双师双能型"教师队伍不断壮大，更好满足教育教学的需要。

（六）加强校企合作的深度融合

校企合作项目各校基本都有，合作程度各有不同。但是校企的深度融合力度还不够。那么，地方政府应解放思想，积极出台相关的优惠政策，鼓励校企深度合作，形成良性互动。如在科研上可以共同开发项目，进行成果转化，服务地方经济建设；在教学上可以互聘专业骨干或技术能手来校讲课，增强人才培养的实践指导能力。可以将工厂办到学校，也可以把课堂办到工厂，进行现场教学，增强教师和学生的实践能力；互建平台共享机制，达到资源共享，提高资源利用率。这样互帮互助，达到深度融合。既充分利用了双方的人才资源，又培养了教师的实践能力，才会更好地为企业培养真正需要的创新型、实用型人才。让教师学有所教，才能对学生学有所用，学以致用，不至于造成人才浪费，一举双赢。真正做到政、校、企合作，致力于体制机制创新，探索校企协作育人、平台共享共管、人员互兼互聘的管理和教学机制，为地方培养创新创业能力强，符合当地发展需要的实用型专业人才。

总之，为了完善创新创业教育发展，提高学校教育教学综合水平和核心竞争力，高校高等院校要高度重视教师队伍的建设问题，培养出道德素质高尚、理论知识丰富、实践操作能力强的师资队伍来，这样才能为实现创新型国家培养出适合社会发展需要的全新型人才。

四、启示

美国高校在创新创业教育师资队伍建设上积累了丰富的经验，形成了完善的体制机制，其师资队伍建设的思路和举措，对我国高校加强创新创业教育师资队伍建设有着重要启示。

（一）制订灵活的大学教师准入机制

制订和完善大学教师招聘管理机构、准入对象、准入条件、准入程序等准入制度相关内容，特别是针对准入对象和准入条件，高校应扭住"应用型"人才培养目标这个"牛鼻子"制定相对灵活的制度。在创新创业教育专任教师的引进上，要把应用型研究、企业工作经历或创业实践经历作为必要条件，在其他条件上可以适当放宽。在创新创业兼职教师的选聘上，高校要在准入对象和准入条件的制定上打破现行对学历硬要求的人事制度，优先引入企业优秀的工程技术人员和技术转化能手等担任创新创业教育兼职教师。因为当前各行各业新技术、新方法和新装备应用更新较快，而这些新技术、新方法和新装备一般都是在相应企业中最先得到应用。此外，由于创新创业教育涉及专业跨度大，对师资知识面要求宽广，可以邀请当地优秀的企业家、风险投资家、政府官员、工程技术专家担任兼职教师，并参加学校人才培养方案和创新创业教育教学计划的制（修）订。这样一方面充实了创新创业教育师资队伍，另一方面使人才培养方案和创新创业教育教学计划更加贴近行业需求和政府导向，同时也让政府、企业、高校形成良好的"协同合作"局面，为后续的政府、企业更加广泛、深入地参与高校人才培养奠定基础。

为避免相对灵活的准入机制带来不正当竞争的不良后果，高校在创新创业师资招聘时要成立"人才引进工作小组"，小组成员由创新创业教育方面的资深教师、教务部门、人事部门、校纪委等人员组成，整个招聘过程要在校纪委的监督下进行。在招聘活动结束后，要将招聘材料、过程记录完整保存，提交校党委会集体讨论，并实时公布招聘结果。

（二）构建专业的大学教师培训体系

1994 年 1 月 1 日实行的《中华人民共和国教师法》中明确了教师接受培训的权利和义务。但是这样的法律规定并不具备可操作性，高校应该在此基础上配套出台相关指导性文件，从师资培训的管理体系、培训内容、培训形式、评价机制及经费保障等方面进一步加强创新创业师资培训体系建设。在管理体系上，成立专门的管理机构负责统筹和调度优势资源以保障创新创业教育工作顺利开展。在培训管理理念上，可以借鉴美国高校的分散控制培训的管理体系，由创新创业专门的管理机构针对创新创业教育的特点，制定教师培训规划和培训计划，整合校内外各类资源，切实做好师资培训工作。在培训内容上，要遵循"有效、实用"的原则。首先，要转变教师参加培训的理念，从教师职业发展的角度树立终身学习的观念。从功利型学习转向自我发展型学习。其次，要加强专业知识、教育教学知识、科研能力和创业实践的培训。要紧密联系国际前沿，使参训教师了解创新创业教育最新的发展动态、最新的教育教学方法、最新的理论研究成果，扩宽国际化视野，更新知识储备，完善知识结构，提升创新创业师资的综合素质。最后，要加强师德建设。在培训课程设置中，要强化对教师的职业道德、敬业奉献精神、学术道德等内容的培训，要点燃参训教师对创新创业教育的热情，鼓励他们全身心地投入到创新创业教育、科研和创业社会服务中。在培训形式上，要摆脱以主讲专家为核心的传统讲授模式，建立起以参训教师为学习主体，培训者和参训教师双向互动、热烈研讨的培训模式，增加创业体验和创业情景模拟，增强创新创业培训效果。在培训评价机制上，要建立激励和约束机制，把创新创业教师的培训工作与职称评聘、职务晋升、评奖评优结合起来，形成奖优罚劣的局面。在经费保障上，要多渠道、多元化筹集培训经费。在保证国家、地方教育主管部门和学校充足投入的同时也可以考虑吸纳企事业单位、社会和校友的捐赠，设立专项培训基金，以满足教师在创新创业专业化发展方面的需求。

（三）重构有效的教学科研创业平衡发展路径

平衡教学、科研和创业社会服务的发展路径不仅仅是创新创业教师对这三者关系的处理，而更应该注重外部机制的科学设计。高校应该通过制定一系列制度来有效协调三者之间关系，重构教学科研和创业社会服务的平衡发展路径。首先，要树立创新创业教育的教学、科研和创业社会服务相统一的理念。高校的教学是人才培养活动，是高校教师有目的、有计划、有组织地引导学生自觉学习和掌握专业知识和专业技能的过程。高校的科研也是人才培养活动，是高校教师引导学生进行探究式学习的过程。高校的创业社会服务同样是应用型人才培养的要求，创新创业教师必须将研究的新理论和新技术应用于实践才能检验是否正确，并将检验过程中会发现新问题带入教学和科研中，促进教学和科研水平的提升。三者统一于应用型人才培养过程。其次，实行导师制。新教师进校后为其选聘一名资深的创新创业教育教师担任其导师，一方面可以跟随导师学习创新创业教育教学方法，尽快掌握教师职业的基本技能；协助导师开展科学研究，尽早地选准自己的科研方向。另一方面由新教师担任资深教师的助手，可以有效地减轻其教学负担，许多繁杂的工作可以由助手完成，这样可以抽出足够的时间投入到科研和创业社会服务中。最后，实行轮休制。按照一学期教学 18 周计算，可以将创新创业教师的教学任务集中安排在学期的前半部分，学期的后半部分开展学术讲座、创新创业研讨、创新创业情景模拟或商业路演等。这样既满足了学校教学工作的要求，也保证了创新创业教师科研和社会服务工作所需的精力投入。

（四）建立多维的教师评价机制

美国高等教育对教师的评价综合考虑了教师的整体素质和个性差异，教师职业当前状态和长远发展，教师个人发展和学校的整体长远发展，评价机制的制度化和人性化等促进教师专业发展的因素。当前，我国高校的教师评价机制存在"重奖惩，轻发展"的现象，应全面改进当前的教师评价机制，建立多维的教师评价机制，促进创新创业教师专业化和可持续发展。首先要完善教师分类评价体系，促进教师专业发展。有的教师善于学术研究，有的教师精于教育教学，有的教师长于行政管理，要尊重教师队伍的整体性和差异性，把最优秀的人放在最合适的岗位上，鼓励有志于开展创新创业教育的专业教师转型担任创新创业专任教师，并给予相应的鼓励扶持政策。其次是优化评价体系的设计，建立多元的评价体系。创新创业教育师资评价要综合考虑教师的创新创业成绩，所带学生所获创新创业计划项目立项数、创新创业竞赛获奖数以及参与创业人数，教师参与创新创业社会服务所带来的经济效益和社会效益以及所带学生创业带来的效益。再次是发挥教师评价的激励作用，促进教师专业发展。实施创新创业教师评价与评先评优、职称评聘、职务晋升、薪资水平联动机制，形成创新创业教师专业发展的激励机制，促进教师专业发展。最后是发展人性化的评价机制，帮助教师实现专业发展。通过制定科学的创新创业教师进修、培训计划，实施"同行帮扶、导师制、教学督导制"等措施，帮助创新创业新教师尽快适应职场，完成角色转变，实现专业持续深入发展，充分体现评价机制的温情。

第五节　创新驱动型经济下高校创新创业教育

本节先对创新驱动型经济的基本概念进行简述，然后在促使学生个人发展和优化经济结构等方面，对创新驱动型经济下高校创新创业教育的意义进行总结，进而在建设师资队伍和完善课程等相关基础上，对高校创新创业教育模式的构建措施进行详细阐述。

在社会经济的发展之下，我国的经济体系已经逐渐进行了创新化的发展，创新驱动型经济是我国经济主要的发展趋势。经济的发展需要有人才作支撑，本科院校作为培养人才的关键场所，在创新驱动型经济之下，本科院校的创新教育也显得尤其重要。高校必须构建创新创业教育模式，培养更多的创业人才，为社会和经济的发展输出更多的人才。

一、创新驱动型经济的基本概念

所谓创新驱动型经济，其主要是指创新在经济增长中占有主要位置的经济增长方式。创新驱动经济具体指在个人创造能力、技能中获得前进动力的企业，还有则是一些经过对知识产权开发而创造潜在财富和就业机会的活动，比如生活中常见的广告、建筑意识、古董、电影以及出版业等，除此之外还有旅游、博物馆以及美术馆等。随着社会的发展，我国的经济已经进入了新常态中，经济新常态就是要素驱动型和投资驱动型增长方式往创新驱动型增长方式转换。在创新驱动型增长过程中，创新在经济增长中占据了重要的地位，其构成了人类经济增长方式从低往高转化的递进式系列。创新驱动是经济增长和升级的关键动力。目前新常态经济的主要增长方式就是创新驱动型增长，新常态经济是在知识基础上创新，通过制度和机制上的创新来引领管理的创新，然后再发展成为技术创新，以此达到资源优化、企业技术提升、产业升级的目标。在创新驱动型经济背景下，教育体制的完善和创新极其重要，科技的研发过程需要投入大量的资金和人力资本，其中的人力资本是十分重要的因素。人力资本是所有科学技术的关键载体，同时也是科学技术创新的动力来源。而人力资本需要靠教育培养和创造。因此，在驱动型经济之下，高校进行创新创业教育模式的构建有着很大的意义。

二、创新驱动型经济下高校创新创业教育的重要性

（1）促使经济持续发展。我国经济发展需要有创新性的人才做出贡献和努力，也需

要大量具有创新和创业意识与能力的人才进行推动，这样才能够加强我国的创新性国力。我国的高校学院的教学模式还比较传统，人才培养成果有着十分严重的同质化现象，普遍存在着理论和实际相脱离的问题。在这种情况下就需要实施创新创业教育模式的构建，在教育过程中不断创新，这样不但能够提升本科院校的办学质量，同时还能够为经济的可持续发展提供动力。

（2）优化经济机构。就当前的实际情况来看，经济的快速发展让我国成为世界第二大经济体，从经济大国往经济强国转变。在实际发展过程中，经济结构需要进行优化才能够实现经济结构的升级。因此，高校要加强对创新创业教育模式的构建，培养更多的创业人才，在此基础上对我国的经济结构进行优化，夯实我国经济发展基础。

（3）促使学生个人发展。随着高校不断扩招，每年的毕业生人数不断增多，导致了就业压力。当前我国的劳动市场处于一种供大于求的状态中，劳动力比较多，而职业岗位比较少，不少大学生毕业就面临着失业的困境。在这种情况下，本科院校就更应该做好创新创业教育，培养学生树立创业意识，加强学生的创业能力，让学生在毕业之后不但拥有专业知识，同时还有创业的技能，这样才能够让进入社会的学生得到更好的发展。

三、创新驱动型经济下高校创新创业教育模式的构建措施

（1）构建双创教育发展机制，改革人才培养模式。本科院校在构建创新创业教育模式时，首先要做的是创新人才培养理念，要将创新创业教育理念和人才培养全过程融合在一起，让每个高校生的创新创业素质都能够有效提升，让学生具有极强的创新精神与创业能力。创新创业教育要和通识教育相结合，和培养学生创新素质与价值观的工作相融合，把创新创业教育理念融入学生的认知中。创新创业教育要和学生的专业教育相结合，专业课教师要对当前的教学内容和方式进行创新，在专业知识传授、作业布置以及课堂探讨等多个环节融入创新创业教育。除了在课堂教学中融入创新创业教育以外，还需要将学校、政策、行业和企业进行一体化，本科院校要主动争取当地政府对大学生创业的政策支持，要邀请政府人员、行业专家以及企业管理者等组成创新创业教育的工作团队，参与到创新创业教育模式的构建工作中。在工作过程中要创建创新创业教育的课程体系，同时还要建设和规划创业实践基地，以此构成和本科院校办学特色相符合的创新创业教育模式。

（2）构建双创教育课程，增强师资队伍建设。教学课程是创新创业教育模式中不可缺少的一部分，在构建和实施创新创业教育模式时，要完善双创教育课程体系，开设有关创业基础理论和创业指导方面的选修课或者是公开课等。在课程中要注意对学生创新意识和开拓精神的培养，要传授给学生最基本的创业理念。在面向一些非经济类专业的学生时，可以开设一些和创业有关的经济学原理、管理学等相关的课程，传授创业中所

涉及的一些商业知识及企业管理知识。而面对有创业意向的学生，可以开设一些和创业有关的双专业或者是双学位课程。教师也是创新创业教育模式中的重要组成部分，学校要综合自身的情况建设双创教育的师资队伍，并且对其进行创新创业教学技能的培训，让教师考取职业规划师以及创业讲师等相关的证书，同时还要鼓励其他专业教师对双创课程进行改革，指导本科学院的学生申请科技创业项目，鼓励学生参加社会组织的创业竞赛。本科院校要安排教师外出学习和交流，增强创新创业教育培养的流动性。除此之外还应鼓励专业教师到社会上的行业和企业中进行锻炼或者是自主创业，学校还可以把往届成功创业的毕业生邀请到学校来，让这些成功创业者为在校的学生传授经验和知识，也可以邀请企业管理人员和技术人员定期来学校召开讲座或者是讲授课程等。

（3）建设双创实践平台，加强学生实践经验积累。创新创业教育模式的构建还需要有浓厚的校园文化作支撑，学校可以创建和创新创业有关的社团或者是俱乐部，定期组织一些创业活动或者是案例的宣传和报道。要依据学校的实际情况，综合社会上的状况在校内举办一些创新创业的培训活动或者是文化节，引导全校的教师和学生都能够参与其中。除此之外，学校还要建设创新创业的信息服务平台，为学生传达和讲解国家有关大学生创业的优惠政策，及时发布创新创业项目和市场上的需求。高校的创新创业教育模式构建要面向全体学生，在此基础上实施大学生创新创业训练技术，加强创新创业教育理论和实践从入学到毕业的指导工作，在日常教学中及时发现有创新创业潜能的学生，并且鼓励其积极参加学校或者是社会性质的创新创业活动，以此提升学生的创新实践能力，培养学生的团队合作和实践能力。

在创新驱动型经济背景下，高校有责任和义务对学生进行创新创业教育。通过师资队伍建设、课程完善及创新创业教育平台的建设等措施，建设本科院校的创新创业教育模式，培养更多的创新创业人才。

第六节 "专业＋创业"深度融合的大学生创新创业教育

创新创业教育课程体系是高校创新人才培养的核心环节，是实现创新创业人才培养目标的根本保障。基于高校重应用、强实践、重创新的办学定位，创新创业教育的关键在于促进创新创业教育与专业教育的深度融合，构建分阶段、多层次、差异化的创新创业教育课程体系。

在我国大力推动创新型国家建设的时代背景下，大学生创新创业意识与能力的培养正日益成为高校教育教学改革的杠杠，成为引领高校可持续发展的重要动力。高校以培养应用型高素质创新型专门人才为目标，人才培养目标的定位，必然要求创新创业教育的有效开展。创新创业教育课程体系是高校创新人才培养的核心环节，是实现创新创业人才培养目标的根本保障。课程体系设计的科学性与实施的有效性直接影响创新创业教育的质量。创新创业教育课程体系的建构必须基于高校重应用、强实践、重创新的特色办学定位，面向区域经济社会发展需求，紧贴专业，凸显特色，将专业教育与创新创业教育深度融合，构建整合型、多层次、差异化的创新创业教育课程体系。

一、创新创业教育课程体系构建的目标和原则

首先，在目标设计与规格定位上应由单一转向多元化，构建"以创新创业教育引导学生，以专业教育充实学生，以素质教育发展学生"的教育模式，充分发挥创新创业教育提高学生综合素质的基础教育作用。课程体系构建基本思路：面向全体普及教育，融合专业深度培养，分层实施有效推进，贯穿全程人人参与，整合资源形成合力。

课程体系构建需坚持以下基本原则。（1）普及与提高相结合。课程要覆盖全体学生，而不是仅仅面向那些敢于创新、意欲创业的学生，明确创新创业教育属于通识教育的范畴；以培养具有创新创业素质，促进人的全面发展为总体目标，而不是仅仅局限于自主创业、开办企业的学生，创新创业教育是素质教育的重要组成部分。因此，课程设置要有必修课和选修课，必修课要求全体学生学习，重在普及教育；选修课意在个性培养，重在提高培养。（2）课内与课外相结合。课内学习以课堂教育教学为主，重在掌握知识和训练基本技能，培养基本素质和涵养核心精神，课外以社会实践、竞赛训练、项目孵化为主，重在实践训练中培养能力，提高品质。课程设置需将二者深入融合，加强理论与实践教育紧密结合。（3）线上与线下相结合。课程建设要重视线上优质资源的挖掘与使用，充分利用优质网络资源进行理论部分的教育教学。同时，加强线下实战模拟、实践课程的开发与实施。（4）创业与就业相结合。创业是就业的重要途径之一，创业与就业有着紧密的联系，但又在目标、要求和层次方面显著不同。创新创业课程体系构建中应该包括大学生职业生涯规划、就业指导等课程，将其作为基础课程。创新创业课程开发的综合性强，对于高校而言，要充分体现通过创业带动就业的基本思想，通过创业教育促进高质量就业，不能盲目强调创新创业教育对于就业教育的引领作用。

除了以上基本原则外，构建高校课程体系，应特别强调遵循以下原则。（1）目标准确原则。高校专业的课程体系必须紧紧围绕培养高素质应用型专门人才的目标加以构建，决不能将高校专业的人才培养目标锁定为复合型或技能型人才。（2）突出素质与能力原则。

高校创新创业课程体系的设置，应贯彻"能力素质本位"原则，突出创新创业基本素质与能力的培养。（3）系统优化原则。基于学生合理的知识、能力与素质结构，结合

市场、行业发展的实际需求，进行合理的课程设置。门类不宜过多，各类课程比例适当，横向注意交叉课程内容不要重复，纵向注意课程之间的逻辑顺序与认知规律。（4）保持弹性原则。合理确定刚性课程与弹性课程、显性课程与隐性课程、理论课程与实践课程等比例与结构，使课程体系具有较强的弹性，适应不同专业学生学习的需要和学生的多样选择。

二、创新创业教育课程体系建设的内容

课程建设以"创新创业教育"为宗旨，以传授创新创业知识为基础，以培养学生创新思维和创业精神为核心，以锻炼学生创新创业能力为关键。按照学生成长的规律，分阶段分层次构建课程体系。创新创业教育课程主要包括通识教育课程、专业＋创新创业课程、活动竞赛及实习实训课程三方面。

通识教育课程以公共必修课形式体现，面向全体学生开设，主要定位为"通识型"启蒙教育，主要目标是培养"创业精神"、植入"创业意识"，培养学生"自主工作"和"持续学习"的能力。通过课程教学，使学生掌握开展创新和创业活动所需要的基本知识，包括创造性思维与技能、创新基本素养、创业的基本概念、基本原理、基本方法和相关理论，涉及创业者、创业团队、创业机会、创业资源、创业计划、政策法规、新企业开办与管理，以及社会创业的理论和方法。激发学生的创新创业意识，培养学生的创新创业精神以及基本能力。

专业＋创新创业课程，是整个课程体系的核心。首先，要将创新创业教育纳入人才培养方案中，形式可以多样，可以是必修课，也可以是选修课；可以是整体开发专门创新创业课程，也可以在专业课程中设置专题。多样形式的课程之间应该建立层次清晰的逻辑关系，紧贴专业发展需求，突出人才培养的针对性。人才培养体系中要全程贯穿创新创业教育，大一通识教育，大二专业训练，大三项目引导，大四实战训练，从普及到提高，层层递进。

建立独立完整的创新创业实践教学体系。基于大课程理念，每个专业要有分层次分类指导的创新创业实践教学体系。课程体系构建要根据专业人才培养目标，注重知识、能力、素质协调发展和共同提高。按照"创新创业认知实验阶段、创业素质实训阶段、创业实践模拟阶段和自主创业实战阶段"四阶段，分四层次，即认知层次、素质养成层次、模拟实习层次和创业实战层次进行课程体系的整体设计。注意将学生第二课堂活动中创新创业模块融入整体创新创业实践教学体系，将学生的专业实习实训、科研训练等纳入创新创业实践教学。构建遵循学生认识规律，体现学生专业发展特点的"四阶段、四层次"创新创业实践教学体系。探索开放式、多途径的实践课程路径，将个体性质的项目活动和集体性质的专题活动相结合。既注重对学生创新创业

个性心理品质和创业能力的培养，又注重对团队协作精神与能力的培养。以"创新创业社团组织""勤工助学服务中心""心理咨询室""创新创业指导中心"等组织为平台，有针对性地开展"创业心理训练""创业研讨"和"创业模拟"等活动，锤炼创业者的心理品质，激发学生的创新创业动机，提高学生的创新创业精神，培养学生的创新创业人格特质，包括意志力、创新力、坚韧性、责任心、诚实守信、冒险、挫折承受力等因素。

三、创新创业课程教学有效实施的主要方式

创新创业课程实施提倡多样方式方法，各类方法之间形成耦合之力。课堂教学提倡专题讲授、项目推动、案例教学、头脑风暴、角色扮演、讨论法、模拟企业等，强调学生的实际参与性。实践教学强调项目设计的科学有效性，强调过程体验，强调参与的广度和深度。重点开展创新创业模拟教学。在教师指导下，将学生划分为合作小组，以单项模拟训练或综合模拟训练的方式，在接近真实的情境中，获取创新创业的直接经验，认识创新创业的规律，把握创新创业活动的程序和方法。定期开展"企业家课堂""创业论坛"苦创业专题活动。邀请校友回母校做创业成功专题讲座等，开办"企业家课堂"，邀请企业的经理、厂长到学校介绍创业知识、讲授创业经验，通过专题讲座开展创业知识和创业案例教育，特别是成功创业者的创业方法、创业过程、创业精神和创业规律等教育，启发学生的创业思路，拓宽学生的创业视野。开展创新创业竞赛活动，形成品牌的创新创业实践活动，如"挑战杯"创业计划大赛、"校园技能节"和"课外科技作品竞赛"等，以赛促教，培养学生团队协作、沟通交流和组织管理能力。除了日常实践教学活动外，尤其要注重通过创业模拟实训、创业企业孵化等方式，使学生亲身实践创业过程，积累创业经验，丰富创业知识，全面提升学生的创业实践能力和水平。为此，对于学生的选课方式进行改革，体现创新创业教育课程设计的层次性、广泛性和多样性。层次性体现在不同年级的学生，根据其不同需求有不同选择；广泛性体现在学生可以跨专业选课、跨学科选课、跨学院选课；多样性体现在学生可以根据自己的需求，组合多种课程模式进行选课。

另外，大力推进多元支持的延伸课程建设。一是在校企合作中强化创新创业能力。高校可以利用自身的社会资源有计划地开辟学生创业实践场所，建立一些稳定的创业实训基地，实现校企优势互补、深入融合、互利共赢、共同发展，使教学实践与生产实践相结合。学生在企业实习中，可以感受企业文化，熟悉新技术、新工艺，适应工作流程和规范，获取实际工作经验，强化岗位实践能力，发现创业机会。二是在网络课程中自主学习创新创业知识与技能。当代大学生是一个具有独特个性心理特征的群体，又是一个普遍掌握信息技术的群体，网络创业已日益成为大学生创业的新途径。通过建设创新

创业课程网站，提供网络创业、网络检索、网站管理、网页设计、网络营销等学习内容，开展自测训练，提供创业指导。搭建起自主学习、内外结合、寓教于乐、操作实践等创新创业教育平台，激发大学生的自主学习能力和创新创业能力，为他们的个性发展提供更大的空间。

四、创新创业课程考核改革

创新创业教育是综合性素质教育，制定科学客观的创新创业教育课程评价体系，对于有效推动创新创业教育教学质量至关重要。目前各高校课程考核形式比较单一，考核不够细化，主观性比较强。以《创业基础》课程考核为例，考核方式常常要求学生以组为单位，上交一份创业计划书，教师给予评分。这种形式的考核，题目本身具有综合体现课程主要内容，考核学生运用知识的能力的优点，但执行中对于搭便车现象、抄袭现象等无法有效控制，也无法客观评价学生过程学习的效果。因此，建议在原有考核方式改革课程的基础上，增加课程内实践环节考核，加大平时小论文、调研报告、大作业、项目路演、赛事活动、实习实训等在课程成绩构成中的比例，实行综合评定考核方法，改变"一考定成败"的做法。注重考查学生运用知识分析、解决问题的能力，促进结果考试向过程考试、知识考试向能力考试，单一考核方式向多种考核方式转变，探索非标准答案考试。

在对微观课程加强考核改革的同时，建议改革政府对学校、学校教务管理部门对各教学单位开展创新创业教育考核的方式方法。目前，政府对高校创新创业教育效果的评价，标准具有一定的片面性。当前的评价标准主要包括三种：数据指向、能力指向、锦标指向。尽管这三种评价指标指向都在一定程度上客观反映了创新创业教育的效果，但对于具有长期性与复杂性特征的创业教育而言，无疑有一定的缺陷，难以衡量其长期效果。从调研来看，当前各高校创新创业管理部门对教学单位创新创业教育的考核，也有类似特点，重视奖项数字，忽视普及教育的价值。建议政府或者学校管理部门在开展考核工作中，考虑将量化指标与质性分析相结合，可以适当采取问卷调研、走访调查等方式方法，通过满意度、收获率等指标进行综合评价。同时，改变目前评价主体单一的现象，可以引进第三方评价体系，促进评价主体多元，评价结果更加客观公正。

高校创新创业教育课程体系的构建，需要学校教务教学部门深刻领会国家创新创业教育政策，基于学校办学特色，有效整合校内外优质资源，明确课程建设目标，遵循课程建设基本原则，建构多层次立体化课程体系，深化教育教学改革，拓宽创新创业教育路径，实施科学评价，才能真正实现课程建设目标，提升创新创业教育的实效性。

第七节　高校创新创业教育内外联动协同创新机制

　　高校创新创业教育发展的瓶颈是校内外资源未得到有效整合，协同育人功能尚未得到有效发挥。构建校、政、企、社协同创新育人体系，有效发挥内外各要素联动耦合功能，不仅是高校提升创新创业教育的实效性、深入推动高校教育教学改革的现实需要，也是高校适应国家创新驱动发展战略、促进全要素建设创新型国家的重要举措。基于此，本节主要针对如何构建高校创新创业教育内外联动协同创新机制进行研究。

　　我国社会进入新时代，创新驱动发展已成为全社会的共识。创新型人才培养为高校全面深入推动教育改革指明了方向，也提出了新要求和新任务。近些年，高校在积极探索和深入推进创新创业教育方面取得了一定的成效。创新创业教育理念逐渐深入人心，创新创业教育课程已经开设，创新创业实践活动比较丰富，创新创业孵化平台建设初显成效，一批优秀的大学生创新创业项目运营良好，引起社会各界高度关注。然而，整体而言，高校创新创业教育尚存在深层次的机制体制问题，突出问题是创新创业教育优质资源不足、校内外协同不力、学校与外部资源尚未形成良好的互动机制。在当前高校创新创业教育推入纵深发展阶段，思考和探索多元要素内外联动协同创新机制，对于高校推动创新创业教育大有裨益。

一、高校创新创业教育的定位与现实需要

　　高校创新创业教育的定位。高校以培养应用型高级专门人才为目标，人才培养目标的重点在"应用"二字上，应用型、实践性、重创新成为高校办学定位的基本特点。基于该定位开展的创新创业教育既不同于传统的学术性大学，也不同于传统的职业院校。传统的学术性大学的创新创业教育更多借助厚实的科学研究技术成果，基于高精尖的科研技术进行理论与实践的创新创业教育。而高职院校的创新创业教育更多是基于某一技能的工艺、方法、工具或者某一具体岗位需求的创新。前者更强调基础理论的研发与高精尖科技的创新和突破，后者更强调某一具体技能的应用与延伸开发。而高校创新创业教育更多强调对现有基本原理的实际应用与综合开发，注重系统性思维的开发，重视解决社会生产生活中的实际重大问题，更强调"通用性"和"创新性"。"通用性"强调培养的人才，能胜任本学科广泛领域的相关岗位，而非个别岗位；"创新性"则强调培养学生具备创新意识和创新能力，具备前瞻性和自主学习的能力。人才培养目标的定位要求高校创新创业教育与专业教育深度融合，与职业行业教育深度融合，而有效整合校内外资源形成合力共促发展就成为必然要求。

内外联动协同创新是高校创新创业教育的现实需要。相对于一流本科院校而言，我国高校在资源禀赋方面存在天然的劣势。高校多为专科升格后的本科、民办本科、独立院校等。这些院校的办学资源大多来自社会资本，政府投入比较少，资金压力和生存压力一直是这类学校发展的主要瓶颈。而创新创业教育作为一项系统工程，需要的投入比较大，这就迫切要求高校必须有效整合校内外优质资源。

二、高校创新创业教育内外联动协同创新的基本内涵与主要特征

协同创新原指同一组织内部诸要素之间的耦合协作，共同促进目标的实现。随着组织与外部关系的进一步密切和合作的进一步扩大，组织内外要素的协同发展成为趋势。对于高校创新创业教育而言，内外部协同创新主要包括优质人力资源、物质资源、信息资源、成果等方面的共享共赢，主要形式是产学研协同创新。对于高校而言，就是要重视政、校、企、社的协同创新。

协同创新理论具体体现在高校人才培养方面，表现为协同育人。协同创新诸要素之间的关系呈现如下特点。一是目标一致性。协同创新就是要使组织内外诸要素合理配置，并有效发挥功能，形成合力，实现资源共享和功能互补，产生协同效应，从而实现创新目标。二是主体互动性，即协同创新主体之间形成良好互动关系，各要素构成一个动态运行系统，根据目标实现的需要，灵活整合人力资源，形成人力优势。三是资源共享性，指协同创新系统内各类资源能够畅通流动，共享共用。四是效果延展性，即协同创新成果应用的广延性，充分体现了创新的持续性、广泛性和深刻性。

三、高校创新创业教育内外联动协同创新机制构建对策

高校创新创业教育是一个内外联动协同的体系，构建创新创业教育内外联动协同创新机制需要从内部、外部两个机制系统考虑。

（一）内部联动协同创新机制体系

高校创新创业教育内部协同创新是指学校内部与创新创业教育相关的不同要素与不同部门的共同协作、相互补充，以实现资源优化配置、行动最优同步。

课内与课外协同创新。目前，高校创新创业教育各种教育教学活动之间未能形成体系。创新创业教育必修课、选修课、讲座与报告、专业教育与创新创业教育相融合的课程之间逻辑关系不清，内容重复，课堂教学与赛事活动、实习实训、学生社团活动之间没有关联，各自实施，没有形成统一规划与管理。为了构建创新创业教育课内与课外协同创新机制，要形成统一组织，学校可以成立主管创新创业教育的机构，整体规划管理

全校的创新创业教育，协调各方资源；建设创新创业教育信息交流平台，整合分散的资源，实现信息互通；建立各部门联动协同常态机制，定期召开专题会议，研究创新创业教育难点重点问题；加强课堂理论学习与课外实践训练、第一课堂与第二课堂紧密结合，打通课内外壁垒，实现课内外资源共享。

跨学科专业交叉培养。创新创业人才的培养需要建立跨学科、专业交叉培养机制，但是目前大多数高校系部建立在学科专业基础上，各系部或者二级学院在人才培养中往往基于自身的学科专业特点以及自身的资源禀赋进行，部门本位主义比较严重，学科专业界限分明。要想实现跨学科专业的交叉培养，一是要适应新时代学科发展融合趋势，设置跨学科专业，直接推动跨学科创新人才培养。二是打破现有专业壁垒。在通识教育阶段实现大类培养，尊重学生自主选择专业的权利。三是加大公共选修课的比例，通过充足的多样的选修课，满足学生自我发展需求。四是鼓励学生辅修其他专业，攻读第二学位等。五是有条件的学校，可以设立创新创业试点班，进行系统性专门培养。

教学与科研协同育人。高校的科学研究工作以应用性问题研究为重点，课程教学也特别重视现实问题的分析与解决。教学与科研本应目标一致，相得益彰。然而，目前尚存在教学与科研"两张皮"的现象。加强教学与科研协同创新育人机制的建立。一是要建立双向参与机制。教师项目要求有学生的参与，学生项目要求有教师的实际指导。二是设立师生创新创业专题研究项目，鼓励师生主动申报积极参与。三是开放实验室，使学生和教师能够有充足的条件完成创新项目。四是制定教学科研协同育人激励制度，对于将科研成果有效运用到教学中的教师给予物质与精神方面的奖励，树立榜样，营造氛围。

校内多部门联动协同创新。目前，在高校普遍存在创新创业教育资源各部门拥有、条块分割、各自为政、推诿扯皮的现象。教育教学部门承担课程教学任务，团委学生处负责相关赛事活动，就业指导部门负责讲座报告、咨询服务，人力资源部门负责师资建设等，按职责进行部门划分本身没有不妥，关键问题是各部门之间的协调不力、责任不清、资源难以实现共享。为了促进校内多部门联动协同创新，一是要组建一个能够协调各方的创新创业教育领导组织，如不少学校成立的创新创业教育领导小组，负责学校创新创业教育的整体规划与重大事务的决策。小组由涉及创新创业教育的各部门组成，从组织上保障了一致行动。二是制定创新创业教育资源整合利用的管理办法，对于具体范围、使用流程、管理权限、责任确定等进行具体的规定，从制度上保障资源共享。三是建设资源共享、信息互通平台，实现即时信息交流。

（二）外部联动协同创新机制体系

高校创新创业教育外部联动协同创新机制的建立，就是要有效发挥政府、兄弟学校、企业、其他社会组织等外部协同主体的作用，实现不同主体间的充分合作及教育资源的有效聚合。

人才培养互动参与机制。实现校内外协同创新主体的良性互动，需要建立良性的长期人才培养互动参与机制。高校需主动邀请外部主体参与专业设置论证、人才培养方案制订，紧密对接社会经济发展实际，对接行业企业发展前沿需求，从人才培养的前端（人才培养目标、规格、标准、方式等方案的制订）开始，引入外部主体的深度参与。在教育教学过程中，通过邀请外部主体代表担任创新创业导师、学生实习实训导师、赛事活动指导师等，引入外部主体深度参与创新人才的培养。在培养质量评价方面，既要重视外部主体尤其是人才使用主体如企业的评价，更要探索人才培养质量的校内外联动评价机制，有条件的学校可以引进第三方评价。

教育资源共建共享机制。政府、其他高校、企业、其他社会组织在创新创业教育方面拥有不同的资源优势，高校首先要有借力发展的观念，根据不同外部协同主体的特殊性及实际需求，建立不同类型的资源共建共享制度。根据不同主体的不同利益诉求，探索互利互惠和优势互补的动力机制。本着互利共赢、责权利明确的原则，对双方或多方的合作模式、权利义务等做出详细的规定，形成有效的合同制度。

优质师资队伍协同建设机制。高校创新创业教育的一个重要瓶颈就是缺乏具有实战经验的优秀创新创业导师，这需要切实可行的人才激励政策的保障。一方面，高校要积极建设创新创业导师库，从优秀校企合作企业、社会机构、优秀毕业生、投资机构等组织引进优秀人才；另一方面，制定切实可行的用人留人制度，明确创新创业导师引进、使用、考核的具体办法，重视校外创新创业导师资源的有效发挥以及对校内师资队伍的培养，既重视"外引"，又重视"内培"，根据不同阶段的需要处理好"内培"与"外引"的关系。

参考文献

[1] 黄友生. 理工类大学生创新创业教育模式创新研究——以 A 大学 W 学院大学生创新创业训练营为例 [J]. 创新创业理论研究与实践, 2022, 5 (22): 134-136＋171.

[2] 刘源, 徐振珍, 公丕沛, 等. "互联网＋" 背景下大学生创新创业教育研究——以山东农业大学为例 [J]. 创新创业理论研究与实践, 2022, 5 (22): 69-71.

[3] 袁智凤. 民办本科院校大学生创新、创业教育研究——以湛江科技学院为例 [J]. 山西青年, 2022 (22): 139-141.

[4] 张倩. 我国大学生创新创业教育模式的有效途径探索 [J]. 人才资源开发, 2022 (21): 42-44.

[5] 孙淼. 大学生农村创新创业教育模式的构建——评《大学生农村创业指导与实践》[J]. 中国瓜菜, 2022, 35 (11): 121.

[6] 贾孝魁. 网络环境背景下大学生创新创业教育模式研究 [J]. 湖北开放职业学院学报, 2022, 35 (18): 1-2＋5.

[7] 朱伯媛, 闻逸铮, 杨洪. 生态文明理念下大学生创新创业教育模式的思考 [J]. 就业与保障, 2022 (09): 124-126.

[8] 董英帅, 曲嘉瑄 "互联网＋" 时代大学生创新创业教育模式研究 [J]. 产业创新研究, 2022 (16): 179-181.

[9] 张志慧. 高职电子商务专业学生创新创业教育模式研究——评《化工行业大学生创新创业基础教程》[J]. 塑料工业, 2022, 50 (08): 190.

[10] 韩宝妍. 以职业生涯规划为导向的大学生创新创业教育模式构建 [J]. 中国多媒体与网络教学学报 (中旬刊), 2022 (08): 195-198.

[11] 王景青. "大思政" 背景下大学生 "双创" 教育模式构建 [J]. 经济师, 2022 (07): 143-144.

[12] 刘海龙. "互联网＋" 时代高职大学生创新创业教育模式研究与探索 [J]. 陕西教育 (高教), 2022 (07): 70-71.

[13] 魏天赋, 安美忱. 高校农学类专业大学生创新创业教育模式探究 [J]. 黑龙江教育 (理论与实践), 2022 (07): 82-84.

[14] 王佳佳, 张恒辉. 以创新创业为导向的大学生志愿者培养教育模式——以合肥市为例 [J]. 宿州教育学院学报, 2022, 25 (03): 29-34＋74.

［15］宋松. 课程思政理念下创新创业教育模式探索与实践［J］. 黑龙江工业学院学报
（综合版），2022，22（06）：20-24.

［16］刘小俊. 基于"四融一体"的高职院校大学生创新创业教育模式研究［J］. 职业
技术，2022，21（07）：42-47.

［17］饶才俊，梅紫，余黄强，等. 大学生创新创业教育的问题与对策——基于高校思
想政治教育视域［J］. 人才资源开发，2022（07）：70-71.

［18］张小红，李铉美. 双创背景下应用型高校大学生创新创业能力培养研究［J］. 黑
龙江科学，2022，13（03）：56-57.

［19］梁洪生，许航嘉，张艺巍，等. 改进大学生创新创业教育模式的研究进展［J］. 卫
生职业教育，2022，40（01）：3-5.

［20］黄华东，陈政. 地方高校计算机专业大学生创新创业教育模式创新实证研究
［J］. 经济师，2022（01）：171-172.

［21］杨伟东. 地方高校"3354"大学生创新创业教育模式的构建——以宝鸡文理学院
为例［J］. 创新创业理论研究与实践，2021，4（24）：76-79.